别说热钱与你无关，小心，阴谋就在你的身边！

热钱阴谋

热钱已经成为中国投资者和经济界关注度最高的词汇之一

段育文 著

REQIANYINMOU

重庆出版集团 重庆出版社

图书在版编目(CIP)数据

热钱阴谋 / 段育文著. 一重庆：重庆出版社,2012.3

ISBN 978-7-229-04647-7

Ⅰ.①热… Ⅱ.①段… Ⅲ.①经济学—通俗读物 Ⅳ.①F0-49

中国版本图书馆 CIP 数据核字(2011)第 218539 号

热钱阴谋

REQIAN YINMOU

段育文 著

出 版 人：罗小卫

责任编辑：陶志宏 袁 宁

责任校对：杨 婧

重庆出版集团
重庆出版社 出版

重庆长江二路 205 号 邮政编码：400016 http://www.cqph.com

北京佳顺印务有限公司印刷

重庆出版集团图书发行有限公司发行

E-MAIL：fxchu@cqph.com 邮购电话：023-68809452

全国新华书店经销

开本：710mm×1000mm 1/16 印张：17 字数：250 千字

2012 年 3 月第 1 版 2012 年 3 月第 1 次印刷

ISBN 978-7-229-04647-7

定价：32.00 元

如有印装质量问题，请向本集团图书发行有限公司调换：023-68706683

　　热钱,就是在国际金融市场上迅速流动的巨额投机性资金。

　　热钱的特点是什么？　游击战,"打一枪换一个地方",无所畏惧,只为暴利。

　　热钱的"主人"是谁？　是索罗斯等一批国际金融巨鳄。

　　热钱的危害如何？　1997年亚洲金融危机导致的"哀鸿遍野",越南本来红火的经济在2008年"瞬间崩盘",这些都是拜热钱所赐。

　　热钱与中国人有何关联？　从股市到房市,再到目前的菜市场,热钱在中国无孔不入,2008年的中国股市暴跌,从6000多点跌到1600点就是热钱做空所致。

目 录

CONTENTS

第三章 "热钱杀手",潜伏还是行动

热钱进入中国市场后,正在以什么样的形式潜伏,具体活动在哪些领域? 它又是否会在不久的将来,在中国本已经草木皆兵的资本市场上兴风作浪,谋取投机利益? 最后,这些发了疯的热钱又到底是怎样安全撤出中国的?

第四章 热钱"烤"验中国经济

热钱,是一只看不见的手。你可能觉得它很抽象,或者离你很远,但如果说到房价飞涨、股市波动、油价涨到每桶147美元……你一定不会陌生,而这其中都有热钱的巨手在搅动,这只手其实已经伸向了你的钱包。

第五章 热钱猛于虎：掏空中国人的腰包

终于有一天，中国人突然发现，以前便宜的蔬菜，爱吃的大蒜，现在涨成了天价，并且还有继续上涨的趋势。白领们辛辛苦苦工作一年，薪水却买不起半个卫生间。人们的矛头纷纷指向无良的农产品经销商和房地产开发商。殊不知，在这物价和房价暴涨的背后，热钱这双贪婪和凶猛的眼睛已露出满足的微笑。

第六章 热钱的提款机：脆弱的中国楼市和股市

热钱大量流入，不是想演绎成为中国股市楼市发展的中流砥柱资金，它只有一个目的：套利。套取人民币与美元之间的利差。当热钱吹起来的股市与楼市泡沫被一下子戳破之时，对每一个中国人来说，可能将面临可怕的经济灾难，其破坏程度不亚于电影《2012》中的情形。

第七章 美国逼人民币升值背后：热钱的阴谋

热钱制造中国资产价格"超级过山车"而牟取暴利的基本路径——以人民币大幅升值等不断消解中国"世界工厂"的利润，而同时不断放大人民币资产泡沫，从而使得中国资产价格越来越高，中国企业利润越来越低，两者背反到了极限时,热钱就会图穷匕现,发动"后奥运危机"。

第八章　热钱狂涌中国:中国人如何应对

热钱是中国人财富保卫战的主要对手,是国际金融寡头遏制中国战略崛起的"轻骑兵",也可以说是潜伏中国的"特种部队"。要想打赢这场热钱反击战,必须知己知彼,方可百战不殆,否则,在一场艰巨而复杂的攻防战中,如果连谁是我们的敌人,谁是我们的战友都分不清楚,那么结果只能是一个:稀里糊涂地败下阵来,连为什么输都不知道。

附录

第一章

热钱是个什么玩意儿

热钱之所以"热"，是因为它有一个基本特性——就像狼一样对金钱的血腥非常敏感，它就像飞蛾一样对热源非常敏感，它就像吸血蝙蝠一样对财富之血非常敏感。它随"热"而动，追"热"而舞，所以称之为热钱。

1. 热钱是一群来自西方的狼

马克思的著作《资本论》里面有一段引用自托·约·登宁的原话："如果有10%的利润，资本就保证到处被使用；有20%的利润，资本就活跃起来；有50%的利润，资本就铤而走险；为了100%的利润，资本就敢践踏一切人间法律；有300%的利润，资本就敢犯任何罪行，甚至冒绞首的危险。"

这是对资本逐利性最形象的表述。而"热钱(Hot Money)"就是资本逐利的急先锋和最合乎这一形象的表演者。热钱用它那近乎疯狂的逐利性完美地印证了《资本论》上的这段经典的名言。下面就来揭开热钱神秘的面纱，来一窥究竟，看看热钱到底是个什么玩意儿。

通俗地讲，热钱就是国际游资。所谓的游资，我们从字面上就可以看到其存在的流动性，指为追求最高报酬及最低风险而在国际金融市场上迅速流动的短期投机性资金。国际闲短期资金的投机性移动主要是逃避政治风险，追求汇率变动、重要商品价格变动或国际有价证券价格变动的利益，而热钱即为追求汇率变动利益的投机性行为。

那么，热钱究竟又有着怎样的特征呢?

如果系统地讲，热钱有着所谓的"四高特征"，即高信息化与敏感性、高流动与短期性、高收益与风险性，以及高虚拟性与投机性。

首先，我们来说热钱的高信息化与敏感性。历史的脚步进入20世纪中叶以来，世界各国的距离拉得更近了，人类开始走进了信息化时代，而热钱正是信息化时代的产物。热钱对一个国家、一个经济体乃至整个世界的经济金融现状和趋势，对各国金融市场利差、汇差和各种价格差等等能迅速捕捉并作出反应。

我们举个简单的例子：中国2010年印钞厂因超额印制钞票，导致人手不足大量招人的消息，一经发出，不出10分钟，就会摆在太平洋彼岸的某个热钱巨鳄的桌前。

其次，再来说说热钱的高流动与短期性。热钱的高流动与短期性基于它的高信息化与敏感性，热钱一旦捕捉到有利可图的信息，就会立即反应，迅速进入到它认为可大获暴利的国家、地区。而一旦赚到预期的目标，则会瞬间撤离。有时，热钱的进入和撤离可发生在一天之内，其高流动与短期性简直让人无法想象。

第三特征是高收益与风险性。热钱进入某个国家或地区是为了牟取暴利。追求高收益是热钱在全球游走的终极目的。当然，有高收益也会有相应的高风险，有时热钱可能在某些国家大赚其利，而在某些金融和资本管理较为严格的国家又会因进入和流出的成本较大而导致亏损。

热钱的第四个特征是它的高虚拟性与投机性。我们要明白，热钱是用作投机的资金，它主要活跃在货币、证券以及存在巨额利润的市场，它从每分钟、每小时、每天的这种货币、证券波动价格中获取利润。热钱使用资本投机（包括汇率、股市、房地产、信贷、大宗商品等等）而获利，它不直接参与物质商品的生产和销售，不以获取商业利润为目的。热钱不创造就业机会，不提供服务，它是一种高虚拟性和投机性的行为，具有很强的破坏性。

·很多读者会好奇，热钱背后的主人到底是谁？

在这里，我需要特别指出的是，这些热钱主要来自于以美国为首的西方资本主义国家。而它的"主人"就是索罗斯等一批国际金融巨鳄。所以，我们可以说热钱就是一群来自西方的狼，是一群嗜血的狼，一群无所顾忌、敢于置法律于不顾的狼。这个狼群的胃口大得惊人，往往能组织起来把一个国家甚至几个国家的金融体系一口气给吃掉、搞垮。但如果认为它们的目的就是为了搞垮这些国家，那又大错特错了。这个狼群只是为了牟取暴利，搞垮这个国家只是牟取暴利的"副作用"，尽管这个副作用或大或小，大的有1997年亚洲金融危机时泰国的举国动荡，小的有韩国的货币迅速贬值、外汇储备荡然无存导致韩国国民举国捐金的事件等。

不过，热钱狼群一般不会把一个或某几个国家彻底地颠覆或导致其亡国，因为它们的目的只是为了钱，就像一只超级寄生虫一样，只是想吸吮寄体的营养和肥料；一旦寄体死亡，寄生虫也无法生存。它们也明白一个道理：不能把一个国家彻底颠覆，这样下次就没机会再施展拳脚了。所以，待搞垮一个国家的金融体系大赚其财后，热钱会给这个国家10～20年的恢复期。等到这个国家的财富积聚到一定量时，热钱又会卷土重来。如东南亚地区的大部分国家自1997年发生金融危机后，在长达13年的时间里，金融体系一直比较安全和稳定，外汇储备也在不断增长。不过，嗜血的热钱狼群有时也会按捺不住自己的耐心，2008年就再一次狠狠地玩了越南一把，这是因为最近10年，越南的经济发展快速，每年的GDP增长率都达到8%以上，接近中国的发展水平。越南国家财富积累速度过快，其庞大的财富量引起了热钱狼群的极大兴趣。2008年越南的金融危机给其他的东南亚国家提了个醒：热钱狼群难道又要"王者归来"？

不过，除了越南外，东南亚其他国家的货币金融体系目前还算安全、稳定，可是谁又能保证这种平静是永久性的呢？嗜血的狼是永远不会改变贪婪的本性去食草的。

如同聪明的狼，热钱往往会周而复始地施展自己的那一套老招术，而且屡试不爽。很多新兴国家以及小的发展中国家对此束手无策，就算是有办法抵挡也因为力量相差悬殊而无果告终。在热钱面前，那些小的发展中国家的弱小的金融和外汇防御体系简直可以用可笑来形容。如同弓箭对付飞机、大炮一般，热钱在它们的金融和外汇体系上随心所欲地轰开几个大窟窿，就可以进进出出，来去自由。

如同贪婪的狼喜欢大口地吃肉一般，并不是什么行业都会引起热钱的兴趣，那些蝇头小利断然不会吸引热钱的注意。热钱的投资对象主要是外汇、股票、房地产、期货及其衍生产品市场等，它具有投机性强、流动性快、隐蔽性强等特征。

热钱的产生与扩大，是多种因素促成的。首先，20世纪七八十年代，一些国家开始放松金融管制，取消对资本流入、流出国境的限制，使热钱的形成成为可能。其次，新技术革命加速了金融信息在全世界的传播，极大地降低了资金在国际间的调拨成本，提高了资本流动速度。再次，以远期外汇、货币互换和利率互换，远期利率协议，浮动利率债券等为代表的金融创新，为热钱提供了新的投资品种和渠道。这些因素加速了金融市场全球化的进程，使全球国际资本流动总量大幅增加，热钱的规模和影响也随之越来越大。

热钱进行牟利的最大特点就像打游击战一样，"打一枪换一个地方"，无所畏惧，只为牟取暴利。如果硬要用语言来总结，那就是短期、套利和投机。而正是靠着这个"战术"，20世纪90年代末国际"金融大鳄"索罗斯一手制造了亚洲金融危机，在短短半年间掀翻了整个东南亚国家金融体系。而在2008年，嗜血的热钱又在越南狠狠地玩了一把。如今，热钱主导的美国政府正在逼中国人民币升值，这背后又在玩什么阴谋？打的又是什么算盘呢？

2. 慎防热钱概念被混淆一谈

在跟很多国内的朋友在一起探讨热钱的时候，我发现一个问题，就是很多人往往会混淆热钱的概念，将热钱和国际资本、国际投资混为一谈，让人分辨不清。有的人甚至说中国压根儿没有热钱，全部都是捏造出来吓人的。我在这里做一个归类：

    （1）在某一国金融市场上操作的资金都可算作热钱

    （2）热钱的周期很长，不是短期资本

    （3）中国监管太厉害，根本没有热钱，只能算"异常资金"

我们来一一解释热钱容易被混淆概念的三个地方。

第一个容易混淆的地方是"在某一国金融市场上操作的资金都可算作热钱"。

我们先来看看英国《牛津高阶英汉双解词典》对热钱的定义：投机者为追求高利率及最大获利机会而由一金融中心转移到另一金融中心的频繁流动的资金。

《新帕尔格雷夫经济学大辞典》对热钱的定义则是：在固定汇率制度下，资金持有者或者出于对货币预期贬值（或升值）的投机心理，或者受国际利率差收益明显高于外汇风险的刺激，在国际间掀起大规模的短期资本流动，这类移动的短期资本通常被称为国际游资。

从这两个词典的定义中我们可以看到，热钱具有几个相互关联的主要特性：

第一，热钱必须是在两个国家间，或者国际间，至少是两个金融中心之间频繁流动的资金；第二，热钱是一种投机性资金，它就是干投机的，不干别的；第三，热钱是短期的资本流动，期限是一年之内；第四，热钱是以金融投资为基本方式，那些投资设厂的活儿它是不会做的。

这样，我们可以解决第一个热钱容易混淆的地方，"热钱"一词强调的是，这种资金它是在国际间流动的，从浙江省流到山西省的资金不叫热钱，顶多叫国内游资，也可叫"国内热钱"，但这个热钱非彼热钱。

当然，由于各国（或地区）的制度条件不尽相同，因此，热钱在国际间流动的可能性也不一样。

在资本与金融账户基本开放且货币实现了完全可兑换的国家（或地区）间，国际资本流动没有太多限制，可以比较自由地流入和流出，由此，热钱（作为国际资本流动的一种形式）也可以比较自由地流动。

但在中国，资本与金融账户中金融交易等并未充分对外开放，同时，人民币也尚未实现完全可兑换，因此，对国际资本在中国的流入和流出有着较多制度性限制。一个突出的现象是，凡是不符合中国外汇管理规定的境外资金是不允许流入中国境内的，同时，也是不允许流出的。

我们来解决第二个容易混淆的地方："热钱的周期很长，不是短期资本"。持这种观点的人认为热钱不是短期资本，其投机期限可能超过一年以上，它可以是"冷钱"甚至是"冻钱"。

我认为持这种观点的人完全改变了"热钱"的时空关系，即把时间从一年内改变为既包括短期资金也包括中长期资金，把空间改变为既包括国际间也包括一国内。

热钱一词强调的是，这种资金的短期金融运作。

所谓短期，虽然可因金融市场的交易对象不同而有不同的划分，但不论是中国还是世界其他国家和地区均没有超过一年的。这意味着，如果真的有一笔热钱流入中国，那么，从流入之日起计算，它必须在一年内流出中国；而一旦它流出了，中国境内（例如，外汇储备的当年增加额或者外汇储备余额中）也就没有这笔热钱了。

由此，我们在计算流入中国境内的热钱中，是不能使用简单的累加方式的。打比方说从2003年累加计算到2007年（即五年累加）的方法是不符合热钱的概念界定的。

第三个容易混淆的地方是很多人认为"中国监管太厉害，根本没有热钱，只能算'异常资金'"，这里明显会把异常资金和热钱混淆了。

持这种观点的人数量不在少数，我们先看他们的说辞：

（1）热钱的存在条件是资本项目的开放，也就是说只有资本项目开放的国家才能有热钱的快进快出。

（2）中国资本项目是受管制的，热钱从经常项目走，无论是货物贸易还是FDI（外商直接投资），快进快出都比较困难。

（3）中国是没有热钱流入流出的，而只有"异常资金"。

我们来进行反驳。

说热钱的存在条件是资本项目的开放和受管制。其实早在2004年5月，中国外管局副局长马德伦在一次讲话中就表示，在国际货币基金组织划分的43个资本交易项目中，中国有大约50%的项目已基本不受管制或有较少限制。中国资本项目开放的进程一直在持续，没有放缓。就算退一步说，即使中国资本项目受到管制，热钱也并非就无法涌入。

2010年3月初，世界银行就专门发了一份报告，主题就是"中国热钱流入部分由于资本项目管制"。而且，热钱未必一定从经常项目走，最近，王岐山副总理在威海调研时，得到了一个信息：在威海当地热钱甚至出现了一种更"生猛"的入境方式——搭乘渔船，现金直接入境。像热钱的这种涌入方式，显然不是常规监管所能知晓的。

"中国根本不存在热钱"的观点令人担忧，如果我们否认热钱的存在，就无法提高警惕，进一步提高监管手段最大限度地抑制热钱在国内的肆虐，一旦热钱找到牟取短期暴利的缝隙，就可能给我国庞大的经济机体带来伤痛。

其实，写概念性这么强且枯燥的一节，出于我对热钱混淆的担忧。我害怕中国将一般的国际资本流动都计入热钱范畴，随意地将停留于中国境内投资于实体经济的外商资金归入热钱。

举个例子来说，一旦以投资方式进入中国（如FDI）的实体经济，其属性虽为"国际"，但国际间的"流动"就已基本停止，因此，不能计入"热钱"。

世界各国和地区对热钱的充分关注，是因为这些短期资金的突然大规模入境或出境可能给境内金融市场的正常活动秩序造成严重冲击，并由此导致经济金融运行严重的不稳定。但国际资本并不如此。它加入到这个国家或地区的实体经济资源配置之中，有利于提高国民经济可持续发展能力，同时，也是相关宏观经济主体可调控和可预期的，因此，不可将热钱与国际资本混为一谈。

3. 国际难题：热钱的甄别和计算

热钱的甄别和计算是热钱基础知识中很重要的一部分，这一节也是概念性的东西特别多的一节，通过这一节，大家可以了解到热钱的甄别和基本的计算方法。

良性资本受制于被投资国的法律，但热钱是无所顾忌的，似乎连上帝也对它毫无办法。热钱所到之处，除了"打仗"就是"打仗"。攻城略地是热钱的本性，当然有时是相互之间的战争。热钱是资本市场里的游牧种族，里面有不同的部落。对其他国家来说，它们都是不速之客，没有区别。但对热钱来说，谁是盟友，谁是世仇，是有区别的。

东西方人看对方觉得没有区别，其实有区别，有很大区别。

东方人看西方人长得都一样。但法国人看得出谁是英国人、谁是德国人，也能分辨得出是来自法国南部还是北部。西方人看东方人长得都一样。但中国人看得出谁是日本人、谁是韩国人，也能分辨得出是来自中国南方还是北方。热钱也一样，其他人分辨不出来。但热钱知道不同热钱的性质，就如同狼知道对方来自哪个族群一般。

不过，我们要从一大堆用做投资的钱中找到哪个是嗜血的热钱、哪个是良性的投资，这个难度有如让一个中国人去分辨西方人中哪个是英国人、哪个是德国人、哪个是法国人一样，肯定都是高鼻梁、蓝色的眼珠子、黄色或红色的头发。

鉴于热钱的特性，如何甄别并确定其规模并非易事。基本上所有衡量热钱规模的方法，都建立在国际收支平衡表的基础上。因此，我们透彻理解国际收支平衡表的结构，是准确估算热钱规模的重要前提条件。

目前学术界有多种计算热钱的方法，但是尚未形成统一的意见，我介绍一下两种比较常用的计算方法：

第一种：直接把外管局编制的国际收支平衡表中的"错误与遗漏"项目的数据算成热钱。

第二种：外汇储备增加量减去贸易顺差再减去外商直接投资净流入，得出热钱数值。即热钱规模＝外汇储备增量－贸易顺差－外商直接投资。

这两种方法只能用做借鉴，因为热钱并非一成不变的。

一些长期资本在一定情况下也可以转化为短期资本，短期资本可以转化为热钱，关键在于该国的经济和金融环境是否会导致资金从投资走向投机。

　　我举个简单的例子来说明一下：

　　一个来自美国的良性投资在人民币未升值前来到中国，开了一家工厂生产服装，然后转卖美国。经过几年的发展，在服装厂开始赢利的时候，突然有一天，在美国的压力下，人民币大幅度升值。这样导致了一个结果：生产的服装成本大大增加，出口到美国转卖的利润大幅度锐减，无钱可赚。要知道资本可是逐利的，没利润的事情它可不干，这样的结果就导致这个良性资本发生"癌变"，变成热钱，转而投向外汇市场赚取人民币升值的差额以及中国火热的房地产市场，转向股票市场去牟取巨额利润。

　　这个后来"癌变"的热钱当时可是来投资办厂的良性资本，但是为了逐利又变成了热钱。再接着这个例子，当这个热钱在中国外汇市场上赚得差不多的时候，或者在房地产市场、股市抄底得差不多的时候，为了逐利，又有可能转变成良性资本用做正常的经营或生产。

　　也就是说，热钱和良性资本之间是可以互相转化的，只要有利可图，有暴利可图。转换一下身份，对它们而言，简直是小菜一碟。

　　要想从一大堆用做投资的钱中找到哪个是热钱，哪个是良性资本是很困难的。原因是多方面的，拿中国的例子来讲，我觉得就有三个主要方面的原因导致无法准确找到热钱及计算热钱的量出来。如下：

1. 中国计算热钱的数据来源混杂
2. 外汇储备数据本身就扑朔迷离，让人摸不着头脑
3. 中国外汇储备的复杂性

　　第一个原因是中国计算热钱的数据来源混杂。计算热钱的数据主要来自外汇局的储备数和海关、商务部的数据。但是，外汇局的储备数完全来自于现金流，是银行结售汇数据和央行参与外汇买卖的结果，在这个数据系统中，有明确的国际收支统计申报，这个申报本身有经常项目、资本项目的分类，是实际的资金流数据，我们称之为外汇局系统数据；而国际收支平衡表中的经常项目和资本项目的细分科目数据来自于

海关、商务部等部门统计，我们称之为部门数据。这两个系统的数据因为来源和方法不同，差别很大。

我们就拿贸易数据来说事，早期是对外经济贸易部门统计，海关数据出来以后，与对外经济贸易部门数据差异很大，持续了一段时间，后来逐渐就使用海关数据了。对于目前国际收支平衡表的数据采用，到底是用外汇局系统数还是部门数尚无定论。

第二个原因是外汇储备数据本身就扑朔迷离，让人摸不着头脑。中国人民银行和外汇局基本不公布外汇储备的来源和运用，也不公布外汇储备的损益。这样，外汇储备数据本身就让人感到迷惑和不解。

中国每年公布的外汇储备数据，只是一个纯数字符号，告诉你一个结果，没有任何过程。中国人民银行在公布的金融机构人民币信贷收支平衡表中，有一个外汇占款，但对外从不公布人民币占款的外汇到底是多少。如果按照国家外汇管理局公布的人民币对美元汇率平均价计算，人民币占款对应的外汇储备与外汇局公布的外汇储备数据在年度和月度内都会有很大差异，但没有任何解释和说明。

并且，我们无法知道外汇储备的损益是否算进了公布的外汇储备。正因为不清晰，很多分析就让人不知对错，从而误导舆论和各个层次的决策。

举个例子来说明，2010年1月12日，中国人民银行决定1月18日起提高存款准备金0.5%，舆论就认为这是紧缩货币政策了。1月20日人民银行公布2009年外汇储备增加4531亿美元，而2009年12月只增加了104亿美元，大大低于前几个月每月300亿美元以上的规模，舆论认为资金开始撤离中国。而实际上，2009年12月，中国的外汇占款达到2910亿人民币，对应的外汇储备增加400多亿美元，但这与公布的104亿美元什么关系呢？没有人做解释。

第三个原因是中国外汇储备的复杂性。外汇储备是一个国家外汇资源的一部分，企业和个人也是外汇资源的主体。分析外汇储备与热钱的关系，如果只看外汇储备，而不看外汇资源的分布与结构变化，就不能很好地解释外汇储备的增加。同样，企业和个人对外汇的购买、外汇贷款使用与外汇储备的增减关系密切，如果不分析这些，也很难说清楚外汇储备增加额中到底是不是存在热钱。

目前来说，对于热钱的数量和来源，我们也仅仅限于猜测和估算。因为热钱进出的渠道非常多，以贸易、服务贸易、外债、外商投资、侨汇或其他个人外汇名义汇入，加上非正常资金总是与正常资金混合在一起，投机性资金、趋利避险型资金总是夹杂在商业往来和个人收支之中。因此，要完全分辨出热钱，计算其规模，实际上是不大可能的。

虽然热钱不容易找出和计算出来，但是我们还是有很多的办法来预估热钱的总数量和它的藏身之处，这些会在后面的章节中讲到。

4. 哪里是热钱的"大本营"

美国是热钱的发源地和大本营。历史经验表明，每当国际投资和投机市场出现较大规模的风吹草动的时候，大量热钱就会暂避风头，回到美国老家，趴在原有的户头上再伺机行动。

对于热钱，我们先来说说美国人。美国人的价值观，崇尚个人主义和弱肉强食。他们所崇尚的就是掠夺，贸易是掠夺不成之后所采取的手段，而他们所发明的掠夺方法，也让人眼花缭乱、目瞪口呆。譬如他们需要石油，就煽动海湾动乱，然后把武器卖给海湾，用武器换石油，海湾持续动乱，他们就持续换走石油。

有一句话是这么说的：用谋害的方式攫取利益，比用健康交易的方式获利要容易得多。美国与中国交易的东西，与170年前的中英鸦片战争没有本质的区别。当然，精神鸦片与毒品鸦片比较起来，是有一些进步，但二者通过谋害而获利的本性，还是一致的。

中国向美国大量输出廉价商品换回外汇储备美元，中国每出口一定的商品，美国就向中国输入了一定的热钱。热钱进入中国之后，用中国的资源组织生产，获取利润，并回套中国出口所获得的外汇。

很残酷地说，不管中国怎么出口，反正美国人不耗费一分钱的资源，就能搞掉中国出口所获得的顺差。我想这就是热钱对于中国的战略目标。

一般而言，防止热钱的谋害，资本项目管制是一道非常重要的屏障。在经常项目下，以货易货，你要输入热钱玩寄生，非常困难。当然，在央行参与外汇交易的情况下，也可以玩，主要是操作高科技项目，搞假出口。如果你不让他搞这个，他就不要你的货。如果你让他搞，那他就输入热钱玩寄生，让你的货变成白给。中国的进出口统计有非常大的漏洞，大宗商品的统计数字居然口径重复，让人看不透，不知道这样的制度设计是何意图。

从2003年至今，美国持续向中国输入热钱，谋害中国民族品牌，并且在2008年暴炒中国股市，后来又锁定中国房市，反复获取暴利。据保守估计，美国在中国的热钱人民币仓，我估计已经达到2万亿美元的水平，并且具备持续获取人民币收益的能力。

我们来打个比方：

假如热钱在中国确有2万亿美元的仓，同时具备每年2千亿美元的寄生获利能力。但每年要从中国进口3千亿美元的货物。20年之内，中国将持续输出6万亿美元的商品，并将美国人的2万亿美元的仓消耗完。在这个过程中，美国人不消耗一分钱的资源。美国的国家资源全部封存，而中国的资源则濒于枯竭。

这个热钱仓的作用，就像病毒一样寄生在中国体内，换走中国出口所得之外汇，持续挤压中国出口。

我们来预料这个热钱仓在中国即将做些什么。

第一步，为了预防中国改变汇率制度，央行不再入市接受美元。那么趁中国还在推行央行汇率的时候，热钱赶紧进入，换成人民币仓。即使这个人民币仓不赚一分钱，只要掐死中国所得的美元买不到东西（这完全由美国说了算），那么，热钱人民币仓就全部是白赚的实体财富。热钱"用废纸换财富"能立于不败之地，靠的就是这个一毛不拔。这一步我们姑且称其为"死寄生"。这个热钱一开始就依赖央行汇率而进入。

第二步，收购中国的优质国企，收购中国的民族品牌，在中国价值链上占据最有利的赢利点，从而获得持续赚取人民币的能力。热钱成活，变活寄生。这已经实现了。

热钱的仓大到一定程度，就进行第三步了，收买媒体和经济学家，炒中国的股市和房市，席卷中国居民的储蓄。这是寄生爆发，控制寄主。这也基本实现了。

第四步，在中国所拥有的美元流动性很大，能用美元进口资源的时候，热钱迅速出动，关键时刻，洗劫中国央行的美元，从而限制中国用美元进口资源。

第五步，用人民币向第三方赎回美元债权，维护美元信用。中国有美元现金，美国人不敢轻举妄动。因为谁也不知道，中国会在什么时候使用这些现金。如果美国到时候拿不出东西，那么美元就得贬值。美元对第三方贬值，会影响美国对战略物资的进口。所以在中国动用美元现金向第三方进口的情况下，譬如向俄罗斯进口，让俄罗斯拥有了美元，美国人则动用手中的人民币，向俄罗斯赎回美元，把俄罗斯的美元购买力转化为人民币购买力，把目标转向中国，从而维护美元的信用。

美元是世界货币，它有很好的流通性，由于它的经济占世界份额较大，所以足以操纵世界经济的走向。而别的国家要想开放，要想融入世界的主体经济中，就必须使用美元。试看天下，只要一国强大，它的货币就会有好的流通和储藏价值。现在，美元贬值，只不过是在用自己的美元强势和充实的金融人才储备来剥夺其他国家的财富。现在是考验中国政府的时候：是否可以驾轻就熟地应对，是否能在各强国之间游刃有余。

美国大规模输入热钱，关键是想操控被输入国的汇率制度。

汇率制度是美国作恶的关键武器。中国要抵御美国侵略，根本不需要武力对抗，只需要堵死汇率制度的漏洞，即可御敌于国门之外。美国人炫耀武力，其实不敢动真格的，大多是转移注意力。美国人最害怕的事情只有一个，就是你堵死汇率制度的漏洞。

我认为，民间汇率与外汇期货市场是一个国家自动捍卫自身经济利益的基础平台。可中国迄今为止没有属于自己的、基于进出口商自发决定汇率的外汇期货市场。

美国人对于民间浮动汇率恨之入骨。1994年布雷顿森林货币体系垮台以后，美国人到处捣乱，让汇率打摆子。很多国家受不了，美国人因此不失时机推销"有管理的浮动汇率"。就是如果民间汇率波动超过一定幅度，则由央行出面干预。譬如美元对人民币的汇率，平均6.8，上下波动幅度0.2。

热钱问题归结到根本是市场公信力的建设问题。市场缺乏公信力，那么许多有价值的投资被严重低估，市场投机气氛严重，从而热钱推高股价，低买高卖，实现高套利利润。但热钱抽走必然导致市场失血过多造成休克现象，也就是所谓的崩盘。无一例外。因此，攘外必先安内，而安内是根本。

5. 热钱"翻手为云，覆手为雨"的可怕力量

"热钱"是充斥在世界上为追求最高报酬及最低风险，在国际金融市场上迅速流动的短期投机性资金。它的最大特点就是短期、套利和投机。正是靠它，20世纪90年代末国际"金融大鳄"索罗斯一手制造了亚洲金融危机，在短短半年间就掀翻了整个东南亚国家金融体系。

热钱对一个国家经济的危害，令人不寒而栗。热钱涌入时，可导致经济泡沫出现；一旦热钱撤出，国家的血液便将被抽空。这就像孙悟空钻进敌人的肚子，你就是有天大的本事也使不出来，只能任由他随意折腾。

如此一个令诸多国家谈之色变的热钱，又有着怎样可怕的力量呢？这种可怕的力量表现在什么方面？下面还是拿中国作为例子。

首先，大规模的热钱涌入，必定会扰乱中国的金融秩序和金融体系安全。

比如，大量热钱侵袭中国，必定会加速中国外汇储备的增长，而外汇储备的增加必然带来外汇占款的增加，不断增加的外汇占款形成了基础货币的内生性增长，央行被迫投放基础货币。

如果此时央行不采取冲销的政策，并且在国内信贷不变的情况下，增加基础货币，通过货币乘数效应的作用，使得国内货币供应量增加。随着中国的外汇储备不断增加，基础货币投放结构发生了改变，外汇占款已逐渐成为基础货币投放的主要渠道。虽然央行可以通过减少对金融机构、政府及非金融机构的债权来抵消外汇占款对货币投放的压力，通过发行中央银行票据等方式回笼货币，或者通过调整法定存款准备金率影响货币乘数进而影响货币供给，但是在热钱加速侵袭、外汇储备急剧

增加的情况下，央行货币政策的实施效果将受到严重影响。

其次，大规模的热钱涌入，会增加银行的信用调控难度，破坏信用的稳定。

热钱在中国的主要藏身处除了通常的股市或楼市外，还有中国的几大商业银行。原因是由于人民币利息高于美元，而人民币又在升值，人民币存款的回报因而具有相当大的吸引力。

我认为，中国在消费、投资十分火热的形势下，商业银行的存款仍然呈现较快增长，这一定是与热钱大量流入有关，热钱有可能就趴在银行的账户上坐等人民币升值。这样，在没有任何投资风险的情况下，就可以获得可观的投机收益。这些热钱大量的流入流出，显然会加大各商业银行的信用调控难度，破坏信用的稳定。

第三，加速国家的通货膨胀，影响货币政策。

2009年，中国实行积极的财政政策和适度宽松的货币政策，4万亿元的财政投入和10万亿元的信贷投放，给整个经济注入了大量资金；可以说，目前中国整体社会处于"不差钱"时期，同时，也引起人们在不差钱后会诱发对通货膨胀的担心。如果这个时候，大量热钱侵袭中国，必然会加速通货膨胀，引发物价的混乱，影响国民的生活。

人民币汇率单边升值预期是热钱进入中国的主要动因之一，而通货膨胀压力居高不下、流动性过剩、美元持续贬值和中美利差继续扩大等因素，又迫使中国采取了从紧的货币政策；并加快了人民币升值步伐。

人民币快步升值，一方面扩大了套利空间，进一步吸引热钱进入，使流动性过剩压力进一步加大，增大了宏观调控的难度；另一方面，人民币升值步伐过快，严重打击了具有竞争优势的中国传统的劳动密集型生产企业和出口企业。由于汇率风险大，外贸企业难以确定出口价格，无法接单。2009年春季广交会成交金额急剧萎缩，外贸形势严峻，企业开工不足，裁员严重，出口市场份额不断下降，相当部分企业处于生死边缘。

人民币汇率政策的制定必须认真考虑实体经济的承受力，中国传统的劳动密集型产业是多年形成的产业结构，解决了大量人口的就业问题，减轻了社会压力，但我们生产的产品大多为低端产品，在国际市场上没有定价权，没有核心技术和垄断优势，传统产业升级需要时间，不能一蹴而就。

第四，加剧股市震荡，破坏股市安定。

"热钱就是要趁着热乎劲儿拿走你的钱。"一位中国股民对热钱和股市作出这样的理解。

根据一项EPFR Global的报告显示，截至2009年11月，流入新兴市场股市的国际资金高达568亿美元，超过2007年全年500亿美元的历史最高记录，而其中流入中国的金额最多。

在过去两年中国A股市场高歌猛进之时，海外热钱开始转移战场，更多地进入到中国资本市场。中国银行全球金融市场部日前发布的报告披露了次贷危机爆发前后热钱进出A股市场的轨迹：境外资本在次贷危机开始的2007年下半年开始逐步撤离中国，而随着人民币对美元加速升值，在2007年底到2008年初有初步的回流，在2008年4月，次贷危机逐步趋稳，国际资本市场逐步好转时，资金再次出现大规模回灌。针对热钱进出的轨迹，对照中国A股市场的涨跌势头，结论也是惊人的一致。

而中国股市出现上蹿下跳的行情，特别是2008年中国A股市场大崩盘都与热钱炒作、做多、做空以及洗牌有着必然的关系。

第五，吹大房地产泡沫，给中国经济带来巨大风险。

国外一份研究报告认为，一旦人民币升值，将会促使更多的热钱涌入中国，加剧本已过热的房地产泡沫，可能爆发新一轮房地产泡沫危机。美国《华尔街日报》、《华盛顿邮报》发表文章，预测中国大兴基建项目，连同入世带来的国际热钱投资热潮，可能会使20世纪90年代初的海南房地产泡沫死灰复燃，认为中国的房地产泡沫及其破裂将是中国银行体系危机的导火线。

银行是中国房地产资本的主要来源，房地产泡沫一旦破裂，那就意味着银行正在增加新的坏账。海外华人纷纷把资金投到中国内地购置产业，如果人民币定价过高，可能引发严重的泡沫。热钱最大的特性便是投机，一旦获利就会伺机撤出，很多人一辈子的积蓄都会搭进去，引起金融市场动荡。

热钱与楼市泡沫两者是相互促进、相互吸引的关系，泡沫增大的过程同时也是热钱进入的过程。可以这样说，热钱进入是楼市泡沫膨胀的重要原因之一，因为热钱的特点是逐利性，只要价格看涨，流动性又充沛，就从来不缺少热钱追逐升值中的资产。

2003年以来，中国房地产需求走高并一直处于高速增长阶段。为追求可观的房地产投资回报，境外大量热钱开始进入中国房地产市场。国际上有一家机构曾计算，这期间美国房地产投资的平均年收益率只为6%到7%，而在上海、北京等一些特大城市，这一数字达到20%甚至50%。

到2010年，中国北京、上海、广州、深圳等大城市房价平均涨幅已超过40%。中国房地产的巨大泡沫正在形成，国际热钱严重的投机行为正在为中国经济敲响警钟。

在上海的浦东地区，地产空置率已高达50%，却还在建造新的摩天大楼。最近，大量热钱侵袭和银行史无前例的巨额放贷助长了中国经济反弹，但是热钱和宽松的财政及货币政策可能会给中国带来与日本在20世纪80年代经历过的相似的资产泡沫。2009年迪拜出现的债务危机，正在警示房地产泡沫可能给中国经济带来的巨大风险。

第六，热钱最大的危害在于其突然大规模撤离，做空市场。

大量的热钱进入中国会放大市场的流动性，加大通胀压力。热钱来得快，退潮时也快，资金快速涌入和退出时会拖累大市，让自己的股票腰斩。许多股民因跟不上热钱进出的节奏而被深度套牢。

20世纪80年代的日本因日元升值引发了强烈的单边预期，导致大量热钱纷纷涌入，推动房价、股价快速上涨。而当热钱撤出时，房价、股价就像过山车一样迅即跌入低谷，令日本经济陷入严重的危机之中，日本政府动用70兆日元的景气恢复对策资金也无济于事。

这场灾难，使日本经济在20世纪90年代一直处于零增长甚至负增长，因而得名为"失去的十年"、"伤心的十年"。再看眼下鲜活的教材越南。始于1986年的"革新开放"令越南经济驶入了快车道，几年前越南制定了积极吸引外资的政策。大量国际热钱开始潜入越南，不仅推高了股市、楼市，也直接推动了通货膨胀。此前几乎全世界都看好越南，但热钱的出逃，一场危机便在2008年上半年悄然而至。

从邻国的经验教训来看，热钱的最大危害不在于流入，而在于其突然大规模撤离。

德意志银行首席经济学家马骏在其公开的文章中表示，热钱是"长线投机性资金"，最终是会退出的，借鉴他国的教训，在热钱大规模撤离前，整治热钱尤为关键。

当前，国家多个部门已对热钱问题高度关注，各地海关采取多种措施，打击各种违规携带货币进出境的行为。国家外汇管理局提出2011年将严格外汇资金收结汇管理，加强货物贸易和服务贸易外汇收支的动态监管和事后核查。

不容回避的是，大量热钱进入后还影响到了货币政策的正常操作。热钱正在成为制约调控政策的重要因素。2009年以来，因受热钱牵制，利率调整和汇率变动等决策陷于两难。

总之，热钱进入中国的速度正在加快，金额也在上升，危害也在扩大，我们必须因势利导，利用强有力的措施和办法，降低负面效应，把危害降到最低限度。

如何才能有效防范热钱侵袭呢？这些具体措施将在本书的第八章节讲到。

6. 双面热钱：利与弊的两张脸

哲学上说，任何事物都是有两面性的，嗜血的热钱也不例外。

热钱是有人欢喜有人忧的词汇。对于中国各类市场上的部分投资者及投机者来说，热钱的进入或许是一种机遇，并可能改变其对市场短期走向的预期。

但另一方面，对于中国央行、外管局、商务部、银监会等诸多监管部门来说，它们都得打起十二分的警惕，密切关注热钱动向，以免热钱对中国实体经济造成危害。而从大环境上来说，中国现行汇率制度和美元持续贬值的外部大金融环境，造就了热钱进出的套利机会。

不过，这一切就看怎么合理的运用。

首先，我们来说说热钱的弊。

上一节我们已经讲到热钱"翻手为云，覆手为雨"的可怕力量。在这里就再叨扰一遍它的弊端。

我认为如果单纯从资金上讲，热钱给中国在内的相关国家带来的危害是最主要的。如果热钱进入过快，会给国家造成错觉，比如相关产品上的价格错觉、市场信号的错觉，金融市场也将被错误地误导，进而在房地产市场、资本市场上形成严重的泡沫。

而一旦这些热钱快速且大规模撤离相关市场，尤其是市场繁荣或者是泡沫最大的时候离场，甚至会造成实体经济的坍塌。

如1994年墨西哥金融危机和1997年始于泰国的亚洲金融危机就是前车之鉴。

这些都是大规模热钱获利后外逃，引发金融市场严重恐慌，最终导致这些国家原本脆弱的金融体系崩溃的典型案例。

热钱有时候会在一定程度上干扰到国家宏观政策的有效性。热钱大量流动，推动资产价格大幅走高，但同时也加大了货币政策调控的难度，对于一些实体经济尚未完全恢复的国家来说，热钱尤其会造成巨大危害。

此外，热钱对正常的跨境贸易人民币结算业务，甚至对人民币国际化进程的负面影响同样存在。同时，在中国出口仍相对比较困难的情况下，热钱的流入将进一步加大人民币升值压力，这显然不利于中国出口贸易情况的改善和恢复。

其次，再来说说热钱的利。

在经济不景气、投资者信心不足的情况下，国际上热钱并非"洪水猛兽"，其一定程度的进场会对相关市场起到提振作用，并可能提升消费者的信心。

从国际上说，热钱对中国的追捧对正面树立中国的国家形象有一定积极的影响。

因为，如果有政策引导和制度约束，热钱有可能将短期投资策略改为长期投资策略，让热钱看到中国经济长期有潜力的发展，并将热钱转化为风投、私募等，这样，对于中国行业发展及中小企业发展都有推动作用。其实，最关键的点在于，中国经济要有实实在在的增长点，不能过分虚拟化，同时，相关部门也要引导热钱资金进入实体经济。

热钱实际运作颇为复杂，绝非一成不变，某些长期资本在个别机会下也可能转化为短期资本，进而转化为热钱；反之亦然，某些以热钱姿态进行的投资可能因为投资对象稳定和良好，使得热钱多加停留，进而转化为长期投资。

热钱的破坏因人而异。发达国家和发展中国家不同的金融机制，决定了不同的应对能力。前者管理科学、制度先进，后者管理落后、官僚低效。面对瞬时挑战，前者容易作出合理判断，尽可能迅速地将危害控制在最小范围；后者则因为低效甚至是官员在金融中的腐败行为，导致问题愈加严重。譬如，1992年热钱对英镑进行偷袭，但英国很快缓过神来；两年后热钱对落后的墨西哥发起进攻，导致该国经济全面崩溃，如果不是美国帮助，代价将更加惨重；1997年的亚洲金融危机更是个好例子，落后的金融体制使得泰国、印尼、马来西亚受灾最重，而相对先进的日本、新加坡、香港地区则迅速恢复元气。有趣的是香港1998年再遇热钱时，便给予对方迎头一击。

换一种说法，热钱的存在总能深入浅出地表明，这个国家或地区的市场有制度性缺陷和漏洞。当今世界，市场经济为主导，合作互利是主题。但如果某个国家或地区背离了市场原则，金融体制存在不合理地牟取他人利益的现象，那么，就有可能引来更具侵略性的投机热钱。

作为猎手，热钱参与金融角逐，无形中促进了制度进步。在英国、墨西哥、亚洲都是如此。这些国家和地区正是在与热钱的较量中，知耻而后勇，推进深化改革，调整产业结构，健全宏观管理。所以，不难预计，2008年的越南金融危机，给越南政府提供了反省契机。由于与越南经济风格相近，越南金融危机如一面镜子，展现在中国的面前。继续深化改革、加强法治建设、完善自由市场，将是我们面对挑战，获得进步的关键。

我们以中国房地产为例，来看看热钱的双面作用：其利与弊的两张脸。

对于房地产而言，我认为热钱是利弊并存。有利之处是，带来房地产业的新迹象，从供应和需求两个方面可以刺激楼市的繁荣；弊处主要是，如果很多是短期行为和集体进口行为势必带来地产的大起大落，不利于持续发展。房地产正常投资与热钱投资存在的明显不同点在于投资时限的长短。从正常的投资情况来看，房地产投资项目应该是一项中长期投资，获取的收益主要通过出租和转售，而且出租所获得的收益应该明显高于转售所获得的收益。但是，热钱投资就不同，它是一种极短的投资行为，需要很快就能变现，从收益的获取方式上主要是通过"倒买倒卖"赚取巨额差价，而对房产的出租收益并不重视。

对房地产而言，热钱有利的一张脸是，长期来看，一定程度上的热钱进入有利于促进房地产市场的发展，在金融机构收缩信贷资金的前提下，热钱可以补充房地产开发商的资金短缺，扩大房地产资金来源，同时也可以将国外比较规范和成熟的运作理念引入中国市场。

热钱弊端的一张脸是，如果大量的热钱涌入，会过度抬高房地产价格，造成房地产市场的虚假繁荣，掩盖房地产市场的真实需求，引起房地产市场的过度开发，从而可能导致"楼市"泡沫的产生，对整个社会经济的健康发展造成阻碍。

简而言之，热钱是喜欢在不成熟或有漏洞的市场驰骋的东西，它本身或属中性，一个国家如果市场完善、金融管理科学、货币政策合理，则热钱不足为害。归根结底，热钱是一种竞争，它善于在资本竞争力弱和金融管理不善的地方博弈。因此，当人们遇到热钱问题时，更应该做的是反省：为什么会招来热钱。热钱就像一个盗亦有道的江湖人士，只要是对外开放的金融市场，它都可能悄然而至。至于它将成为长期互惠互利的朋友，还是短期你死我活的敌人，全取决于面对的环境。而这个环境，正是一个国家和地区的政府所营造的。法治和市场为背景的金融体制，能够迎来更多的朋友，也能够使敌人望而却步——所有的钱都可能成为朋友，所有的钱也都可能成为敌人，政府要做的，只是选择。还有，别忘了愿赌服输的老规矩。

第二章

热钱的"血腥战绩"：从日本搞到中国

这个世界从来不缺乏危机，对热钱而言，没有危机的世界是寂寞的。通过在全球各地制造一系列的危机，热钱疯狂地攫取了数不尽的财富。当你看到西方世界发达的物质文明时，你就要想到，这一切的来源究竟建立在哪儿？去翻开热钱血腥的一页，看看热钱到底都做了些什么。

1. 1989年日本经济泡沫大破灭：釜底抽薪狠玩日本人一把

1989年发生在日本的经济危机是日本历史上最严重的经济危机，这次经济危机造成日本严重的经济衰退，5000亿美元的银行坏账，数不胜数的企业倒闭，日本人对未来感到前所未有的恐慌，失业率和自杀率屡创新高，曾经繁荣的经济暗淡了下来。

从1989年底至2001年秋，日经平均指数由38915.87点直线下挫到10195.69点，缩水70%；而1991年至2002年，日本住宅用地价格累积下跌36%，商业用地价格下跌了62%，其中东京、大阪、名古屋三大城市圈，跌幅高达52.1%和76.1%。这些触目惊心的数字不仅刺痛了日本社会，也撩动着许多中国人的敏感神经。

泡沫经济大破灭对日本的打击是多方面的，首先是国内生产总值减缓。20世纪90年代，日本国内生产总值（GDP）的实际年均增长率为1.1%，而且就连这1.1%的增长也是日本政府累计10次动用财政手段刺激景气（"景气对策"总规模高达136万亿日元，接近日本GDP的1/3）才勉强获得的。由此可见，日本人要想再次见到20世纪80年代中后期平均5%的经济增长已是十分困难的了。

其次是随着股市泡沫的破灭，日经225指数一路直线下跌，几乎毫无反抗之力。直到2000年底，当欧美股市及新兴股市均纷纷上涨至历史新高时，而日经225指数却低收至13785点。与此同时，日本经济也经历了长达10年之久的持续萧条。2003年4月28日，日本股市更是跌至近20年来的最低点7607点。2006年底，当大多数欧美及新兴股市再次刷新历史新高时，日经股市才终于缓过气来，勉强收在了近5年来的新高点17225点，与历史最高点38916点相比，却相去甚远，大致相差约21700点。

第三是对银行业的摧毁。在日本股市泡沫与房地产泡沫形成过程中，银行始终是充满激情，并推波助澜，且从中大为受益。然而，双泡沫破灭的同时，日本银行业也遭受了灭顶之灾般的报复与打击。股市暴跌，上市银行再融资受阻；房地产泡沫破灭，不动产贷款成为呆账；企业效益徒降，银行不良资产剧增。20世纪80年代的泡沫经济直接为20世纪90年代中期日本银行赤字风暴与金融危机埋下了历史隐患。

第四是对企业与消费者的猛烈冲击。虚假的繁荣背后，其实是由企业和消费者来承受这一切后果的。日本经济泡沫的破灭，直接打击了本国企业和居民的信心，投资信心严重受挫，企业不良资产增加，银行不良贷款剧增，个人消费萎缩，经济增长停滞甚至出现负增长，失业增加，居民生活水平下降。

其实回想一下，在20世纪80年代，日本的经济也强大到令全世界都害怕的程度，日本人在世界各地异常风光，疯狂地购买欧美企业资产。

SONY耗巨资34亿美元购买"美国的灵魂"好莱坞的哥伦比亚公司，松下斥资61亿美元购买环球电影公司，三菱重工出资8.5亿美元买下有"美利坚标志"之称的纽约洛克菲勒中心51%的股份。日本国内充斥着乐观，对未来无限的幻想的情绪之中，日本人痴迷于股票、债券、房地产投机，日本股票已经连续25年持续上扬，似乎日本的股市是永远上涨的神话，但是神话毕竟是神话，很快日本人就为自己的疯狂投机付出了惨痛的代价。

当利率从持续多年的2%调整到3.25%，当时日本央行行长是主张刺破泡沫的强硬派，又把利率调高到4.25%，人们对日本经济前景突然感到迷惑和不安。当时许多国际热钱炒家纷纷抛售股票，一石激起千层浪，人们都疯狂地抛售股票，日本股市大跌，股市的跌势又造成了债券和房地产市场市值严重萎缩，作为债权人的银行强烈要求债务人企业和投机者个人增加保证金或是还清贷款，债务人只能把股票和房地产当抵押物，抵押物又大幅度地贬值，许多中小型银行都相继破产，企业融资形势面临严重威胁，很多企业不得不申请破产，日本经济似乎陷入恶性循环的怪圈。这场经济危机对日本国内带来的最大危害就是日本金融业几乎崩溃，一场经济危机令日本沉睡了20年。

对于日本所遭受的这一切，我想，不止日本人，也包括中国人以及全世界的人们都不禁要问，到底是谁主导的这一切，怎么就有这么强大的力量要让日本遭此劫难？

对于日本1989年经济泡沫大破灭的原因，众说纷纭。

·广场协议论

第一是广场协议论。很多专家认为日本之所以产生经济泡沫，主要原因是遭受美国的威逼利诱签下《广场协议》导致的。

1985年，日本愚蠢地和美国、英国、法国、西德签署了《广场协议》，这个协议事实上是在要求日元升值以换取美元的有序贬值，从而增强美国制造业的竞争力，解决困扰里根政府多年的美国贸易赤字问题。早在协议签署之前，索罗斯就意识到了里根政府的"双赤字（财政赤字、贸易赤字）"政策不可能持久，他把这种以财政赤字刺激经济发展、以发行国债填补财政赤字的经济政策称为"里根大循环"，其结果是美元贬值的压力越来越大，政府赤字如同滚雪球一般攀升，里根政府面临着两难的选择：要么增加税收、减少军费以消弭财政赤字，从而降低美元的贬值压力，但这无异于政治自杀；要么允许美元贬值，但又怕局势变得不可收拾，出现美元汇率崩盘，这对美国经济的打击将是致命的。所以，里根政府只好以政治、军事手段胁迫日本政府为美国的赤字埋单——当时也只有日本有能力完成这个艰巨的任务。

专家们认为《广场协议》就是冲日本而来的，美国胁迫日本让日元升值，通过牺牲日本解决美国的双赤问题。《广场协议》签订之后，日元大幅升值，此后近20年，日本经济一蹶不振，似乎证明了美国的"阴谋"和日本的"愚蠢"。

日本经济泡沫广场协议论的观点有其一定的可解释性，但我认为这不是导致日本产生经济泡沫以及大破灭的主要原因。让我们来回顾一下那段历史，看看《广场协议》前后（1985.1~1987.12）各主要货币对美元的汇率变化：

美元/日元：255→121（贬52.5%）

美元/马克：3.16→1.57（贬50.3%）

美元/瑞郎：2.68→1.27（贬52.6%）

美元/英镑：0.885→0.530（贬40.1%）

从数据中我们可以看出，美元的贬值，并不只针对日元，它对大多货币都贬值了，而且贬值幅度相当。所以，让日本为美元贬值单独买单的说法是较为片面的。

日元升值与泡沫经济崩溃，这两者间并非一种线性的因果关系。就一般定义而言，泡沫经济是指大量过剩资金追逐相对稀缺的投资机会而造成的资产价格膨胀。日元升值对此有影响，但就本质而言，两者是不同的事件。可以说，当时日元升值与美元贬值都是必然之事。

还有，把日本20年经济萧条的原因，归咎到日元升值，这个判断过于武断。因为，大幅升值的除了日元，还有马克、瑞郎，为何萧条的只是日本，而德国和瑞士则没有，原因何在？

我认为，日本在签订《广场协议》之后，其经济倒退的根源并不在《广场协议》本身（或者说日元升值本身），而是另有原因。《广场协议》的签署只是一根导火索而已。

·宽松的金融、货币政策论

第二是宽松的金融、货币政策论。这个论点也是日本人最为坚持的看法，他们认为自己的国家之所以遭受经济泡沫大破灭，完全是因为政府无能，实行错误的金融、货币政策导致的。

日本人认为签订《广场协议》导致日元升值以后，出于对国际贸易形势恶化、产品需求减少和GDP增幅降低的担忧，日本当局各部门通力配合，采取了包括低利率、金融缓和政策以及一些结构性改革和放松管制等措施来刺激国内需求。

从1987年春季，日本中央政府摆脱从紧的财政政策，采取了规模庞大的紧急支出政策，通过了一笔用于公共投资的总值达6万亿日元的附加预算。公共支出项目给相关行业，特别是建设行业、原材料和重工行业，首先带来了繁荣增长。政府宏伟的开发计划将土地价格推到了一个非常高的水平。在公共投资的示范下，公众相信地价一定会持续增长，国内需求也将会进一步提高。地价在公共工程和低利率政策的刺激下急速上升，吸引了来自国内外大量资金。这种投资驱动的经济造成了生产与消费之间的扭曲。投资驱动所引起的过度投资爆炸式增长，并最终使得信用与生产循环破裂。

为应对"广场协议"后日元升值给经济带来的不利影响，日本央行在1986年分四次把基准利率从5%下调到3%，并且在1987年2月再次下调0.5%，达到当时的历史低点2.5%。这种超低利率维持了两年零三个月，直到1989年5月31日才上调到3.25%。低利率的长期持续使货币供应量大幅增加，出现了所谓的"流动性过剩"。在日本政府扩大内需政策的鼓励下，全国掀起了国土开发热潮。大量资金流向了股票及房地产行业，使得资产价格出现暴涨。

日本央行将汇率及物价稳定作为首要目标，忽视资产价格的上升，结果导致了资产的通货膨胀。而在"流动性过剩"传递到CPI时，日本央行的紧缩政策终于成为日本资产泡沫破灭的导火线。

·热钱主导论

以上的两种论点，不论是广场协议论还是宽松的金融、货币政策论，在解释日本为什么会产生经济泡沫，又为什么会在短时间内破灭时不可避免地存在其片面性和主观性，这两个观点只是解释了日本产生危机的某些直接原因，没有看到其危机背后的利益之争。因为它们忽略了一个最大的问题就是，这个世界上任何危机抑或是泡沫都是人们为了攫取暴利而刻意制造的，危机也是牟利的重要工具，危机的背后肯定存在着大量的金钱和巨额的利益。

我认为，日本1989年经济泡沫大破灭同样也不例外，其背后存在着巨大的热钱投机行为，而日本人正是被这些热钱给设好陷阱，然后釜底抽薪狠玩了一把。没有任何国家和地区想搞垮日本，而罪魁祸首就是这些没有国家概念、只为暴利的热钱。

为了与上面的广场协议论和宽松的金融、货币政策论区分开来，我把自己的这个观点命名为"热钱主导论"。

为什么说是主导？因为不管是日本签订《广场协议》，还是其导致的日元大幅度升值，抑或是房地产和股市暴涨吹起的大泡沫，都由热钱的巨大力量在主导着，而诸如日本签订的《广场协议》这类的诱发事件只不过是热钱的工具和利用手段而已。可以说，在洗劫日本人财富的时候，热钱利用了一切可以利用的工具，包括美国政府，而且美国政府是第一个被利用的对象。

为了征服日本、掠夺日本人的巨额财富，热钱经过了一系列的谋划。这时有一个疑问，为什么热钱选择了日本，况且日本还是美国的盟国。

首先需要说的是，热钱不会在乎盟国与否，它贪婪的眼里只有钱和财富，没有别的。其次是由于日本经济曾经以令人惊讶的年增长率保持了数十年的增长，同时还保持了在工业国家内最低的通货膨胀率，在20世纪80年代许多分析人士和学者预言日本将成为世界上规模最大的经济体。

日本令人垂涎的财富终于招来了大祸，热钱巨头们（或许人们永远都不会知道这些热钱巨头们到底是谁）兴奋不已，他们放弃了以前的互相竞争，竞相在美国集合起来，并组成了暂时的联盟，准备在日本这个东方富裕的国家里大赚一笔。

具体怎么操作呢，就让我们来看一下热钱巨头们的一揽子计划吧。

第一步：热钱通过美国政府对日本施压，逼日元升值，掀开进攻日本的序幕。

其实，热钱巨头早就明白美国政府一定会对日本施压，让日元大幅度升值。说是热钱通过美国政府来达到目的，其实美国政府也正有此打算。因为自1971年美元与黄金脱钩、布雷顿森林体系正式瓦解以来，压迫别国货币升值就变成了美国减少财政赤字与贸易赤字的惯用手法。

20世纪80年代初，美国经济无法彻底摆脱"滞胀"的困扰，新任里根政府就以减税为核心，通过扩大赤字刺激经济增长；美联储则通过紧缩性货币政策抑制通货膨胀。这些政策增加了投资者对美元的信心，国际游资因此大幅流入美国市场，引发美元升值。结果，美元升值进一步扩大了美国贸易赤字。在1980年～1984年间，美国对日本的贸易赤字从150亿美元增加到1130亿美元。与此同时，日本对美国贸易顺差从76.6亿美元增加到461.5亿美元。到1985年，日本对外净资产为1298亿美元；美国对外债务为1114亿美元，它们分别成为世界上最大的债权国与债务国。这样一来顺理成章的是，美国要求日元承担更多国际性货币的责任，并且得到了主要发达资本主义国家的理解。

美国从1971年起就一直拿汇率问题来敲打日本，进入20世纪80年代后更进一步加大了对日元升值的施压力度。

热钱通过美国政府威逼利诱日本加快日元国际化步伐一招，表面看是为了提高日元的国际地位，但骨子里却是一步"损招"：通过日元国际化，热钱可以更方便地自由兑换，境外投机者可以更方便地获得日元资产；通过热钱涌入以及日元资金和资产的大量买入，"市场力量"可以推动日元持续、快速地升值，既为投机者获取汇兑受益，又达到削弱日本制造业竞争力的目的。与此同时，热钱大量进入股市、房市，在为投机者提供丰厚的投资收益的同时，还制造了空前的资产泡沫，为日本经济的长期低迷预先挖好了陷阱。

热钱通过美国政府对日本施压主要依靠以下策略：

（1）要求日本进一步开放商品市场，刺激内部需求，降低进口壁垒，不断扩大从美国的进口商品规模。

（2）迫使日本将日元大幅升值。1985年9月美国与日本签订了《广场协议》，日元在此后的17个月内升值了57%。

（3）要求日本保持比较低的利率水平。日本从1986年1月开始下调利率，其贴现率共下调五次，一直降至1987年2月的2.5%。为了解决经济滞胀问题，美国当时非常需要日本在货币政策上与美国保持一致。为此，英美等国于1987年2月迫使日本签署了以利率调整为主的《卢浮宫协议》。根据该协议的精神，日本将2.5%的低利率一直维持到1989年5月。

（4）促使日本不断开放金融市场。此举的目的，一是为美资金融机构获取更多的业务机会和投资机会；二是协助美资金融机构汇入投机性资金，用"市场力量"推动日元更大幅度地升值，并趁机从中获取升值的红利；三是让风险管理能力更强的美资金融机构在泡沫形成阶段扩大投资，在泡沫即将破灭之际迅速逃走，从而攫取市场大起大落的红利，并使日本企业和银行陷于险境。

（5）诱导日本加快日元国际化的步伐。在美国的压力下，日本从1983年10月开始陆续推出日元国际化的许多措施：允许国际贸易用日元结算，废除外汇期货交易的实需原则，允许非居民购买境内股票，允许日本企业到境外自由投资，扩大居民发行的欧洲日元债券规模等。

1985年9月22日，美、日、英、德、法5国财政部长与中央银行行长聚集纽约花园广场饭店，走过场般地耗时仅20分钟就发表了《广场协议》，宣布包括日元在内的多国货币对美元"有秩序地升值"。达成《广场协议》显然是早有默契的，它加速了日元的大幅度升值。

这一协议的签订足以让热钱巨头们欣喜若狂，在他们看来，终于撕开了一个热钱进攻日本的缺口，接下来的事情就是怎么攻进去了。

第二步：解除日本的"金融武装"。

1985年日本开始放开存款利率。随着利率自由化以及金融业务管制的放松，金融市场规模急剧膨胀。过于宽松的货币政策，导致国内日元资金过剩，经济过热，形成了所谓的"流动性过剩"的格局，这为日本股市泡沫埋下了重大隐患。

这一年，日本政府紧接着发表了《关于金融自由化、日元国际化的现状与展望》公告，拉开了日本经济金融全面自由化及国际化的序幕。这是一项壮举，因为在之前的石油危机时代，美日之间曾经就日本减少金融贸易的国内壁垒而进行了拉锯战式的谈判，最后美国是以政治筹码为要挟才取得了有限的成果。由此看来，似乎并不能轻易叹惋说当时日本政府采取了一种冒失的经济金融战略，日本1989年危机之所以表现出更大的内源性，而且首先爆发于金融界，是日本自我选择及国际环境暗示的必然结果。

第三步：热钱全力进攻日本进行房地产和股市投机活动。

日本在被迫签下《广场协议》后，为了凸显所谓的日元国际货币地位，在此后的17个月内迅速升值了57%。这种急剧提升，导致了热钱的蜂拥而至。

首先我们来解决一个问题，是日元大幅度升值导致的日本泡沫危机吗？我认为不是，因为日元升值与泡沫经济崩溃，两者间并非一种线性的因果关系。就一般定义而言，泡沫经济是指大量热钱追逐相对稀缺的投资机会而造成的资产价格膨胀。日元升值对此有影响，但就本质而言，两者是不同的事件。既然不是日元大幅度升值导致了日本泡沫经济，那么热钱在日元升值后又做了些什么？

日元在大幅升值后，吸引了大量的热钱流入房地产市场和股票市场，催生了以土地投机为核心的资产价格飙涨，日本制造业的竞争优势因房价、租金和工资上涨而进一步被削弱。热钱流入和被迫实行的日元低利率政策催生了空前严重的资产泡沫。我们来看一下国际热钱巨量流入日本后，导致日本产生经济大泡沫的表现。

·股市方面

1985年~1989年，公司投资急剧膨胀。伴随高股价、新股票发行的快速升值，当银行在不动产方面寻找资金投向时，股票发行便成为公司融资的一个重要来源。反过来，公司利用它们持有的不动产进行间接的股市投机，从而形成了不动产与股市双重泡沫——房地产价格持续暴涨及日经225股价指数持续暴涨。1985年末，日经225股价指数收于13083点，1989年末收于38916点，四年间日经225指数累计上涨197.45%。1987年底，日本股票市值竟然占到全球股市总市值的41.7%，并赶超了美国，成为世界第一。1989年底股票总市值继续膨胀至896万亿日元，占当年国民生产总值的60%。

·房地产方面

可以说，股市泡沫与房地产泡沫是日本泡沫经济的两大根本支柱。

当日本股市泡沫一路凯歌高奏之时，日本房地产价格也正在疯狂、不断地上涨。据日本不动产研究所的调查，日本六大主要城市的商业区地价指数，若以1955年为100，到1965年则上涨超过了1000，到1988年则超过了10000，也就是说，日本城市房地产价格在33年间上涨了100倍，而同期名义国民生产总值上涨却不足40倍，制造业工人的平均工资上涨不到20倍。1990年高峰期时，东京商业区的地价涨至1985年的2.7倍，住宅区地价则涨至1985年的2.3倍。仅东京的地价就相当于美国全国的土地价格，国土面积相当于美国加利福尼亚州的日本，土地的总价值几乎是美国的4倍。不仅地价持续飙升，而且与股价产生了疯狂联动，导致泡沫时期地价和股价相互推动、循环上涨。

热钱流入形成巨额外汇，泡沫膨胀产生庞大账面财富之后，日本人在美国又买房产又搞收购兼并，表面上非常风光。但是，自1990年日本经济陷入衰退之后，其企业和金融机构却因自身困难重重，不得不贱卖在美国的资产以便调回资金自救、自保。此番一进一出，日本人损失惨重，美国人却白捡了很大的便宜。

第四步：热钱在大获全胜后，急速釜底抽薪撤离引发日本经济泡沫大破灭。

在日本股市和房地产市场炒作后期，大赚暴利的热钱已经丧失了投机欲望。巨头们认为在1989年日本泡沫经济迎来了最高峰，已经到了要紧急撤离的地步。他们分析当时日本各项经济指标达到了空前的高水平，但是由于资产价格上升无法得到实业的支撑，这样的泡沫经济注定要走下坡路。

巨头们这时开始施展做空的那一套手法，将手头的所有股票和房地产资产迅速变卖，然后撤离日本，这一切做得干净利落，无声无息。而热钱巨头们在做这一切的时候，日本人显然还蒙在鼓里。

1990年3月，日本大藏省发布《关于控制土地相关融资的规定》，对土地金融进行总量控制，这一人为的急刹车导致了因热钱资本釜底抽薪导致的自然衰退的泡沫经济加速下落，并导致支撑日本经济核心的长期信用体系陷入崩溃。此后，日本银行也采取金融紧缩的政策，进一步导致了泡沫的破裂。

1989年12月29日，日经平均股价达到最高38915.87点，此后开始下跌，土地价格也在1991年左右开始下跌，泡沫经济开始正式破裂。到了1992年3月，日经平均股价跌破2万点，仅达到1989年最高点的一半，8月，进一步下跌到14000点左右。大量账面资产在短短的一两年间化为乌有。由于土地价格也急速下跌，由土地作担保的贷款也出现了极大风险。当时日本各大银行的不良贷款纷纷暴露，对日本金融造成了严重打击。

2. 1992年英镑战役：热钱巨头索罗斯狙击英国绅士

在1989年成功洗劫日本后不到三年的时间，热钱又把自己的触角伸向了老牌资本主义国家——英国。在1992年的伦敦，发生了一件令世界银行的鼻祖英格兰银行和英国政府特别蒙羞的事件，那就是热钱的巨头乔治·索罗斯成功地将其狙击，赚得10亿美元的著名的热钱之战。

蒙受耻辱的英国不禁损失惨重，而且更被本国人民耻笑不已。在英国公众眼里，索罗斯倒成了英雄。他们以传统的英国方式说，"保佑他，如果他从我们愚蠢的政府手中获得10亿美元，他就是一个亿万富翁了。"

让我们来回顾一下这个热钱战争史上经典的案例。我们先不说英国，先从热钱巨头乔治·索罗斯的身世开始说起。

·热钱巨头索罗斯的身世

乔治·索罗斯是一个匈牙利犹太人的儿子，在"二战"期间凭借一张假的非犹太人身份证躲过了纳粹的屠杀，全家一起迎来了苏联红军的解放。不过，索罗斯一点也不喜欢苏联占领下的匈牙利，反而非常怀念"二战"末尾的那段危险历史给他的"锻炼"——从心理学的角度讲，这或许能够说明索罗斯从小就是一个风险偏好者，所以才能在证券交易、商品交易和国际宏观投机领域取得这么高的成就。

1949年，年轻的索罗斯离开了祖国匈牙利到著名的伦敦经济学院攻读经济学。必须说明的是，索罗斯家庭并不富裕，即使他们原先有点积蓄，也早就丧失在"二战"之中了。所以，索罗斯能够在伦敦经济学院这样的知名学府读书，并且赢得哲学家卡尔·波普的赏识，基本上应该归功于他本人的勤奋好学。在大学的最后一年，索罗斯几乎完全专注于波普的"开放社会"理论，撰写了不少自己的哲学论文，雄心勃勃地要做一个伟大的哲学家。

可惜，家庭的贫穷和卡尔·波普的劝阻使"哲学家索罗斯"无疾而终——伟大的波普并不认为这个来自匈牙利的犹太人能够研究"开放社会"理论，因为匈牙利自己就是一个封闭社会，而且索罗斯家庭又那么缺钱，不可能供他继续攻读哲学博士学位。波普建议这个年轻人回到自己的专业，去从事一份颇有前途的经济或金融工作。于是，失望的索罗斯带着荣誉学士学位离开了伦敦经济学院，去一家伦敦银行担任经纪人工作。"金融家索罗斯"从此诞生。

20多年之中，索罗斯经历了欧美金融家最典型的"三级跳"——从默默无闻的普通交易员，到明星交易员兼高级分析师，最后创办自己的基金，成为华尔街的一支独立力量。人们都认为索罗斯是一位聪明、机警、善于学习的专业人才，但是他更愿意把自己的成功归于"哲学"，即用高屋建瓴的哲学思维方式来分析纷繁复杂的金融市场。多年以后，在著名的《金融炼金术》一书中，索罗斯坦率地表示，他在职业生涯的前期"完全没有用到在大学学习的任何知识"；至于职业生涯的中后期，他主要运用的也是他在大学最后一年培养起来的"哲学思维方式"，这有助于他更深刻地理解金融市场的非理性和"反身性"（即金融市场和投资者之间是互相影响的，不存在谁决定谁的问题）。总而言之，索罗斯基本不相信现代金融学，他的成功本身就是对现代金融学理论的嘲笑。

从1969年开始，索罗斯与他的著名合伙人杰姆·罗杰斯在纽约开设了"双鹰基金"，初始资本为25万美元；10年之后，这家基金更名为"量子基金"，这个名字将在日后使世界各国政府闻风变色。1980年，当年的25万美元资本金已经变成了8000万美元，其中索罗斯本人占到80%。厌倦了华尔街生涯的罗杰斯离开了基金，从此专心于在第三世界国家的投资。然而，索罗斯的黄金时代才刚刚开始，并将持续长达30年。

· "英镑战役" 的背景

简单介绍了一下索罗斯的身世，让我们再回到他与英国之间的发生在1992年的这场"英镑战役"。在这场"战役"中，索罗斯充当一名狙击手，而保守的英国则被迫沦为防守者，另外德国也获得了"落井下石者"的称号。

首先让我们看一下当时发生这场"战役"的背景。

1992年2月17日，欧洲共同体十二个国家的外交部长和财政部长在荷兰的马斯特里赫特签署了《马斯特里赫特条约》，这个条约至今仍是欧洲一体化进程中最重要的里程碑。《马斯特里赫特条约》涉及政治、经济、军事、司法、公民福利等多方面内容，但关于欧洲货币联盟的规定是其中的核心，也是争议最大的部分。

条约规定：欧共体（不久改称欧洲联盟）各国应当分三个阶段完成统一货币的工作，其中第一个阶段是强化当时已经存在的"欧洲汇率机制"，实现资本的自由流通；第二个阶段是建立"欧洲货币机构"，负责协调欧共体各国的货币政策；第三个阶段是建立统一的欧洲货币（欧元），并把"欧洲货币机构"升格为"欧洲中央银行"，为欧盟各国制定统一的货币政策。

如果以上计划能够顺利完成，欧元将成为能够与美元相提并论的超级货币，欧盟十二国的资本市场将实现无缝接轨，资本流通的成本将大大降低，这非常有利于欧洲金融业的发展，欧洲的银行家和基金经理们有望从美国人和日本人手中夺回过去几十年丧失的大片领地。

但是，德国实力的增强打破了欧共体内部力量的均衡。当时德国经济实力因东西德统一而大大增强，尽管德国马克在欧洲货币单位中用马克表示的份额不多，但由于马克对美元汇率升高，马克在欧洲货币单位中的相对份额也不断提高。因为欧洲货币单位是欧共体成员国商品劳务交往和资本流动的记账单位，马克价值的变化或者说德国货币政策不仅能左右德国的宏观经济，而且对欧共体其他成员的宏观经济也会产生更大的影响。

《马斯特里赫特条约》无法改变欧盟各国经济发展不均衡的现状，所以只能是一个先天不足、命运多舛的条约。

·英国的两难

处于经济繁荣顶峰的德国主宰着整个欧洲的经济发展，保守党执政的英国则陷于衰退的泥潭；南欧的意大利的经济形势甚至还不如英国。

英国人显然知道，欧洲货币的统一只会加固德国的经济霸权，甚至使"欧洲货币机构"变成德国中央银行的代名词，所以他们战战兢兢、疑虑不已。

在签署条约的时候，英国要求欧盟各国承认它"有不参加统一的欧洲货币"，也就是说，当欧元在20世纪末建立的时候，英镑会继续存在下去，英国的中央银行也将继续制定货币政策。

英国政府走的是一条前途未卜的折中路线——如果不加入欧洲汇率机制（英国已经在1990年加入了这个机制），不参与统一的欧洲货币体系，英国就将被扔在欧洲一体化进程的大门之外，最终沦为边缘角色；如果在欧洲货币体系中涉足太深，甚至放弃英镑的独立地位，又无异于让英国成为德国的经济奴隶，并且使伦敦逐渐丧失欧洲金融中心的地位。所以，英国只能小心翼翼地"部分加入"，一旦发现前方的水太深，还可以及时抽身上岸，重新回到"光荣孤立"的碉堡中去。

从今天看来，英国政府的决策是基本正确的，但是时机的选择却是相当错误的。

在《马斯特里赫特条约》签署之前，英镑已经处于严重被高估的境地，这一方面是由于英国经济非常不景气，另一方面是由于英国已经加入了欧洲汇率机制，它的货币必须与马克等欧洲其他国家货币挂钩，在一定范围之内浮动。如果英镑出现异常的贬值或升值，欧洲各国中央银行负有干预外汇市场，稳定英镑汇率的义务。

《马斯特里赫特条约》进一步强化了欧洲汇率机制，使英镑自由浮动的回旋余地更加狭小。所以，英国政府已经不可能通过英镑的主动贬值来刺激经济的发展，解救萧条中的英国工业。

在《马斯特里赫特条约》签署之后，英镑与马克的汇率是1∶2.95，这个数字无疑太高了。在两德统一之后，由于东德地区基础设施建设的影响，德国经济出现了过热的趋势，政府担心由此引发通货膨胀，引起习惯于低通膨胀的德国人不满，爆发政治和社会问题。因此，通货膨胀率仅为

3.5%的德国非但拒绝上次七国首脑会议要求其降息的要求，反而在1992年7月把贴现率升为8.75%。这样，过高的德国利息率引起了外汇市场出现抛售英镑、里拉而抢购马克的风潮，致使里拉和英镑汇率大跌。

面对德国中央银行的加息，英国中央银行——英格兰银行只有两个选择：要么跟随德国的步伐，增加英镑利率，以维持英镑在资本市场的竞争力；要么筹集足够的资金，在外汇市场上大量购买英镑，维持英镑汇率的稳定。两条路都要付出沉重的代价。如果加息，无疑将给英国低迷的经济加上最后一块无法承受的巨石；如果筹集资金稳定市场，英国政府和中央银行一时又拿不出这么多资金，只能向其他国家政府或国际组织借贷。一旦稳定市场的努力失败，英国政府必将巨额亏损，负上沉重的外债包袱。

·战役发动者索罗斯

在英国政府和中央银行的对面，蛰伏着一群能量巨大却鲜为人知的金融投机家，他们来自一种叫做对冲基金的金融投资机构。年收入在20万美元以下的老百姓是不可能有缘认识任何对冲基金经理人的，因为他们只为富人和大机构管理财产；他们低调，他们很少对外宣传自己的业绩，而且他们也不承担一般金融机构的信息公开义务。他们可以买空卖空，可以从事风险极高的投机策略，可以以惊人的速度把资金从一种资产转移到另一种资产，从一个市场转移到另一个市场。他们拥有高素质的人才和精简的机构，一位天才的基金经理加上几个聪明的分析师就足以指挥一只数亿美元的基金，如果再加上几位优秀的交易员，这只基金就几乎可以制造任何风浪了。

20世纪90年代初，金融监管者都没有充分意识到对冲基金的能量；等到他们意识到的时候，一切已经太晚了。世界上最强大的宏观对冲基金将在犹太人乔治·索罗斯的率领下，与英国政府展开一场面对面的决斗。

1992年索罗斯的量子基金，不但拥有一批出色的分析、交易人员，而且已经拥有了在一定程度上影响市场、操纵市场的能力。再加上对冲基金特有的保证金交易（简单地说就是买空卖空），60亿美元资本完全可以发挥10倍的作用。

就在此时，英国政府的无能使得英镑处于一个空前脆弱的位置上，只需要最后一根稻草就会全面崩溃。索罗斯当然不会忽视这个机会。事实上，他从1990年就开始注意到这个机会。当他下定决心出手的时候，老朽昏聩的英格兰银行不可能抵挡住他的热钱的凶猛攻势。

·英国的拼死一搏

1992年8月中旬，英国财政大臣莱蒙在一篇公开发表的文章中重申了政府的态度："像某些人所建议的那样，如果我们退出汇率机制，松动利率，事情将更槽，英镑将急剧贬值，通货膨胀将十分严重，英国不退出汇率机制，我决不放弃我们的努力。"但是英镑汇率已经下跌，从年初的1：2.95跌到初夏的1：2.85，又跌至8月下旬的1：2.80左右。

欧洲汇率机制规定英镑对马克的汇率不得低于1：2.778，现在，这个数字已经非常接近了。在每天二十四小时交易的国际外汇市场上，大规模进攻随时可能发生，伦敦距离沦陷只有一步之遥。

直到此时，一些看好英镑的投资者仍然天真地认为，德国会在关键时刻出手帮助英国，它不会坐看英国退出欧洲汇率机制，成为金融投机家的牺牲品。

但是，索罗斯和那些头脑简单的投资者不一样，他从来不轻易相信政治人物的承诺，这就是他能够赚到那么多钱的原因之一。他并不关心英国人说了什么，而是更关心德国中央银行的态度；德国人的暧昧态度实际上意味着他们对维持英镑汇率既没有信心，也没有决心——让英镑继续留在欧洲汇率机制之内，或许会对欧洲经济一体化更加不利，因为一个不稳定的英镑会让整个欧洲货币体系都变得不稳定。所以，牺牲德国利益维持英镑稳定不仅很危险，而且不值得。

8月28日，英国做出了最后一搏的姿态。英国财政大臣莱蒙在财政部大楼前发表了措辞最严厉的演讲，这被视为对热钱投机家的最后通牒："为了明确英国的立场，我认为英镑不可能贬值，英国不会退出汇率机制，我们对汇率机制负有绝对义务，这就是我们的政策——我们政策的核心。"

莱蒙可不是光说不做的，就在讲话当天，英格兰银行在市场上买进了33亿英镑，以显示维持英镑汇率的决心。问题在于，33亿英镑就足以抑制全世界热钱投机家的热情和欲望吗？

显然不能。索罗斯的胃口不会就这么小。

·德国落井下石

三百年以来，从来没有人能够挑战英格兰银行的无上权威。在美联储诞生之前，英格兰银行是全世界最强大的中央银行，它的意志就是不可抵抗的法律；虽然在第二次世界大战之后，英国经济再也没有回到当年的辉煌，英格兰银行的威信却仍然令人望而生畏。在调节市场、抵抗混乱方面，英格兰银行拥有最丰富的经验，今天呼风唤雨的美联储只是它的一个晚辈门生而已。所以，只要英格兰银行和英国财政部明确表示英镑不会贬值，英镑就理应不会贬值，不需要其他论据。

索罗斯不是一般的热钱投机家，他从来就不相信政客的演讲。"他们的理由并不能令人感到信服。"而且，索罗斯非常相信自己的经验和本能，现在，经验和本能告诉他，应该继续增加赌注，而不是撤退。

9月10日，最后一根稻草终于落到了英国人的肩膀上，索罗斯等到了他守候近两年的进攻信号：《华尔街日报》刊登了德国中央银行行长施莱辛格的一篇访谈，其中闪烁其词地提到："欧洲货币体系不稳定的问题只能通过部分国家货币的贬值来解决……"他没有提到"部分国家"是哪些国家，不过对于索罗斯这样的天才来说，这种暗示已经足够了。

德国人已经抛弃了英国。德国人解除了他们对伦敦的保护，使这个金融中心完全暴露在全球宏观对冲基金的凶猛火力之下。现在，英格兰银行成为了伦敦的最后一道防线，而且是摇摇欲坠的防线，他们赖以救命的"75亿英镑"国际援助资金好像还没有到位。

·索罗斯大获全胜

索罗斯通过分析信息，得出了"英国经济无法支撑强势英镑，英镑必将贬值"的结论。此后，他采取了多空仓策略牟取巨额利润。多空仓策略是买进即将升值的美元或马克，卖空（借入）即将贬值的英镑。这是一个典型的利用于外汇市场的多空仓策略。

索罗斯打击英镑的意图非常坚决，他放空70亿美元的英镑，买进60

亿美元的德国马克，同时也买进5亿美元的英国股票。他还贷款50亿英镑，按1：2.97的汇率换成坚挺的马克。英格兰银行则从其788亿美元的外汇存底中动用269亿美元买进英镑，但仍然止不住英镑下跌的势头。

9月16日，英国政府当天连续两次提高利率，使利率达到15%，却依然无济于事。当日下午，带着巨大的屈辱感，英国首相梅杰和英格兰银行行长莱蒙被迫宣布退出欧洲货币汇率体系，最终英镑贬值15%。9月17日，意大利也宣布退出欧洲货币汇率体系，里拉自由浮动。

在英镑狙击战役中，索罗斯赢了10亿美元，加上里拉和其他地方的投机，这一战一共赚了20亿美元。1992年，索罗斯的个人收入是6.5亿美元，成为了当年华尔街赚钱最多的人，同时他还赢得了"令英格兰银行破产的人"、"全球最成功的投资家"的尊称。

至今索罗斯仍以"令英格兰银行破产的人"而闻名于世，然而他和英国的这次"英镑战役"所产生的影响远远超出了一人一事的范围。在此之前，人们都认为世界各大中央银行的储备足以抵御货币价值的任何波动。然而索罗斯却证明，日常货币交易的强度和数量已经远远超过各国中央银行的储备。实际上，这种力量对比从有利于政府向有利于个人金融市场转化。

3. 1994年墨西哥比索危机：外汇储备枯竭一尽幸得美国援助

1994年12月，墨西哥爆发了一场比索汇率狂跌、股票价格狂泻的金融危机。这场金融危机被认为是新兴市场国家在"新兴市场时代"爆发的第一次金融危机。

虽然引发此次危机有多方面的因素，但是索罗斯和他那帮凶猛的热钱在其中扮演了重要的角色。

墨西哥在1994年之前的经济良性增长，是建立在过分依赖中短期外资贷款的基础之上的。为控制国内的通货膨胀，比索汇率被高估并与美元挂钩浮动。

由索罗斯和他的量子基金发起的对比索的攻击，使墨西哥外汇储备在短时间内告罄，不得不放弃与美元的挂钩，实行自由浮动，从而造成墨西哥比索和国内股市的崩溃，而索罗斯在此次危机中使用热钱战牟取了暴利。

当然，首先我来讲一下墨西哥比索危机的经过，不过重头戏是本章最后一节对于索罗斯的采访，看看他自己对于16年前利用热钱搞垮墨西哥金融体系的阐述。

·不设防的墨西哥

在20世纪大部分年份里，墨西哥是一个相对贫穷的国家，而它碰巧位于美国这样一个非常富裕的国家的南部。墨西哥的繁荣始于20世纪70年代。到20世纪80年代，墨西哥已经把它的经济转变成了一个引人瞩目的新兴市场的成功史话。

相继上任的墨西哥总统——何塞·洛佩兹·波蒂略、米格德拉·马德瑞德和卡洛斯·萨利纳斯，都是制度革命党（PRI）人——在1976年～1994年期间建立了新墨西哥形象。

20世纪80年代后期，墨西哥政府为刺激经济增长，加速了国有企业私有化进程，政府不断放宽对外资进入的限制。同时，由于美国积极主张成立包括美国、加拿大和墨西哥在内的北美自由贸易区（1994年1月1日成立），世界各国都看好墨西哥经济发展前景。

此外，1983年至1994年墨西哥维持本币比索钉住美元的汇率制度人为地造成比索高估，削弱了墨西哥的出口竞争力，造成经常项目逆差，于是墨西哥依靠大量吸引国外资本流入来保持国际收支平衡。

·热钱的疯狂涌入

外资自1989年开始大量流入墨西哥，1993年外资流入量达到308亿美元。但是不要幻想这些外资都是来墨西哥发展生产，投资兴业的良性投资，它们是嗜血的热钱，其投机特性决定了它们等不了那么久的时间。

1993年的这308亿美元的外资中，有一半是索罗斯"量子基金"中来的热钱，这些热钱全部投入到证券和货币市场，而这笔钱竟占到了墨西哥证券和货币市场总值的一半以上。

如此大规模外资，特别是短期投机热钱的涌入，增加了墨西哥金融和经济体系的脆弱性。

1990年至1993年，证券投资中流入的外资占期间外国总投资的67%

（外资中绝大部分为投机型的热钱），而直接投资仅占21%。这些热钱的投机性和流动性很强，而且墨西哥政府对外资缺乏有效的监控体制。

如此巨大量热钱的涌入，造成了墨西哥实际汇率逐步持续上升，损害了其出口商品的竞争力，造成国际收支经常项目的赤字增加到每年约230亿美元(占当年其国内生产总值的7%)。如此一来，墨西哥政治经济形势的任何变动都可能引起资金外逃，引发金融危机。

索罗斯和他的热钱为什么盯上了这个不富裕的美洲国家——墨西哥呢？

用中国的俗语说的就是：苍蝇也是一块肉。

热钱疯狂涌入墨西哥的原因就是墨西哥政府推行控制通货膨胀措施之一的稳定汇率政策时间过长，使外国热钱投机者，包括巨头索罗斯觉得这是一种隐含的"汇率保障"，为他们减少了风险，因而吸引了国外投机资本热钱的涌入。

然而大部分外资被用来增加消费和股票证券投机，墨西哥的投资和外贸出口并未显著增长，这就使得墨西哥整个国家的经济过分依赖外资。

一旦外资流入减缓，外汇储备就大量减少。外国热钱投机者一旦察觉，便开始把投资于股票证券的资金回撤回本国，由此触发了危机。

·墨西哥被搞垮

1994年，索罗斯"量子基金"的大量热钱从墨西哥短期获利后迅速外逃，仅证券市场外流的金额就达180亿美元。外资撤出加剧了墨西哥的经常项目逆差，外汇储备迅速减少。1994年12月16日，墨西哥的外汇储备只剩下112亿美元，而1995年到期的外债却有180亿美元。

1994年12月20日，墨西哥政府宣布，比索对美元汇率的浮动范围扩大到15%，这意味着比索将贬值。墨西哥政府原本希望通过比索贬值改善国际收支、抑制资金外流，但投资者由于受到汇率和证券价格下降双重损失的影响，投资信心受到沉重打击，金融市场出现恐慌，反而导致资金加速外流。

12月21日，墨西哥政府不得不宣布，不再干预外汇市场，比索对美元汇率实行自由浮动。当天比索汇率即下跌了20%。10天之内，比索对美元汇率从实行钉住汇率时的1：3.46跌至1：5.9，并于1995年3月跌至1：8。

这场危机给墨西哥经济造成了700亿美元的损失。1995年，墨西哥国内生产总值下降6.9%，通胀率高达52%，外债总额达1700亿美元，商业银行不良贷款率从1992年的2%上升到15.7%。

·美国救援墨西哥

受墨西哥金融危机影响，1995年1月欧洲股市指数下跌1%，远东指数下跌6.5%，世界股市指数下降1.7%。作为墨西哥邻国的美国受到巨大冲击，美国在墨西哥的200亿美元股票就损失了70亿美元，加上比索贬值，损失近100亿美元。

墨西哥是美国的第三大贸易伙伴，如果墨西哥的金融危机不能够得到有效遏制，则美国1995年在墨西哥的销售额将减少100亿美元，使本来贸易赤字高企的美国外贸形势更加雪上加霜。

稳定的墨西哥比索有利于北美自由贸易区的稳定。在最近的美国政府公布的一份报告中，当时的克林顿政府是这样对北美自由贸易区进行评价的，报告说，《北美自由贸易协定》对美国的经济扩张起了积极作用。这项协定对美国的净出口、收入、投资和出口所带来的就业岗位都起了积极作用。正因为北美自由贸易区和墨西哥金融稳定对美国经济发展至关重要，克林顿政府于是决定从美国340亿美元的外汇稳定基金中提出200亿美元援助墨西哥政府，以挽救一泻千里的比索。以美国为主的500亿美元的国际资本成功地稳定了墨西哥金融危机。

·索罗斯自己阐述墨西哥危机

对于16年前爆发的墨西哥危机，索罗斯记忆犹新，娓娓道来。不过他始终不肯透露这次危机更多的操作细节。下面是引述索罗斯的原话。

其实，墨西哥危机在1994年初显然已经暴露出来。当时市况不断看涨，投资者对墨西哥信心十足，一如他们在20世纪60年代末对新兴股票信心十足一样。没人理会那种提醒的论调。

现在回过头来看当时的情形，是不难解释的。当时，墨西哥希望《北美自由贸易协定》付诸实行，遂欲争取美国国内民众的支持。要争取美国国内支持，最佳途径莫过于出现巨额贸易赤字。之后，墨西哥举行选举，在选举之前，墨西哥的民主程度已经有所提升，因此选举结果就变得很难预料。前任总统马古尔在把权力移交给总统当选人萨林纳斯之前，本来可以采取任何欢迎措施，原因之一是很多人认为萨林纳斯是靠选举舞弊当选的。

但在萨林纳斯任期内，墨西哥民主抬头，萨林纳斯担心假如在选举前宣布货币贬值，他的继任人当选希望就会大打折扣。1994年1月，墨西哥总统候选人柯洛施欧遇刺身亡，嘉巴斯州印地安人又发动暴乱，当时墨西哥政局非常不稳，不少人认为货币贬值将对选举产生不良后果。选举过后，权力尚未移交之际，萨林纳斯本来还可以宣布货币贬值的，但他当时又要角逐世界贸易组织首脑，所以他不想把他的政绩弄得不好看。最糟糕的是，那些表现杰出、借助外来投资把墨西哥的地位从第三世界提升至第一世界的技术官僚，竟然开始相信他们自己的法力了。魔术师最糟糕的事，就是相信他们本身的法力，虽然是幻想与现实之间的差距已经逐渐大到无法控制了，但他还是继续支撑这股热潮。投资者开始对持有比索面值的债券不放心，因此，墨西哥改而用美元举债。于是一旦比索贬值，墨西哥的形势将很脆弱。终于，比索贬值了，但也已太迟了。墨西哥当时外汇储备已荡然无存，墨西哥积欠的债券以美元计算没有变动，但以比索计算数额就大幅膨胀，外界遂对墨西哥政府及私营部门的财政状况和信用信心动摇，比索贬值15%，使外资仓皇撤走，整个汇率制度在一天之内完全失守，结果比索在失去支撑后，币值下降了25%，于是危机出现。中国有句俗话说得好，善斗者死于阵，玩火者必自焚。墨西哥人和日本人都忘记了最重要的一点，就是承认自己出错。事后，美国和IMF(国际货币基金组织）觉得，假如让墨西哥不偿还或延期偿还债务，整体国际市场就会出现动荡，于是它们展开营救，但它们的营救方案是很拙劣的。

它们的行动太过缓慢，各自为政，没有很好的配合，动员的资源也不足。如果它们动作快一点，而且行动也够果断，根本不需要那么多资源，但它们没有稳住市场人心的机会，无法加力稳住比索。要制定一个营救方案得花时间，美国财政部觉得要征求国会同意，但国会犹豫不决，于是财政部只好乞求于汇率稳定基金，但事实上，财政部早就该动用汇率稳定基金了。它们也没有欧洲和日本的支持，以致局势不断恶化。比索的贬值是自我加强的，原因是币值愈下挫，墨西哥银行体系的地位就愈发岌岌可危，外资也逃得更快。最后IMF也紧张起来，紧急刹车，制定了520亿美元的营救方案。墨西哥当时采取的内部措施也是无效的。本来在外国压力下，它们吃点苦头，可能较容易解决一些，但它们一直抗拒。它们将利率提高到50%～70%之间，这种对策是自杀性质的，会导致日后墨西哥经济严重衰退，会引起无法估量的政治和社会后果。实际上，这次墨西哥危机所代表的意义比1982年的危机更难掌握。原因是1982年时，债权人是银行，当时IMF可以向墨西哥银行施压，要它们放弃欠债者尚未缴清的利息，换言之，IMF要求墨西哥银行继续提供贷款，让欠债的人有钱偿还利息。于是，自主的贷款行为被所谓"集体贷款体系"取代，而此举的确有效。但现在根本不能向市场的投资者施加这种压力，原因是他们收到钱以后，就难指望他们继续投资，所以市场债务比银行债务更难处理。当时最理想的做法是，让墨西哥把美元面额的国库券转换成长期的债项，然后才提出营救方案，而银行体系仍可继续生存。美国根本不应该挽救冒风险赚大钱的墨西哥国库券持有者，他们本来就有义务自行承担后果。假如这样做，营救墨西哥所需的钱反而会较少，而IMF就可以有更多资源营救其他国家。

不过话说回来，这种行动是很难协调的。问题是假如美国投资者的利益受损，财政部有可能支持墨西哥吗？墨西哥决定延期偿还欠债后，墨西哥的银行可以继续提供贷款吗？现在蜀犬吠日想起来，人们觉得与其进行一项失败的营救行动，不如面对这一串的问号。

不过，当时大部分亚洲国家的情况都比拉丁美洲国家有利，原因是它们的储蓄率比较高，几个国家还提高了利率，这很可能使它们的经济冷却一点，同时，引起世界经济成长放缓。

4. 1997年亚洲金融风暴：泰国、印尼、马来西亚、新加坡、日本、韩国以及中国香港等地无一幸免

如果说这个世界上有比上帝胃口更大的，我想那就是索罗斯和他那

疯狂投机的热钱。前面三个章节，我讲述了热钱的血腥经历。嗜血的热钱分别搞垮了亚洲的日本、欧洲的英国以及美洲的墨西哥三个国家的金融货币体系。还是那句一直在重复的老生常谈，热钱制造的危机在于牟取暴利，而产生所谓的危机只是牟利的副作用。

打个比方说，热钱和那三个国家的战争如果比喻为"单挑"，而接下来讲的热钱与亚洲诸国发生的战争则可以说是"群殴"。如果读者知道热钱"群殴"的对象都是哪些国家，想必都会叹息一声：热钱真是血腥和疯狂！上帝能阻止热钱的掠夺吗？我想不能。

1997年亚洲发生的金融风暴，想必绝大多数读者都有所耳闻，对于哪些国家和地区遭受了巨大的损失，也能说得出来，但是这其中的内幕又是什么？索罗斯利用热钱又究竟干了些什么？

我在这一节叙述的完全是凭着自己的金融知识和对国内外资本市场的常年观察与研究所得出来的，其中有很多一手资料。

当然，有部分学者对于13年前发生的那场亚洲最大的金融危机有着不同的理解和看法，但是我坚信是索罗斯和他的热钱谋杀了亚洲诸国。我认为，热钱与亚洲诸国之战可以说是索罗斯的顶峰之战，而亚洲诸国损失之惨重难以计数。

·危机产生的背景：美国与热钱相互勾结

1997年前后在全球范围内大约有7万亿美元的流动国际热钱。国际热钱炒家一旦发现在哪个国家或地区有利可图，马上会通过炒作冲击该国或地区的货币，以在短期内获取暴利。

1949年，新中国成立预示着社会主义阵营的建立。美国，作为资本主义头号强国，有了危机感。它通过强大的经济后盾在亚太地区建立起一个资本主义的统一战线：韩国、日本、中国台湾地区直至东南亚，都成为美国的经济附庸。这给亚洲一些国家的飞速发展带来了经济支持。20世纪70年代，东南亚一些国家的经济迅猛发展。但是，1991年，苏联解体标志着社会主义阵营的解体。美国当然不允许亚洲经济继续如此发展，于是，它开始收回它的经济损失。对于索罗斯和他的热钱投机行为，美国是纵容的。

亚洲一些国家为了吸引外资，一方面保持固定汇率；一方面又扩大金融自由化，给国际热钱炒家提供了可乘之机。为了维持固定汇率制，这些国家长期动用外汇储备来弥补逆差，导致外债的增加。在中期、短期债务较多的情况下，一旦外资流出超过外资流入，而本国的外汇储备又不足以弥补其不足，这个国家的货币贬值便是不可避免的。

　　新加坡、马来西亚、泰国、日本、韩国等国都为外向型经济的国家。它们对世界市场的依附很大。亚洲经济的动摇难免会出现牵一发而动全身的状况。以泰国为例，泰铢在国际市场上是否要买卖是不由政府来主宰的，而它本身并没有足够的外汇储备量，面对金融家的热钱炒作，该国经济不堪一击。而经济决定政治，所以，泰国政局也就动荡了。

·索罗斯的算计：打好这场人生巅峰之战

　　索罗斯从不打无把握之战，他以前热钱战争的"辉煌经历"说明了这一点。

　　在索罗斯发动亚洲金融危机前期，索罗斯花很长时间对东南亚各国的经济作了深刻的研究，尤其是对泰国的研究。

　　泰国在20世纪60年代至20世纪80年代末由于海外资本的引进得到了飞速的发展，成为了亚洲经济四小龙，但是到了20世纪90年代泰国的经济发展出了严重的问题，外资经济基本上主导了整个国内市场，房地产市场、金融股票市场、娱乐产业充满着巨大经济泡沫，实体经济制造业等行业非常薄弱。外汇储备抵抗国际风险的能力非常低，由于国内经济发展过热，泰国政府也不知道向世界发行了多少泰铢。这些因素使当时泰国的经济面临着严重的威胁，泰国实行的是与美元挂钩的浮动汇率比价1：27，但索罗斯认为泰国政府高估了这一汇率比价。

　　于是他开始跟几家银行签订远期美元对泰铢的汇率远期协议1：27左右。接着又依靠自己的量子基金与老虎基金募集资金，加入这两个基金最少要出资1000万美元。因为在这之前1992年索罗斯成功狙击英镑净赚10亿美元，让他威名远播，所以很快他便筹集了1000亿美元满世界范围内收购泰铢。

　　索罗斯采用的是立体投机的策略，并不是单一的只是外汇的操作。

所谓立体投机，就是利用三个或者三个以上的金融工具之间的相关性进行的金融投机。

·热钱VS泰国：引发多米诺骨牌效应

亚洲金融危机始于泰国货币危机，而泰国货币危机早在1996年已经开始酝酿。当年，泰国经常贸易项目赤字高达国内生产总值的8.2%，为了弥补大量的经常项目赤字和满足国内过度投资的需要，外国短期资本大量流入房地产、股票市场，泡沫经济膨胀，银行呆账增加，泰国经济已显示出危机的征兆。

1997年以来，由于房地产市场不景气、未偿还债务急剧上升，泰国金融机构出现资金周转困难，并且发生了银行挤兑的事件。

1997年3月，当泰国中央银行宣布国内9家财务公司和1家庄房贷款公司存在资产质量不高以及流动资金不足问题时，索罗新认为千载难逢的时机已经来了，索罗斯及其他套利基金经理开始大量抛售泰铢，泰国外汇市场立刻波涛汹涌、动荡不宁。泰铢一路下滑，5月份最低跌至1美元兑26.70泰铢。泰国中央银行在紧急关头采取各种应急措施，如动用120亿美元外汇买入泰铢，提高隔夜拆借利率，限制本国银行的拆借行为等。这些强有力的措施使得索罗斯交易成本骤增，一下子损失了3亿美元。但是，只要索罗斯对他原有的理论抱有信心，坚持他的观点正确，他不仅不会平掉原来的头寸，甚至还会增加头寸。3亿美元的损失根本无法吓退索罗斯，他认为泰国即使使出浑身解数，也抵挡不了他的冲击，他志在必得。1997年6月下旬，索罗斯筹集了更加庞大的资金，再次向泰铢发起了猛烈进攻，各大交易所一片混乱，泰铢狂跌不止，交易商疯狂卖出泰铢。泰国政府动用了300亿美元的外汇储备和150亿美元的国际贷款企图力挽狂澜。但这区区450亿美元的资金相对于无量级的国际热钱来说，犹如杯水车薪，无济于事。7月2日，泰国政府再也无力与索罗斯抗衡，不得已改变了维系13年之久的货币联系汇率制，实行浮动汇率制。泰铢更是狂跌不止，7月24日，泰铢已跌至1美元兑32. 63铢的历史最低水平。泰国政府被索罗斯一下子卷走了40亿美元，许多泰国人的腰包也被掏个精光。索罗斯初战告捷，并不以此为满足，他决定席卷整个东南亚，再狠捞一把。由于菲律宾、印尼、马来西亚等周边国家也面临着与泰国相似的一些问题，再加上所谓的"接触传染"效应以及国际投机者的不断狙击，泰铢的暴跌在东南亚各国形成了"多米诺骨牌效应"，货币风潮迅速波及到整个东南亚市场。

·热钱VS新加坡、马来西亚、菲律宾、印尼：杀鸡焉用牛刀

在泰铢波动的影响下，菲律宾比索、印度尼西亚盾、马来西亚林吉特相继成为国际炒家的攻击对象。8月，马来西亚放弃保卫林吉特的努力。一向坚挺的新加坡元也受到冲击。印尼虽是受"传染"最晚的国家，但受到的冲击却最为严重。

1998年初，印尼金融风暴再起，面对有史以来最严重的经济衰退，国际货币基金组织为印尼开出的药方未能取得预期效果。2月11日，印尼政府宣布将实行印尼盾与美元保持固定汇率的联系汇率制，以稳定印尼盾。此举遭到国际货币基金组织及美国、西欧的一致反对。国际货币基金组织扬言将撤回对印尼的援助。印尼陷入政治经济大危机。2月16日，印尼盾同美元比价跌破10000：1。受其影响，东南亚汇市再起波澜，新元、马币、泰铢、菲律宾比索等纷纷下跌。直到4月8日印尼同国际货币基金组织就一份新的经济改革方案达成协议，东南亚汇市才暂告平静。

·热钱VS韩国：全国民众齐捐金

自1997年初起，韩国许多大财团先后陷入了破产倒闭的绝境，经济受到极大的冲击，加上东南亚金融动荡的影响，韩国经济负增长跌至多年来的最低点。进入11月，韩国金融形势继续急剧恶化，股市持续低迷，韩元汇价创新低。11月17日，由于政府金融改革法案未获通过，韩元兑美元的比价突破1000：1大关，股票综合指数跌至500点以下。11月20日，韩国中央银行决定将韩元汇率浮动范围由2.25%扩大到10%，至此韩国开始成为亚洲金融风波的新热点。

进入12月份以后，在人们认为东南亚金融危机最危险的时刻已经过去，金融风暴渐趋平息之际，韩国金融危机愈演愈烈。截至12月11日，

韩国已有14家商业银行和商人银行被政府宣布停业。12月15日，韩国宣布韩元自由浮动。12月22日，美国信用等级评定机构标准普尔公司将韩国外汇债务的信用等级下降了4个等级。12月23日，韩国政府公布，按国际货币基金组织统计标准，截至9月底，韩国外债总额已达1197亿美元，其中约800亿美元为1年内到期的短期贷款，而外汇储备不足又超出预想，致使当天韩元汇率又暴跌16.4%，较之7月1日，韩元已经贬值了54.8%；当日韩国股票市场综合股票价格指数也下滑了7.5%，下浮幅度之大创下历史之最。

在这场危机中，韩国的经济也受到了重创。至今，仍让世界人民记忆深刻而备受感动的是韩国民众纷纷拿出自己的黄金排队上交给政府帮助国家渡过难关的场景。韩国居民将手中持有的黄金兑换成政府债券或当地货币，而国家将收集的黄金直接作为储备，或换成美元用于支付外债，或用于干预经济，以支持本国岌岌可危的货币。

·热钱VS日本：日本经济雪上加霜

1997年爆发的东南亚金融危机使得与之关系密切的日本经济陷入困境。日元汇率从1997年6月底的115日元兑1美元跌至1998年4月初的133日元兑1美元；5~6月间，日元汇率一路下跌，一度接近150日元兑1美元的关口。随着日元的大幅贬值，国际金融形势更加不明朗，亚洲金融危机继续深化。

东南亚及韩国金融风潮对于日本经济及金融无疑是雪上加霜。20世纪90年代初日本"泡沫"经济破灭后，日本经济便陷入了停滞状态，股市低迷，房地产市场大幅萎缩，银行呆账、坏账剧增。1997年以来，证券公司违规交易事件迭出，日本四大证券公司相继爆出行贿黑社会的丑闻。进入11月，又连续发生了日本第十大银行——北海道拓殖银行和日本第四大证券公司山一证券公司倒闭事件。大型金融机构的连续倒闭严重影响了人们对日本经济的信心，日元与美元汇率由此跌破128日元大关。由于日本经济基础良好，外汇储备充裕，不会像泰国、韩国那样全面爆发严重的经济金融危机，但是，日本金融体系存在的种种问题却因此再次引起了世人的注意。

·热钱VS中国香港地区：香港特区政府和中央政府联手抵抗热钱

1997年10月，热钱首次冲击香港市场，造成香港银行同业拆息率一度狂升至300%，恒生指数和期货指数下泻1000多点。10月风暴过后，热钱又是多次小规模狙击港元，利用汇率、股市和期市之间的互动规律大肆投机，狂妄地将香港戏称为它们的"超级提款机"。

1998年8月初，国际炒家对香港发动新一轮进攻，索罗斯联合其他财力雄厚的"金融大鳄"三度冲击在香港奉行的联系汇率制。他们采取"双管齐下"的方式，一方面大肆散布人民币要贬值的谣言，动摇投资者对港元的信心；另一方面在外汇市场量手抛出投机性的港元沽盘，同时在股市抛售股票来压低恒生指数，以及在恒指期货市场累积大量淡仓，指望在汇市、股市和期市相关联的市场上大获其利。

在猛烈的冲击下，恒生指数在8月中旬跌至6600点，一年之间总市值蒸发了近2万亿港元。同时，港元兑美元汇率迅速下跌，各大银行门前出现了一条条挤兑的人龙，这是香港自20世纪80年代以来从未遇到的情况。

金融危机导致股市暴跌，香港楼市也遭受重创一路下跌，一下子退回到10年前的水平。在这次的经济寒潮中，受伤最重的是置业者。楼价大跌，令不少业主变成了"负翁"，炒楼失败破产，甚至有人跳楼自杀。一位投资者1997年高峰期以400万港元买了套房子，2001年把房子卖掉后，仍然欠银行贷款和利息100多万港元。

据粗略统计，亚洲金融危机中，港人财富蒸发了2.2万亿港元，平均每个业主损失267万港元，负资产人数达到17万人。

受到"负财富效应"等的影响，投资和消费急速萎缩，香港经济开始出现通货紧缩。不少公司或倒闭，或裁员，令香港失业率上升到20年来的最高水平。香港经济笼罩在一片愁云之下。

虽然香港在金融危机中遭受重创，但金融大鳄们的嚣张气焰在香港却遭遇到顽强的抗击。当时执掌香港特区政府财政大权的曾荫权，开始动用港币与国际炒家搏杀。从1998年8月14日起，香港特区政府连续动用港币近千亿，股市、期市、汇市同时介入，力图构成一个立体的防卫网络，目的在托升恒生指数，不仅要让炒家在抛空八月期指的作业中无利可图，更要使他们蚀本，知难而退。

在香港抵御金融风暴的整个过程中，中央政府给予了大力的支持，首先是中央坚持人民币不贬值。在与国际炒家决战的关键时刻，中央政府派出了两名央行副行长到香港，要求香港的全部中资机构全力以赴支持香港特区政府的护盘行动，成为香港战胜金融风暴袭击的坚强后盾。

在整个亚洲金融危机中，唯一顶住了索罗斯的进攻而没有经济崩溃的就只有回归后的香港，保住了香港几十年的发展果实。当时索罗斯发动世界舆论(包括香港舆论)，大肆攻击香港特区政府"行政干预市场"，违反市场经济规则，要是当时香港特区政府及中央政府屈服于世界的舆论压力而不运用"宏观调控"进行入市干预，那将酿成大祸。

·危机的严重后果

1997年的亚洲金融风暴使亚洲国家和地区的外汇市场和股票市场产生了剧烈的动荡。

以1998年3月底与1997年7月初的汇率比较。各国股市都缩水三分之一以上。各国货币对美元的汇率跌幅在10%~70%，受打击最大的是泰铢、韩元、印尼盾和新元，分别贬值39%、36%、72%和61%。

危机导致大批企业、金融机构破产和倒闭。例如，泰国和印尼分别关闭了56家和17家金融机构，韩国排名居前的20家企业集团中已有4家破产，日本则有包括山一证券在内的多家全国性金融机构出现大量亏损和破产倒闭，信用等级普遍下降。泰国发生危机一年后，破产停业公司、企业超过万家，失业人数达270万，印尼失业人数达2000万。资本大量外逃，据估计，印尼、马来西亚、韩国、泰国和菲律宾私人资本净流入由1996年的938亿美元转为1998年的净流出246亿美元，仅私人资本一项的资金逆转就超过1000亿美元。

受亚洲金融风暴影响，1998年日元剧烈动荡，6月和8月日元兑美元两度跌至146.64日元，为近年来的最低点，造成西方外汇市场的动荡。亚洲金融风暴演变成经济衰退并向世界各地区蔓延。在金融危机冲击下，泰国、印尼、马来西亚、菲律宾四国经济增长速度从危机前几年的

8%左右下降到1997年的3.9%，1998年上述四国和中国香港地区、韩国甚至日本经济都呈负增长。亚洲金融风暴和经济衰退引发了俄罗斯的金融危机并波及其他国家。巴西资金大量外逃、哥伦比亚货币大幅贬值，进而导致全球金融市场剧烈震荡，西欧美国股市大幅波动，经济增长速度放慢。

5. 2008年越南金融危机：危险的"蝴蝶效应"能起多大的浪

越南这个并不富裕的东南亚国家在1997年亚洲金融风暴的时候，躲过热钱的洗劫。但是热钱会放过它吗？不会，热钱在养肥它。当热钱看到越南越长越壮、越长越肥、越长越富的时候，就是热钱"回收"财富的时候，而这时距离亚洲金融风暴已经整整过去了11年。

·越南人的急性子

越南自加入WTO之后，其经济高速增长的趋势受到国际投资商的青睐，纷纷向越南解囊投资。直到2008年，越南经济已经获得了长达10年的快速增长期。

然而，越南突然之间从之前的经济优等生变成经济危机的潜在引发者，与越南这些年上层建筑变化剧烈、经济发展过热不无关联。

越南的政治变化向来令人眼花缭乱，从1986年越南"革新开放"以来，上层建筑变革剧烈：党内民主化已经深入，反对党也势力日增，甚至在2007年，越南国会还举行了全民直选。

而在经济上，由于越南在1976年~1980年的"第二个五年计划"以惨败收场，极大地刺激了越南领导人大干快上的雄心。1987年12月，越南国会通过了称为"最开放"的《外国在越南投资法》。1989年9月颁行了《外国在越南投资法实施细则》，鼓励外商对越南直接投资。一时间，越南开始重回世界经济怀抱，并很快加入了WTO。

越南已经不满足于世界对它"下一个中国"的打量，它要超越中国，在整个社会的激烈变化中，越南的上层建筑、经济基础一并进入深水区，而越南政府并没有意识这种高速狂飙所带来的风险，反而是大干快上的意识支配了整个行政逻辑。

越南把经济快速发展当成了一种国家动员令，它一边大量引进外资，另一方面又放宽金融信贷政策，以极低的利率贷款扶持大型国有公司。

在各种优惠措施和廉价劳动力的利好刺激下，许多中国台湾、中国香港、韩国和日本企业从中国大陆挥师南移，一时间，越南大有取代中国"世界工厂"之势。在实体经济大力发展的时候，越南又开始放松了对虚拟经济的限制，政府放松了对金融市场的管控，改变了一些规则，如把外国人持股比例不超过30%提升到49%，股市开始火了。炒股竟然成为一种全民运动，连大学生也呼朋唤友进入俗称"号子"的证券交易所来做短线操作。

·热钱钻了空当

2007年，越南股市和中国股市一样疯长，市盈率达到了75倍，导致了大量的热钱涌入。越南《西贡时代周刊》的一篇文章直斥这种混乱不堪的状况：大股东随意侵占中小股东利益；投资者将股市视为一个赌场而不是投资场所。

在各项经济指标飙涨的时候，越南政府没有看到其中的陷阱，而是陶醉于"世界增长率最高股市"的虚名。而国际热钱此时正故伎重演，对越南汇市和股市施展双向做空的"提款机战术"，以期快速套利：国际金融大鳄和他们的学术代言人先是鼓励货币升值和汇率幅度（放宽浮动区间），接着就是洪水一般的热钱滚滚流入越南国内市场，触发越南国内令人叹为观止的资产价格泡沫。

·热钱撤离，越南乱象

2008年越南实体经济开始出现通货膨胀，贸易顺差开始急速下降乃至迅速转为逆差。此时，投机热钱已经赚得盆溢钵满，开始大规模撤离了。

在2008年，越南经济结束了长达10年的快速增长期，出现了25.2%的高通货膨胀率，同时股市、楼市一泻千里，越南盾也急速贬值。

越南经济的衰退对越南人民的生活产生了影响。在2008年，越南的燃料价格比2007年上涨了30%，占低收入家庭主要开支的食品也上涨了42%。据悉，越南普通工人家庭的月收入在60美元左右，在物价未涨前，尚能维持家庭的生活，但随着物价的节节攀升，收入根本无法满足支出的需要。

为了保障人民的生活需求，越南政府采取了一系列措施，包括暂时减少大米出口以增加国内供给、降低食品价格等。并且在2008年3月，越南政府冻结了10种重要商品的价格，包括水泥和汽油。

虽然越南政府采取了限价措施，但这并不能解决高物价压力下人民的生活困难难题。生活的困难促使成千上万的工厂工人举行罢工以要求更高的工资。根据越南政府的数据，截止到2008年6月，越南已经发生了300多起罢工。

过去10年，越南经济高速增长，已经逐渐开始走出贫困。但是突然的高通货膨胀、巨大的贸易逆差和货币贬值为越南经济蒙上了阴影。联合国开发计划署驻河内首席经济学家乔纳森·平克斯表示，越南曾是东南亚地区增长最快的经济体，现在的越南则以地区最高的通胀率而著称。

按照联合国千年发展计划的目标，越南需要在2015年前减少一半的贫困和饥饿。但是平克斯认为，这一目标现在面临威胁。他说："高涨的米价显然意味着许多已经摆脱贫困的家庭又重新回到贫困线以下。"

2008年5月，越南总理阮晋勇在越南人民代表大会上发言，承认越南经济遭遇的问题。他对越南的人民代表们表示，难以控制的通货膨胀正在损害越南贫困人口的生活。越南官员表示，与2007年相比，2008年受到饥饿威胁的越南家庭增长了一倍。阮晋勇说："政府与民众共同分担困难，政府了解抑制通胀的责任。"

除了严重的通货膨胀率外，股市和房市暴跌也令越南百姓们苦不堪言。越南媒体报道称，2008年，越南股市的暴跌就如同其之前的暴涨一样令人目瞪口呆。2006年，越南VN指数上涨了144%，2007年VN指数又上涨了56%。在胡志明市和河内市，过去2年里经常可以看到投资者们挤在证券公司里，人们纷纷交流着那些在股市一夜暴富的故事。到2007年5月，已上冲至1127点，较7年前足足翻了10倍。然而，在2008年，越南股市出现了拐点，从抛物线的高处下滑至60%，跌到了2年来最低点，击碎了许多人一夜暴富的梦想。随着股市的暴跌，房地产投资者也面临绝望的困境。越南产权投资市场达到了2年来的最低点，房地产行业以及地产投资者都受到沉重打击。胡志明市是越南的经济中心，该市的住房价格在2008年大幅下滑，并且许多买房者现在发现要偿还银行贷款有困难。

胡志明市房价最高时达到每平方米3000万～3200万越南盾，现在则跌落到每平方米2000万越南盾。胡志明市的房价从2007年底的5600美元/平方米下跌至目前的2800～3100美元/平方米，下跌达到一半。许多办公室和住宅的租赁价格也比2007年底有所下降。

2007年，许多能够一次性付款买下一套公寓的投资者都决定用这笔钱作为首付来买3套房子。开发商通常只要求购房者支付房款总额的20%～30%作为首付。在地产热潮中，投资者认为每套房产至少可以赚数百万越南盾。但是他们却没有预期到贷款利率的不断增加。

2008年越南央行把基准利率从前年的12%提高到14%，以控制通胀。贷款利率的增加和物价上涨的双重压力使贷款买房者苦不堪言，生活陷入困境。同时，面对通货膨胀带来的建筑成本上涨，房产开发商们也感觉到了压力。据悉，在胡志明市，一个建筑公司为了应付成本上涨的困境，要求投资者支付比合同要求更多的钱以分担成本。一时间，房地产投资商抱怨声四起。根据统计，自2007年以来，越南建筑成本上涨了40%。

·要学会与热钱打交道

越南经济为何转瞬间从天堂跌入地狱？在2007年，越南还是世界投资机构的宠儿。如此迅速地从成功巅峰跌入悲剧谷底，原因在于越南政府犯了理想主义错误。越南政府希望大量引进外资，刺激经济发展，却使得国际热钱大量涌入，结果导致金融信贷政策过于宽松，摊子铺得太大，经济过热难以遏制。

2008年，越南爆发金融危机后，越南政府终于从经济狂飙的兴奋中清醒了过来，总理阮晋勇反复强调，在目前国内问题中，抑制通货膨胀是头等大事。为此，越南政府已经决定提请国会审议和批准，把2007年年底确定的8.5%～9%的2008年经济增长率调低到6.5%～6.7%之间。

越南政府为了应对经济形势恶化，要求银行界缩减放款业务、政府机关停止任何较不重要的计划，并要求银行留下更多资金来压低货币供给量。越南还对大米的出口实行限制，并在国内保持成品油价格的稳定。为了缓解通货膨胀，稳定国内经济，越南央行不仅缩减了货币供应量，还对贷款采取了更加严格的限制，增加了银行的存款准备金，增加债券发行量，同时也提高利率等。此外，越南财政部也开始重新考虑对外国资本占有股份上限的规定。目前越南的上市公司只允许最多有49%的外国资本。这套"组合拳"似乎正在起效，2008年6月6日，世界银行发布了越南经济最新分析报告。报告指出，越南4月份发布的一揽子经济政策正在起效，越南经济危机的可能性正在降低。在融入国际金融体系中，如何学会与国际资本，特别是热钱打交道，并及时进行金融预警，已成为越南和其他新兴经济体必须面对的巨大挑战。

6. 2008年中国股市大崩盘：中国股民人均损失38万元人民币

我们首先来看几个问题。

庞大的中国会是热钱的攻击目标吗？

一定会的，中国日益增长的巨额财富已经使得热钱骚动不安，急于夺之而后快。

热钱会全面攻击中国的金融货币体系吗？

全面攻击这个可能性不大，首先毕竟中国对于热钱而言，太过于庞大。以前热钱全面攻击的都是一些面积不大的小国，如英国、墨西哥、泰国、越南等。其次中国有着较为严格的外汇管制制度。不过，热钱虽然短时间不会全面攻击中国的金融货币体系，但是也要极力防范热钱在其他金融衍生的行业中大肆套利，掠夺中国人的财富。而且随着中国的金融体系不断改革，加快国际化的步伐，更加应该时刻防范热钱的攻击。

热钱会在中国的哪些领域或行业掠夺财富？

股市、房地产、外汇市场、期货市场等等几乎所有的领域都有涉及。

·惨痛的记忆

在中国，只要炒过股票或是接触过相关股市信息的人，大抵都不会忘记2008年中国股市大崩盘的记忆。中国股市从2007年的暴涨，经过短短一年的时间大盘就从6124的最高点，跌到1664点，跌幅超过72%，许多投资者被套牢，而那些在牛市中曾掘得一桶金的投资者，也体验到了"由富到贫"的喜悲心酸。

截至2008年10月30日收盘，沪市总市值为93565亿元，流通市值为28073.17亿元，平均市盈率为14.35倍；深市总市值为20646亿元，流通市值为10367亿元。两市总市值为11.42万亿元，较上一交易日同比上升2561亿元。

值得一提的是，2007年年初，A股市场总市值约为8.8万亿元。2007年10月16日左右，沪指登上6124点的历史高点时，两市A股总市值约为27.5万亿元。而2007年11月6日，中国石油以约7万亿元的总市值高调上市，使两市总市值达到33.62万亿元。

和中石油上市当天的最高峰相比，A股市值已经蒸发22万亿元。也就是说，从2007年11月6日起到2008年10月30日，在241个交易日中，大盘每天蒸发913亿元市值。

来自中登公司的数据显示，中石油上市当天，A股新增开户数达15.4万户，A股个人账户数达1.05亿户，机构账户43.94万户。而截至2008年10月30日，A股市场的股票账户为1.15亿户左右，这包含了沪市和深市两个市场的数据。由于绝大多数投资者都同时拥有沪深两个账户，因此从理论上说，目前A股市场的股民约为5750万户，每个账户平均损失38万元的市值，这也意味着A股市场的每一位投资者平均每天损失1577元。

·热钱如何做空中国A股市场

热钱正是2008年中国股市大崩盘的疯狂始作俑者。在人民币升值预期的驱动下，大量国际资本进入中国，其中很大一部分进入中国股市。

国际经济学主流派接受的所谓"北京共识"，认为与其他新兴市场相比，中国有维持稳定的能力，更适合大量资金进入。而美国、日本政府强力要求人民币升值，等于给国际资本下达了一系列的动员令。

国际资本2000年开始悄然进入中国，进入中国时正逢牛市，它们用

4年时间把中国从牛市打到熊市，股指打掉50％，这就是一次明显的阴谋。它们通过低估股价，低估国有资产，低价购买大量资产，然后必然又是特大牛市。在国际银行家圈子里，有一个专用术语叫"剪羊毛"，意思是人为地制造经济繁荣和衰退，最后以正常价格的几分之一获取他人的财产。这个曾在世界许多的资本市场上屡试不爽的策略，现在已经成功在中国上演。

在2007年10月至2008年6月的A股市场暴跌中，热钱扮演着非常重要的角色。

香港H股与中国A股市场最大的差异是，H股有成熟的做空机制，恒指期货、融资融券等衍生产品运行多年；香港联交所的数据显示，恒指期货的投资者中，41％为国际机构投资者，纽约也设立了针对中国股市的做空机制。

中国有很多国有企业同时在大陆A股市场与香港H股市场上市，而且A股与H股上市的股票份额相对于非流通股而言很小。虽然A股市场尚未推出股指期货和做空机制，但是由于两地上市股票的企业基本面是完全一致的，这就决定了同一企业的A股和H股在一定程度上存在价格联动。

而热钱恰好可以利用H股市场的做空机制，以及A股与H股的价格联动，来间接做空中国A股市场。

我们举个例子来佐证：

中石油在两地股市同涨同跌存在惊人巧合。几个月内，一家重仓中石油的外资券商狂抛中石油，与此同时，在H股市场上，中石油的股票期货与衍生品买盘，交易量异常活跃。这家合资券商正好是中石油发行的主承销商之一，手中握有大量中石油A股股票，在大陆出售中石油A股引发下跌行情，又在香港做空中石油H股获利，同一家机构间接做空。

例如，热钱可以在中国A股市场上大量购入某两地上市蓝筹的股票，同时在香港H股市场上大量做空该蓝筹股。随后，热钱在A股市场上大量抛售该股票，这首先会引发该蓝筹A股股价下跌，其次很可能导致该蓝筹H股股价下跌(H股下跌幅度一般低于A股)。

这种炒作的结果是，热钱在A股市场赔钱，但在H股市场赚钱。其中关键点在于，A股市场上尚未推出保证金制度，而H股市场上实施保证金制度，这就意味着热钱可以在H股市场上充分利用财务杠杆。而这将保证热钱的H股赢利远高于A股亏损，从而牟取暴利。

2007年，由次贷危机和通胀引发的中国宏观经济利空，投资者对A股行情调低了预期，一些在两地炒作的机构由此扒开了做空中国股市的门缝。

热钱做空A股，然后通过香港和纽约市场设立的中国股指与股票的衍生工具将下挫行情放大到了极致。2008年4月，美国道琼斯指数下跌10%左右，A股竟然下跌了50%，在境外做空中国股市的投机资金获利颇丰。

·热钱狂涌中国股市

热钱从2007年下半年至2008年，经历了流入减缓到加速涌入的过程。次贷危机的影响与人民币升值预期的博弈，是左右这种变动轨迹的重要因素。

在2007年8月至10月的博弈中，次贷危机的影响占据了上风，并由此导致资金短期撤离迹象。

2007年末，美国次贷危机令众多国际金融机构深陷流动性不足的困境，而同期，国内A股和楼市都呈现疲态调整。此时，部分国际资本开始从中国市场抽离，以应对国内的资金周转压力。

但从2007年11月以来，博弈势力又发生了戏剧性变化，此轮中人民币升值预期占据了上风，并最终导致了境外投机资金的加速涌入。

自2007年11月以来，非贸易外汇储备增长与人民币境外NDF市场的升值预期又开始同步上涨，这表明资金再次开始涌入中国。人民币升值预期反弹是导致资金掉头涌入的主要原因。

2007年11月，现汇市场上人民币对美元月度升值幅度超过10‰，近2倍于历史平均月度升值幅度，受此影响，境外升值预期大涨。

NDF报价将此预期展露无遗：2007年10月，一年期NDF报价中市场对人民币一年内的升值预期为6.9%，而11月，预期达到了9.3%。同期，境内市场人民币对美元远期透露的升值预期，从2007年10月的5.2%上升至11月的7.4%。

热钱持有者通过数据模型对这一判断进行了佐证。热钱持有者通过对"金砖四国"的主要交易所股指与标准普尔500指数的相关性之后发现：上证综指长期以来保持与标准普尔500指数低相关性，远低于其他三国股指与美股的相关性，而它们的高相关性主要是因为市场的主力投资者趋同。但是自2007年以来，代表中国股指与美国股指相关性的指标快速上升，2007年末至2008年初甚至上升到接近其他三国的高位。这表明中国股市的主力投资者已经逐步转为外资背景的国际投资机构，显示出第二类热钱对中国A股市场已有相当大的影响力，并且证明了资本市场是热钱钟爱的市场之一。

热钱至今加速流入趋势依然没有逆转。当前流入的热钱主要来源于国际金融机构而非个人，而它们显然不甘于仅仅有10%左右的汇兑收益，让资金趴在储蓄账户上，而更钟情于资本市场。2008年4月份以来中国外储的快速增长很大程度上来源于有国际金融机构背景的热钱涌入。而这些汹涌进入的热钱，在2007年之后，开始从楼市转战A股。

热钱导致A股市场恶性循环有迹可循。我们来做一个罗列：

2004年至2005年，A股市场估值明显偏低，同时内地经济高速增长，热钱流入趋势明显，大量抄底A股。

2006年6月至9月，A股市场出现中期调整，热钱阶段性退出。

2007年初至7月A股暴涨，热钱再次大规模流入。

2007年10月后，A股从6000多点高位持续暴跌，热钱获利迅速退出。

2008年以来，A股剧烈动荡，反复寻底，估值再次偏低，热钱再一次大规模流入。

2008年，境外热钱抄底了中国A股市场，导致中国上演了一场抄底—狂飙—再暴跌的一幕。

·热钱的野心

热钱泛滥，但股市却剧烈下跌，正好反映出热钱图谋巨大利益的野心。因为，热钱正是充分利用国内机构普遍看淡后市、个体投资者盲目绝望的心态，通过疯狂做空权重股，不断悄悄吸筹而已。

2008年上半年，沪深股指跌幅48%，但中国石化、中国石油"双雄"的跌幅更是高达51.50%和56.47%，明显高于沪综指跌幅。推出降低印花税利好后，沪指一度反弹至3780点之上，但银行股又开始了凶猛地杀跌，直接导致反弹行情夭折，甚至出现创纪录的十连阴走势。

招商银行、兴业银行、浦发银行等品种从反弹高点的最大跌幅均超过40%。打压目的何在？因为，在上证综指中，中国石油、中国石化两只个股的权重合计超过20%；招商银行、中国平安虽然在上证综指中的权重合计仅有3%左右，但在沪深300指数权重中却高居前五位。

热钱之所以如此凶悍杀跌权重股，就是通过做空权重股降低大盘的价值中枢，造成市场恐慌，从而实现更低位吸筹的目的。从香港的国企指数和在内地发行A股的H股表现来看，2007年之前，沪深股市很少和美国股市产生联动。随着H股中的大盘篮筹股先后转入内地发行A股后，因其所占沪市绝对权重的原因，开始同香港股市有所联动。由于港币紧盯美元汇率，香港股市免不了随着华尔街起舞。

这种三角关系的变迁也导致了沪深股市同美股有所互动。也正是基于这个难得的牵动机遇，给予了国际资本和投机家们通过做空香港股市间接做空沪深股市的有利条件。

香港恒生指数和国企指数在2008年股灾暴跌中，跌幅分别高达49%和62.13%，远远大于美国股市的跌幅。原因就在于做空港股就能做空沪深A股；港股跌幅越大，A股的跌幅才能更大。

而投机家们利用在美国、新加坡和中国香港推出的中国股指期货工具，不断赚取大把成功做空A股的金钱的同时，又达到了打压A股低价吸筹的双重目的。这正是含A股的H股在内地和香港跌幅都很巨大的根本原因。

·留给国人的经验和教训

西方的金融家和投机家们用热钱战争的方法搞垮了曾经经济强大的日本，灭了前苏联，洗劫过泰国等亚洲小国。中国经济的强大让西方不安，这就是他们为什么将对中国采取金融战争的原因所在。我想，任何一个忽视金融战争的民族，注定会走向灭亡的道路。

通过2008年中国股市大崩盘的记忆，我们要清醒地认识到，中国本身持有巨额美国债券，这是放大美国流动性过剩和热钱富裕的一个重要原因。

中国巨额的外汇储备，不仅面临着美国放任美元大幅贬值的汇率风险，而且也面临着美国国债、机构债市场价值巨幅下跌的价值重估风险。在自担风险的同时，被我们自己放大的国际热钱转身再流入中国，使得自身对经济调控的压力陡然增大。

"中国因素"已经成为全球经济格局中至关重要的一环，中国的发展既依赖世界也影响全球。不仅是巨额热钱能够通过各种渠道不断进入中国市场从而深刻影响中国的政治经济生活，而且全球资本市场日益密切的彼此互动和牵引效应也时刻都在紧盯中国资本市场的一举一动。

2008年中国股市大崩盘警示我们，中国股市实际上已经被世界视为全球资本竞相角逐的场所。在中国股市呈现全球化特征的基础上，自然和世界市场不可避免地产生联动效应。尤其是中国股市存在的诸多弱化特征和事实上的被外部手段控制等因素左右，更加容易引起风吹草动的过度敏感症状。

作为新兴市场的中国股市，既要深刻总结自身近乎崩陷的危机教训，也要纵观世界证券市场发生的一系列股市风险，从中切实得到自我救赎和前行的启示。

第三章

"热钱杀手",潜伏还是行动

热钱进入中国市场后,正在以什么样的形式潜伏,具体活动在哪些领域?它又是否会在不久的将来,在中国本已经草木皆兵的资本市场上兴风作浪,谋取投机利益?最后,这些发了疯的热钱又到底是怎样安全撤出中国的?

1. 我们吸引的究竟是投资还是投机

据传外国人说中国"人傻、钱多、速来"的段子大家想必都有所耳闻,但是来的究竟是什么?很多读者可能说不上来。来的是正儿八经的国外投资吗?有,但是只是一部分。很大一部分是打着投资的名义前来中国投机牟利的热钱。

热钱就好比一个顶级杀手,它的嗅觉比任何人都灵敏,而且它们会钻入一些"人傻、钱多、速来"的领域,用热钱去套取更多的钱。热钱滚滚,是中国经济今天的真实写照,只是讲不清楚先来的钱傻还是后到的钱傻。

一般来说,只要一个国家经济正在起飞,国民所得正在成长,股市正待上扬,就能吸引世界八方热钱进来。而中国正符合这所有的条件,热钱又岂会有不滚滚而来的道理?

如今,疯狂的热钱正在挑战着有着13亿人口的古老东方大国,这是热钱之前从未有过的举动。

它的胃口真的有这么大吗?

答案是肯定的。

它真的想掠夺勤劳的中国人好不容易积累的这些财富吗?

答案也是肯定的。

热钱为什么来中国?

其实这并不算是一个问题,因为对于热钱而言,哪里有漏洞,哪里可以牟取暴利,哪里可以投机就跑去哪里。逐利是热钱生存的唯一目的。敢于挑战不同的国家也是热钱最大的乐趣。不过,我还是极有必要说一下热钱来中国的原因。

首先,第一个原因就是次贷危机下热钱急需出口。

随着2007年美国次贷危机的爆发,美联储为拯救市场,从2007年9月起,连续7次降息,联邦基金利率由5.25%降至2008年5月的2%,与此同时,中国人民银行也从2007年起连续6次加息,一年期存款基准利率从当时的2.52%提高到2008年的4.14%。一年之间,中美利差反转并呈逐渐扩大的趋势,加剧了海外套利资金的进入。

美国与欧洲经济复苏之势在2010年上半年起伏不定。2010年7月中下旬,高盛调低了对美国经济增长速度的预估,从先前的3%降至2%。其中,财政刺激政策支持的逐渐削弱、企业补充库存的疲弱、大量闲置房的供应、地方政府财政预算的紧缩,以及数周以来持续不乐观的就业数据,都成为导致美国经济阴晴不定的重要因素。在欧洲大陆,债务危机从零散性的出现,到2010年大有在数个重要国家连成一片、全面覆盖的趋势,使得这里成为国际游资避之唯恐不及的主要原因。

在美元持续贬值的背景下,全球热钱正急于寻找出口,新兴市场成为热钱流入目的地。人民币升值因素进一步加剧了游资套汇冲动,加快了热钱的进入速度。仅2010年第一季度,人民币对美元升值幅度超过4%,成为汇率改革以来人民币升值幅度最大单季。

中国现在是全球几乎唯一实行紧缩货币政策的大国,热钱不流入中国,流向哪儿呢?石油、粮食、矿产等等大宗原料商品的价格已经被炒得很高了,存在风险。

等到中国改变紧缩的货币政策，热钱再抽逃也不迟。保值是热钱现实实在的需求，不需要预期、提前量。所以，追求低风险的热钱加速流入中国，是再正常不过的事了。

第二个原因是中国现行实际上的固定汇率制度和美元持续贬值的外部金融环境，造就了热钱进出的套利机会。

为了刺激经济增长和出口贸易，美国政府对美元贬值采取默认态度，也不愿干预外汇市场以支撑美元汇率。

由于中国经济发展比较迅速，外汇储备丰富，人民币有升值的预期，这就使以人民币标价的资产价值上升，吸引热钱投资于以人民币为标的的资产。同时，中国为了防止经济过热引发通货膨胀，可能会采取收缩流动性的加息政策，这就使中国与外围市场产生了利差，热钱存在中国要比在别的国家获得的利息多。

与此相对应的，是2010年上半年中国经济增长速度率先复苏。国家统计局最新发布的中国2010年上半年经济数据为此提供了佐证。上半年，中国GDP同比增长11.1%，而CPI同比上升2.6%。

虽然中国并未加息，人民币也仅仅是有升值的压力，这些热钱流入主要就是赌人民币加息，赌人民币升值，预期一旦实现，热钱便有利可图了。自从进入2010年以来，关于人民币重启升值路径的猜测和预判便一直没有停止。在这些沸沸扬扬的争论中，热钱恐怕是最大的赢家之一。这些对政策和市场走向猜测的泡沫，为热钱炒作人民币升值概念，从而实现自身价值的率先增值，提供了巨大空间。

尽管如何甄别热钱数目绝非易事，但当前快速进出中国市场的游资数额的确有增加之势，热钱为什么"相中"中国？我认为是中美两国之间"利差倒挂"以及人民币升值带来的套利和套汇加剧了海外短期资金入境规模。仅套利和套汇，就可让热钱收益超过10%。

热钱背后的资本推手所希冀和鼓吹的人民币兑美元单边持续小幅升值的"盘算"，显然对中国当局的政策主动性和经济复苏的恢复步伐不利。

中国经济明显的回暖趋势以及对人民币升值的乐观估计，带来了2010年1月~4月份国际游资大量涌入中国市场的局面。由于热钱大多是通过各种不正规渠道潜入中国市场，因此很难对其进出国门进行直接的观测与统计，目前也尚未有明确的观测指标和数据能够直接考量热钱存量、"潜伏"的地点与时间。

但业界最为关注的且被公认为能够较为准确反映热钱进出国门多少的一项指标，是外管局按月测算并公布的外汇占款。外管局公布的2010年1月~4月份新增外汇占款分别达到了2981.67亿元、1794.96亿元、2701.5亿元及2863.1亿元人民币。这充分说明了2010年前几个月热钱对中国市场的乐观与偏爱。

第三个原因是，中国资产价格的潜在增值空间和溢价效应。2009年以来，随着刺激经济一揽子计划与政策的逐一落实，中国经济逐步探底回暖，市场流动性逐步宽松，带动了房地产市场和证券市场的大幅上涨，各类资产价格也不断攀升。特别是房价、地价止跌回升后迅速超越上次的价格高点，部分城市、地区的房地产市场甚至出现了更大范围、更大程度的泡沫。这里面不排除有热钱推动的因素，同时飞速上涨的资产价格又会进一步吸引热钱更多地流入。中国资产潜在的增值空间和溢价收益是国际逐利资金不会轻易放过和无法拒绝的。

我们拿中国房地产为例。受人民币升值预期影响，热钱对中国楼市已是格外"热衷"。此前受调控政策影响而不能出手的热钱，此时"蠢蠢欲动"，难免钻政策的空隙，寻找其他路径投入到楼市。

中国人民银行日前宣布进一步推动人民币汇率改革。分析人士指出，尽管此举意味人民币对美元将出现双边波动走势，但仍有可能诱使赌人民币升值的国际热钱涌入，并进入房地产市场，影响政府正在进行的房地产调控进程。

"热钱"之所以进入中国就是为了逐利，因此要针对"逐利"来应对。从当前来看，一是要确实化解市场对于人民币汇率高度一致的升值预期。如果让市场充分感觉到人民币汇率只升不降，那就等于给了"热钱"一个一定能够获取升值红利的保证，"热钱"自然不会放过获利的机会。二是要稳定中国的资产市场的价格。过去几年，中国资产价格尤其房地产价格上涨幅度在国际上是相当领先的，这自然会吸引本来就嗅觉敏感的国际游资。

2. 热钱进入中国："蚂蚁搬家"方式多点渗透

有句话说的是"人的智慧是无穷的"，但是我认为"热钱渗透入境"的智慧同样是无穷的。中国一直实施严格的资本项目管制，短期国际资本以及热钱并不能自由进出中国，但是聪明的热钱总能找到办法。

作为影响中国2010年经济的关键词之一，规模庞大的热钱不仅给外汇管理带来巨大挑战，也给国内资产价格走向增加诸多变数。近期以美元为融资货币的套利交易再度活跃，新一轮"热钱阻击战"箭在弦上。

由于中国的外汇管制，热钱不会明目张胆大规模流入中国境内，它借道各种途径进入中国。热钱一般采用"蚂蚁搬家"的方式流入中国，呈现多点式渗透的特点。

热钱的这种所谓"蚂蚁搬家"的方式主要有三种：经常项目下的热钱流入、资本项目下的热钱流入以及地下通道的热钱流入。如图所示：

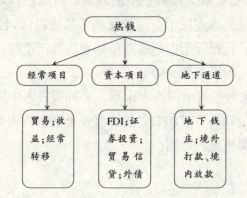

经常项目下的热钱流入包括：虚假贸易、时间差等。

资本项目下的热钱流入包括：外商直接投资（FDI）、合格的境外机构投资者（QFII）、外债、增资扩股、货币流转与转换等。

地下通道的热钱流入包括：地下钱庄、通过香港金融市场进入中国、赡家款、货柜车夹带现金、带条件的海外捐赠等。

·虚假贸易

热钱通过虚假贸易进入中国的方式多种多样。例如，境内外贸企业既可以通过低报进口、高报出口的方式引入热钱，又可以通过预收货款或延迟付款等方式将资金截留在国内，还可以通过编制假合同来虚报贸易出口。

这里有一个真实的案例：一家美国公司与中国境内的某外贸公司签订一项外贸合同，约定外方提前三个月付款。三个月之后，中方以货物生产出现某些特殊原因为由，要求外方同意延迟三个月交货。再过三个月，中方又以原材料价格上涨为由，要求外方提高购买价格。在双方协商两个月后，最终以中方支付外方预付款10%为代价终止贸易合同。就这样，双方利用国际贸易惯例，将境外资金合法引入境内并成功滞留8个月，末了还将10%的投资收益免税汇出境外，难免令人有道高一尺、魔高一丈之叹。

·时间差

通过进口延迟付款及出口预收货款的方式尽可能地截留资金。

外商直接投资（FDI）

中国对FDI一直采取鼓励和吸引的政策，FDI既可以以现汇的形式存于银行，也可以兑换成人民币。这就便利了热钱以FDI名义流入，通过银行兑换成人民币，再投资于中国股票市场及房地产市场。

合格的境外机构投资者（QFII）

通过QFII渠道对投资中国资本市场，是外资进入中国A股市场的合法渠道。然而，通过购买具有QFII资格的海外金融机构未使用的投资额度，热钱也可通过该渠道流入中国。

·外债

外商投资企业法规定了外资企业注册资本占投资总额的最低比例，因此外债逐渐成为热钱进入中国境内的便捷通道。目前外商投资企业的外债主要有三个来源：国外银行提供的贷款、国外出口商以及国外企业和私人的贷款、在华外资银行的贷款，其中第二项是最重要的外债来源。目前中国大陆对国际商业贷款的指标控制并不十分有效，对国内外商投资企业的外债也没有担保限制，因此热钱可以通过外债形式进入。

改革开放初期，考虑到国外资本对中国的政策稳定性还不甚了解，投资带有一定的试探性，外债资金与注册资本相对而言，流动性较好，因此，中国实行企业注册资本制度（而非实收资本制度）。

1987年国家工商行政管理局发布了《关于中外合资经营企业注册资本与投资总额比例的暂行规定》，此规定并不要求外商投资企业的注册资本等于投资总额，不足部分可以用外债弥补。这种模式被称为"投注差"模式。

外商投资企业（含外资银行和外资非银行金融机构）外债　单位：亿美元

	1998 年	1999 年	2000 年	2001 年	2002 年	2003 年	2004 年	2005 年	2006 年	2007 年
外资外债余额	452.4	473	465.3	522.5	482	587.4	762.8	913.2	1104	1203
每年新增		20.6	−7.7	57.2	−40.4	105.4	175.4	150.4	190.8	99

数据来源：国家外汇管理局

2004年、2005年和2006年连续三年，外商投资企业的外债水平增加较快，并且资金多来源于国外企业和私人借款，说明随着人民币升值压力增加，部分国外资金通过"投注差"进入中国，寄希望于人民币升值。

·增资扩股

既有的外商投资企业在原有注册资金基础上，以"扩大生产规模"、"增加投资项目"等理由申请增资，资金进来后实则游走他处套利；在结汇套利以后要撤出时，只需另寻借口撤消原项目合同，这样热钱进出就很容易。

·货币流转与转换

市场上有段顺口溜可说明这一热钱流入方式："港币不可兑换，人民币可兑换，两地一流窜，一样可兑换"。国家外汇管理局在检查中发现，通过这样货币转换和跨地区操作的办法，也使得大量热钱"自由进出"。

·地下钱庄

地下钱庄作为一种转移资金的非法途径，在中国特别是沿海地区大量存在。地下钱庄是外资进出最为快捷的方式。

热钱通过地下钱庄进入中国的模式是：先将美元打入地下钱庄的境

外账户，地下钱庄再将等值人民币扣除费用后，打入境外投资者的中国境内账户。地下钱庄的主要功能在于满足一些通过合法渠道无法进出中国国境的资金需要，例如洗钱和毒品交易引起的资金流动和大额换汇等。正是由于地下钱庄的"灰色"背景，使得一些国际著名机构在是否利用地下钱庄问题上持格外谨慎的态度。目前使用地下钱庄向境内注入资金的，以港台投资者居多。

不过，令人警惕的是，某些外资银行甚至内资银行，也开始提供类似于地下钱庄的服务。具体操作程序是，首先，境外投资者将一笔美元存入某外资银行的离岸账户；其次，该外资银行的中国分行以上述美元存款为抵押，为境外投资者在中国境内的关联机构提供相应金额的人民币贷款。以上两笔关联操作由于隐藏在外资银行庞大的存贷款业务中，很难被甄别出来。而且，由于外资银行不承担任何信贷风险，还可以赚取稳定的存贷款利差，因此外资银行提供此类服务的热情很高。

根据规定，个人年度购汇额度为5万美元。但是，由于大量资金跨境流动及投机需要，这些资金根本不可能通过正规渠道流动，因此，地下钱庄提供货币兑换的业务在沿海商贸发达地区尤其普遍和严重。

前不久，央视《经济半小时》栏目记者到广东实地调查地下钱庄。记者来到粤东海丰县一个小镇发现，不少人正在这里暗地从事违法交易。在海丰老街一带行走，有的摊位前总会有一些人每天守在相对固定的地方，一有路人靠近，就凑上前招揽货币兑换的生意。这些看似不起眼的水果摊、百货店，其实就是地下钱庄的兑换窗口，他们的背后是成万上亿元的资金暗流。

广东省社会科学院《境外热钱研究》课题组监测发现，2010年7月份以来热钱流入的速度明显加快，很多港澳投资机构的资金以及居民企业储蓄通过地下钱庄进入内地股市。这些地下钱庄尽管看上去不起眼，但它们的能量却不小。境外资金通过香港流入内地，不但成本很低而且方便快捷、交易迅速、十分隐蔽。

·通过香港金融市场进入内地

虽然中国资本账户没有实现自由兑换，但由于香港资本市场与内地保持着紧密联系，港币与人民币事实上是可以自由兑换的，因此，国际游资纷纷将巨额资金投向香港市场，从而进入内地市场。

·赡家款

海外华侨对国内亲属汇款被称之为赡家款，这几年这个数字大幅增加。此间真正用于"赡家"用途的款项堪疑，相当多的热钱是通过这种渠道进来炒股、买房。

·货柜车夹带现金

这种做法主要集中在珠三角地区的来料加工企业。企业以发放员工工资等名义，通过货柜车夹带港币进出粤港两地。有十部八部货柜车的企业很多，一部车跑一两趟很普遍，每趟夹带50万港元，即便被海关查上也很好解释。2006年以来，随着资金进出需求增多，一些类似的企业慢慢地就拓展业务成了变相的"地下钱庄"，大批量帮别人夹带现金。

·带条件的海外捐赠

热钱也可以通过收益项下的职工报酬以及经常项目转移进入中国境内。其中最值得重视的是热钱借道捐赠流入。近年来，海外机构和个人对中国内地老少边穷地区的无偿捐助越来越多，而这本身可能伴随着附加条件。根据厦门大学张亦春教授的调查，部分海外捐助提出的要求可能是，承诺给某地无偿捐助3000万元，但要求当地政府帮助境外机构从银行再汇兑3000万元。这种"有条件捐赠"的现象据说相当猖獗。

掌握了热钱流入中国的途径和渠道，有助于中国政府对症下药，出台更有力的资本管制措施以防范热钱的进一步流入。

其一，为防止热钱通过贸易渠道的流入，外管局应加强与海关的合作与数据共享，以更准确地识别虚假贸易，用公平价格来判断是否存在转移定价的情况；同时，外管局应与商务部加强合作来应对"买单出口"现象。

其二，地方政府和外管局应加强对外商投资企业资本金、未分配利润和对外负债的资金使用与流向的监管，防止热钱通过FDI渠道流入中国资本市场。

其三，中国政府应加强对地下钱庄的打击，严格审查与监管提供类似地下钱庄服务的商业银行。

最后同时也是最重要的，中国政府应努力维持资本市场的合理估值，加快人民币汇率向均衡水平的升值幅度，将人民币与美元利差保持在合理范围内，从而削弱热钱流入中国套利、套汇和套取资本溢价的动机。若非如此，仅凭资本项目管制一己之力，要将热钱完全封堵于国门之外，将成为外管局难以承受之重。毫无疑问，防范热钱，疏为上策，堵为下策。

3. 热钱流入中国的形式：美元、港币、华资

我们知道了热钱是通过什么途径来到中国的。主要包括：虚假贸易、时间差、外商直接投资、合格的境外机构投资者、外债、增资扩股、货币流转与转换、地下钱庄、通过香港金融市场进入中国内地、赡家款、货柜车夹带现金、带条件的海外捐赠等。

我们接下来要了解的是，热钱又是采取怎样的形式流入到中国？

除了途径，热钱还有流入形式？是的。比如说热钱会以美元、日元、欧元、英镑、港币等形式流入到中国内地，再兑换成人民币进行炒作和牟利。不过，我认为热钱流入到中国内地的形式主要还是以美元、港币以及华资（海外华人资本）为主，日元、欧元以及英镑等形式的热钱非常少，不过也不可掉以轻心。

热钱流入形式	数量	预计比率
美元	巨大	大于90%
港币	大	小于5%
华资	少	小于2%
日元	极少	不到1%
欧元	极少	不到1%
英镑	极少	不到1%

我们来说热钱的第一种流入形式——美元。首先，很多读者可能会问到，为什么不是欧元，欧元也是世界货币，而且具有很强的流动性。原因很简单，不管是哪种货币流入到中国都是为了投机和牟利，如果是欧元流入到中国，那么投机者必然会亏损，因为欧元相对于人

民币是升值的，留在欧元区升值套利比流入到中国更能获利，而且还没有风险。

而美元就不一样了，美元相对于人民币是大幅度贬值的。原因就是美国每年的贸易赤字扩大化，美元都流入到中国以及新兴国家了，美国政府的赤字也随着扩大了，但是政府不会破产，只能采用两种方法，增加国债和印刷钞票。美国国债现在中国买了不少，国内也是一片反对的声音。国债需要偿还，而当经济危机时政府预期收入降低，维持财政平衡需要印钞票来填补，美国国债过多不能偿还时就用印的钞票来抵债，美元自然大幅度贬值。

美元对人民币贬值的幅度大于美元的利率，投机资本在中国的投资收益比在其他国家大，投机资本的流入就会获得更高收益。美元投资的大量流入，说明美元的供给增多了，这样美元的市场价格也会下降，而与之相对应的人民币价格就会必然上升。

假设人民币兑美元的升值预期为3%~5%，与加息后一年期存款利率2.5%相加，那么流入中国的热钱一年的套利利润预期就在5.5%~7.5%。也就是说，即使美元换成人民币，放在中国的各大银行账户里吃利息，也可以获取一笔可观收益。

目前中国的人民币利率和美元对人民币的贬值预期都大于美国利率，因此，投机资本既可以获得套汇，又可以获得套利的利润，所以热钱才不断涌入。

热钱流入到中国内地的第二种形式——港币。港币形式的热钱流入到中国内地的数量不大，但是相对于其他货币，港币又有着天然的优势，那就是香港是中国的一个特别行政区，港币热钱流入到中国内地比美元热钱容易得多。

为什么港币也流入到中国内地呢？原因之一就是因为港币的存款利率低于人民币存款利率。例如2009年，港币一年期存款利率仅为0.8125%，而人民币一年期存款利率则为1.98%。扣除20%的利率税后，人民币利率仍远高于港币同期存款利率。在国际社会普遍有人民币升值的预期下，港币热钱是不会放弃这个利好机会的。

有读者会产生疑问：所谓的港币热钱都是香港人干的吗？

答案是否定的。有相当大的一部分港币形式的热钱，其实是国际热钱借道香港，兑换成港币然后进入中国内地的。大量热钱流入香港，其真正意图在内地而非仅在赌港币升值。因此，香港其实更像短期国际资本流入中国内地的前站。

国际热钱为什么这么干？原因是首先香港是个自由港，比较中国内地，香港的资本项目是完全开放的，热钱流进香港成本可大幅减少；其次，香港股市与内地股市具有密切联系，特别是有很多A股与H股溢价不同的两地上市股票，以及主业在内地的H股与红筹股。投资于香港股市也可以获得内地经济成长带来的收益；另外，如果热钱要通过各种渠道流入内地的话，那么香港最为可能。香港与广东的邻近使得地下钱庄十分发达，资金通过香港的货币找换店流入内地，不但方便快捷，而且成本很低。

在目前中国香港地区，每人每天兑换人民币的上限为2万元，每天汇入内地账户的人民币金额上限为8万元人民币。因此，对中国香港地区居民来说，资金移动到内地并不困难。

现在，在内地的一些港资企业也希望通过多种途径转移资产到内地存人民币。随着人民币升值，在内地的一些港资企业职工甚至希望企业能够直接用人民币支付工资，如果人民币不断升值，港币和人民币之间的货币替代趋势将进一步加强。因为中国银行在中国香港地区提供给其他银行的人民币存款的利率为0.865%，而中国香港地区的人民币存款利率也不可能高于这一水平，但人民币存款可以获得人民币升值的好处，因此投机现象不仅在内地，同样也出现在中国香港地区。

热钱流入到中国的第三种形式——华资。我们大抵都知道，国外约有5000多万的华人华侨，而且这5000多万人，资产较为富裕的人数占绝大部分。这是一笔巨额的资产。由于海外华人与国内联系紧密，熟悉国内的经济状况、金融体制和金融市场，通过和国内亲人关系及有关国内机构的合作，他们的海外资金很容易转移到国内。

华资的热钱流入到中国主要通过侨汇和个人外汇。根据中国外管局统计，个人外汇流入50%来自美国和香港地区，而70%流向了广东、上海、北京、浙江、福建地区。中国目前面临着自改革开放后第三次海外华人的归国潮，而此次较前两次最大不同是，资金回流与知识回流同步。

海外华人华侨与内地有着特殊紧密的关系，特别是在中国外汇管制仍然处于资本项目没有开放的情况下，热钱能够如此自由进出，表明中国银行体系与这些资金保持着特殊的联系，我们称之为资金"关系人"，而大多数非华人海外资金是不会贸然进入中国的。

根据世界银行近期发布的2006年全球经济展望所公布的数据显示，2005年中国大陆收到的有记录汇款数额为213亿美元。"中"姓热钱经常以侨汇、贸易、直接投资、地下钱庄方式进入内地，并且这些热钱与内地不同资金"关系人"有着相当紧密的联系，因此对这部分"中"姓资金的监管难度将是艰巨的。

4. 热钱在中国的藏身之处到底在哪儿

除了热钱烦琐的基础知识，热钱的流向应该是大家关注的焦点。我们知道，热钱打的是"游击战"而不是"阵地战"，它流向哪里，是随市场情况而变的。热钱的流向有多种选择，每一种选择依赖于具体的经济状况以及收益和风险的关系而定。

"来的都是客，留下的都是祸。"有人这样来形容热钱，由于热钱的数额比较大，凡是它瞄准的目标，资产价格往往都会在套利因素下出现大涨。

不管多么隐秘的热钱，人们还是能够捕捉到它的踪影以及藏身之处。为什么这么说？首先可以从热钱的逐利性着手，因为热钱逐利的特性决定了它为了牟取暴利往往会隐匿在有利可图的领域。对于追逐利润的热钱来说，哪里收益高就流向哪里，热钱的流入不仅仅是因为人民币升值，还包括很多因素，比如说大宗商品、楼价和股市最近疯狂上涨，当然也会吸引热钱参与。

那么，经济快速发展的中国有哪些有利可图的领域便于热钱藏匿呢？

我认为就是中国各大商业银行、股票市场、房地产市场、商品市场以及金融借贷市场等。中国这些有利可图、有暴利可图的领域都藏匿着巨大数量的热钱，当然，这些热钱可能都披着合法的外衣，一般人很难察觉，但是它们正在干着非法的勾当。

热钱藏身之处	数量	预计比率
中国各大商业银行	巨大	约40%
股票市场	大	约20%
房地产市场	大	约20%
商品市场	较大	约10%
金融借贷市场	较少	不到10%
其他	极少	不到1%

·热钱藏身之处一：中国各大商业银行

国外投机资本热钱的流入，先兑换成人民币，直接存入中国的各大商业银行。由于人民币利息高于美元，而人民币又在升值，人民币存款的回报因而具有相当大的吸引力。现在人民币一年期的利率为4.14%，美国联邦基金利率为2%，从人民币升值的速度来看，通常预测一年可能达到10%，则美元对人民币的贬值幅度要超过10%，因此热钱在中国的收益率要大于（4.14%+10%），远远高于2%（不考虑交易成本），差幅要大于12.14%。也就是说，热钱在中国待一年，收益率要高于14.14%，比在美国投资的收益率要高，差幅超过12.14%。

"真正的投机资金只要把钱放在银行就可以"，花旗中国经济学家沈明高说。最近一段时间以来，不少人留意到香港资金换汇后存入内地银行的现象。根据现有规定，香港居民每天可以汇入8万元人民币到中国内地的银行。

按社科院张明计算，自2008年初人民币升值速度加快后，第一季度升值的速度折合成年率是16%，再加上中美利差——现在即使热钱不做实质性投资，一年可以得到的无风险收益是12%～14%左右。

因此，我们可以看出，热钱流入中国，待在银行里即使什么也不做，超额利润率也是相当高的，热钱也能够获得套汇和套利的双重收益。

银行是中国经济发展的中枢和命脉，也是经济运作的经营实体，如果大量热钱进入商业银行，银行是要付出成本利息的，按照公司属性，这些钱需要马上进入经营流通领域，银行才能赢利，这样势必增加货币供给，直接推动物价上涨和通货膨胀，给健康发展的经济带来损害。

·热钱藏身之处二：股票市场

一部分的热钱不会只待在银行里，而是会投资于股票市场去追逐更高的收益。长期以来，中国经济的高速增长，资产价格不断上涨，吸引了投机性资本的流入。如2005年以来，国内股票市场的非理性上涨，热钱的流入便起到了推波助澜的作用。2008年至今，A股剧烈调整并持续走低，但热钱却大规模流入，国际热钱是否会抄底更值得关注。

·热钱藏身之处三：房地产市场

热钱进入房地产市场，往往通过贸易、外资、银行、个人等多个渠道，既有企业行为，也有个人行为。有的是集团公司内部关联企业套汇运作。如香港某公司直接或间接控股境内多家房地产企业，由境内子公司以人民币资金垫付土地拍卖保证金，香港母公司通过设立房地产项目公司方式，将外汇资本金结汇后偿还代垫款。上述企业涉嫌违反资本金支付结汇制、非法套汇、擅自对外放款和擅自经营金融业务等，违规金额较大、资金链条复杂、性质严重。也有个别银行向境外个人发放了中长期房屋抵押外汇贷款，且房贷结汇后用于购买境内房产。

·热钱藏身之处四：商品市场

热钱通过控制供销进而控制商品，这样的行为起到廉价囤积大宗商品的目的，真正的储存商品往往费用很高，但通过对渠道进行控制却可以达到以低成本博高利润的目的。

各种农产品价格一路飙涨，导火线是南方干旱及北方低温等天气灾害引发的减产问题，而热钱则利用一些农副产品季节性强、地域性显著、产量小等特点进行炒作，进而推高价格。

实际上，热钱流入首先兑换成人民币，购买相对低价的商品，然后再出口或走私到国外，就可获得投机利润，价格差越大，获得的利润越多。目前随着国际粮价和油价大幅上涨，中国粮食和成品油走私有上升的趋势，如在杭州、广州和深圳等海关都发现和查处过粮食和成品油走私案件。

·热钱藏身之处五：金融借贷市场

只要仔细观察，你就可以在地铁口看到高利贷和短期贷款的广告。这是热钱活跃的表现。

中国金融行业的贷款门槛非常高，尤其是商业流通领域的贷款，企业要进行贷款需要完善的资料就有几百页，而繁复的审贷工作，使最正常的程序也需要一个月以上。但对外贸企业来说，接到订单就必须立即投入紧张的生产，而短期内对资金的需求，能够在短时间内放款的只有热钱的高利贷是可行的路径。

热钱放款主要根据信用，在快速贷款需求下实际上就算有抵押物也是难以抵押操作的，即使你拿着房产证，要证实证件的真伪办理抵押登记的时间也很漫长，热钱实际上是中国金融市场唯一的信用贷款者。中国由于腐败等等问题的风险，中国银行业实际上已经没有了信用贷款而只有抵押贷款了，对于资金不足的外贸企业而言，正规的渠道根本不可能取得贷款，热钱则成为最好的解决办法。

外贸企业由于用款的周期短，对高额的利息实际上并不敏感，比如一单有5%利润的生意，需要的款项周转时间不超过一周，这对于月息5%的热钱高利贷也是可以接受的，因为热钱按日或按周计算利息。此外，高利息所对应的就是高风险和高额的管理成本，相比正常的贷款的评估费用，如果贷款时间短，那么热钱贷款的利息并不高。

以上便是热钱在中国的藏身之处，无论在哪里，只要热钱进入了中国市场，都可以获得人民币升值的收益，所不同的是热钱进入不同的市场，投机的收益和风险分担会有所不同。

5. 热钱如何进行炒作和牟利

热钱也被称为短期国际资本，这说明热钱的投机期限较为短暂，热钱始终在寻找赚"快钱"的机会。当然，热钱也有可能流入新兴资本市场的国际资金的投资期限超过1年以上的，那么这种热钱也叫做长期性投机资金。

既然试图赚"快钱"，那么热钱就不会从事实体投资，不会给你建工厂、开公司，为你带来税收和增加就业机会，而是会选择波动性更强的证券投资和外汇市场进行投资。因此FDI并非热钱的终极目标，而是可能成为热钱进入的伪装。

热钱往往会不动声色地进入暗流涌动的金融市场，在悄无声息地吸足筹码之后，以迅雷不及掩耳之势发动攻势，在赚得盆满钵溢之后快速退出。热钱的炒作策略，的确可以用"静如处子，动如脱兔"来形容。

·热钱炒作的手段

那么，热钱到底是怎么进行炒作和牟利的呢？其手段究竟如何？

一般而言，热钱在金融市场上炒作牟利，无非是通过做多和做空两种手段。

所谓做多，是指热钱在价格较低时购入大量特定证券，然后通过各种手段来拉抬证券价格，在其他市场主体竞相购入该证券时悄然获利退出。热钱做多的结果是其他投资者被诱使在高位买入证券，可能面临被套牢的风险。

所谓做空，是指热钱在价格较高时向交易商借入大量特定证券，然后通过各种手段来打压证券价格，引发其他市场主体的竞相抛售，当价格显著下跌后，热钱再以低价购买证券后偿还交易商。热钱做空的结构是特定证券价格被严重压低，投资者可能被深度套牢。

如果热钱规模大到足以对整个市场产生影响，那么热钱做空可能引发资本市场危机甚至全面金融危机，比如1994年的墨西哥比索危机、2008年越南金融危机等。

·热钱疯狂的利器

当然，前面说的做多和做空只是热钱炒作的两种常用手段，也可以称之为"热钱战略"。光有战略，热钱还是不能随心所欲地牟取暴利，还得有一系列的战术，这种战术可以称之为"热钱利器"，这个所谓的利器让一些国家闻风丧胆、避之不及。

热钱的利器包括衍生工具、杠杆以及对冲基金。

所谓衍生工具是指期货、期权、互换等金融创新工具，而其中最重要的股票指数期货，往往成为历次热钱炒作的焦点。所有衍生工具都具有乘数效应，而且发达国家资本市场上普遍采用保证金交易制度，这种乘数效应与保证金制度就为热钱提供了以小博大的机会，即所谓的财务杠杆效应。

我们举个例子来说明，如果保证金为10%，那么投机者就能利用1万美元的资金进行10万美元的投资。如果资本市场上允许投资者以金融产品作为抵押进行融资，那么热钱就可以通过购买金融产品——以金融产品作为抵押进行融资——以融通资金购买新的金融产品——以新金融产品作为抵押进行融资的反复循环来放大杠杆效应。衍生工具和杠杆效应的存在，正是为什么自有资本数十亿美元的对冲基金往往能够将一个新兴市场国家资本市场搅得天翻地覆的重要原因。

由于热钱对新兴市场国家金融市场的炒作会严重扰乱市场秩序，洗劫该国国民财富，甚至引爆全面系统危机，因此新兴市场国家政府通常会对热钱采取抵制甚至迎击的态度。例如，如果热钱对股票市场做空，那么政府可以入市进行干预，使得股价在一定时期内保持在较高水平上，甚至显著上升。由于热钱的融通期限是有限的，期满后不得不平仓出售，那么热钱会遭受巨大损失。这正是香港特区政府和中央政府在1998年夏季联手抗击热钱过程中取得重大胜利的原因。

·热钱最强大利器：对冲基金

在这里，我需要重点讲一下热钱最强大的利器——对冲基金。这个对冲基金也是热钱巨头金融大鳄索罗斯洗劫他国最常用的手段。

对冲基金也称避险基金或套利基金，是指由金融期货和金融期权等金融衍生工具与金融组织结合后以高风险投机为手段并以赢利为目的的金融基金。它是投资基金的一种形式，属于免责市场产品，意为"风险对冲过的基金"。不过需要区分的是，对冲基金名为基金，实际与互惠基金安全、收益、增值的投资理念有本质区别。

对冲基金采用各种交易手段(如卖空、杠杆操作、程序交易、互换交易、套利交易、衍生品种等)进行对冲、换位、套头、套期来赚取巨额利润。这些概念已经超出了传统的防止风险、保障收益操作范畴。加之发起和设立对冲基金的法律门槛远低于互惠基金，使之风险进一步加大。

为了保护投资者，北美的证券管理机构将其列入高风险投资品种行列，严格限制普通投资者介入，如规定每个对冲基金的投资者应少于100人，最低投资额为100万美元等。

我们来举个例子。在一个最基本的对冲操作中，基金管理人在购入一种股票后，同时购入这种股票的一定价位和时效的看跌期权。看跌期权的效用在于当股票价位跌破期权限定的价格时，卖方期权的持有者可将手中持有的股票以期权限定的价格卖出，从而使股票跌价的风险得到对冲。

又譬如，在另一类对冲操作中，基金管理人首先选定某类行情看涨的行业，买进该行业中看好的几只优质股，同时以一定比率卖出该行业中较差的几只劣质股。如此组合的结果是，如该行业预期表现良好，优质股涨幅必超过其他同行业的劣质股，买入优质股的收益将大于卖空劣质股而产生的损失；如果预期错误，此行业股票不涨反跌，那么劣质股跌幅必大于优质股，则卖空盘口所获利润必高于买入优质股下跌造成的损失。正因为如此的操作手段，早期的对冲基金可以说是一种基于避险保值的保守投资策略的基金管理形式。

经过几十年的演变，对冲基金已成为一种新的投资模式的代名词，即基于最新的投资理论和极其复杂的金融市场操作技巧，充分利用各种金融衍生产品的杠杆效用，承担高风险、追求高收益的投资模式。

对冲基金起源于20世纪50年代初的美国。当时的操作宗旨在于利用期货、期权等金融衍生产品以及对相关联的不同股票进行实买空卖、风险对冲的操作技巧，在一定程度上可规避和化解投资风险。

1949年世界上诞生了第一个有限合作制的琼斯对冲基金。虽然对冲基金在20世纪50年代已经出现，但是，它在接下来的30年间并未引起人们的太多关注，直到20世纪80年代，随着金融自由化的发展，对冲基金才有了更广阔的投资机会，从此进入了快速发展的阶段。20世纪90年代，世界通货膨胀的威胁逐渐减少，同时金融工具日趋成熟和多样化，对冲基金进入了蓬勃发展的阶段。据英国《经济学人》统计，从1990年到2000年，3000多个新的对冲基金在美国和英国出现。2002年后，对冲基金的收益率有所下降，但对冲基金的规模依然不小，据英国《金融时报》2005年10月22日报道，截至目前为止，全球对冲基金总资产额已经达到

1.1万亿美元。

对冲基金常用的投资策略多达20多种，其手法可以分为长短仓、市场中性、可换股套戥、环球宏观以及管理期货等五种。

对冲基金的最经典的两种投资策略是短置和贷杠。

短置是把短期内购进的股票先抛售，然后在其股价下跌的时候再将其买回来赚取差价。短置者几乎总是借别人的股票来短置。在熊市中采取短置策略最为有效。假如股市不跌反升，短置者赌错了股市方向，则必须花大钱将升值的股票买回，吃进损失。短置此投资策略由于风险高企，一般的投资者都不采用。

我们来看一个短置的案例：

甲是某股票的股东，乙预计该股票5天内要跌10%，乙就找甲借股票，约定5天后还给甲，还给甲的时候股价比那天的股价高2%，这样甲肯定愿意借，乙借来股票后，股价果然下跌，但在第二天只跌了1%的时候乙就卖掉了，把钱留到第五天，再按约定把股票买回还给甲。这样，短置者和出借者都赚了钱。

贷杠就是杠杆作用，通常情况下它指的是利用信贷手段使自己的资本基础扩大。通过贷杠这种方式进入融资市场和对冲基金产生"共生"的关系。在高赌注的金融活动中，贷杠成了融资市场给大玩家提供筹码的机会。对冲基金从大银行那里借来资本，融资市场则提供买卖债券和后勤办公室等服务。换言之，武装了银行贷款的对冲基金反过来把大量的金钱用佣金的形式扔回给融资市场。

·最著名的对冲基金

世界上最著名的对冲基金是乔治·索罗斯的量子基金及朱里安·罗伯逊的老虎基金，它们都曾创造过高达40%至50%的复合年度收益率。

（1）量子基金

1969年量子基金的前身双鹰基金由乔治·索罗斯创立，注册资本为400万美元。1973年该基金改名为索罗斯基金，资本额跃升到1200万美元。索罗斯基金旗下有五个风格各异的对冲基金，而量子基金是最大的一个。1979年索罗斯再次把旗下的公司改名，正式命名为量子公司。之所以取量子这个词语是源于海森堡的量子力学测不准原理，此定律与索罗斯的金融市场观相吻合。测不准定律认为：在量子力学中，要准确描述原子的运动是不可能的。而索罗斯认为：市场总是处在不确定和不停的波动状态，但通过明显的贴现，与不可预料因素下赌，赚钱是可能的。公司顺利地运转，得到超票面价格，是以股票的供给和要求为基础的。

量子基金的总部设立在纽约，但其出资人皆为非美国国籍的境外投资者，其目的是为了避开美国证券交易委员会的监管。量子基金投资于商品、外汇、股票和债券，并大量运用金融衍生产品和杠杆融资，从事全方位的国际性金融操作。凭借索罗斯出色的分析能力和胆识，量子基金在世界金融市场中逐渐成长壮大。由于索罗斯多次准确地预见到某个行业和公司的非同寻常的成长潜力，从而在这些股票的上升过程中获得超额收益。即使是在市场下滑的熊市中，索罗斯也以其精湛的卖空技巧而大赚其钱。至1997年末，量子基金已增值为资产总值近60亿美元。在1969年注入量子基金的1美元在1996年底已增值至3万美元，即增长了3万倍。

（2）老虎基金

1980年著名经纪人朱利安·罗伯逊集资800万美元创立了自己的公司——老虎基金管理公司。1993年，老虎基金管理公司旗下的对冲基金——老虎基金攻击英镑、里拉成功，并在此次行动中获得巨大的收益，老虎基金从此声名鹊起，被众多投资者追捧，老虎基金的资本此后迅速膨胀，最终成为美国最为显赫的对冲基金。

20世纪90年代中期后，老虎基金管理公司的业绩节节攀升，在股市、汇市投资中同时取得不菲的业绩，公司的最高赢利（扣除管理费）达到32%，在1998年的夏天，其总资产达到230亿美元的高峰，一度成为美国最大的对冲基金。

1998年的下半年，老虎基金在一系列的投资中失误，从此走下坡路。1998年期间，俄罗斯金融危机后，日元对美元的汇价一度跌至147：1，出于预期该比价将跌至150日元以下，朱利安·罗伯逊命令旗下的老虎基金、美洲豹基金大量卖空日元，但日元却在日本经济没有任何好转的情况下，在两个月内急升到115日元，罗伯逊损失惨重。在有统计的单日

（1998年10月7日）最大损失中，老虎基金便亏损了20亿美元，1998年的9月份及10月份，老虎基金在日元的投机上累计亏损近50亿美元。

1999年，罗伯逊重仓美国航空集团和废料管理公司的股票，可是两个商业巨头的股价却持续下跌，因此老虎基金再次被重创。

从1998年12月开始，近20亿美元的短期资金从美洲豹基金撤出，到1999年10月，总共有50亿美元的资金从老虎基金管理公司撤走，投资者的撤资使基金经理无法专注于长期投资，从而影响长期投资者的信心。因此，1999年10月6日，罗伯逊要求从2000年3月31日开始，旗下的"老虎"、"美洲狮"、"美洲豹"三只基金的赎回期改为半年一次，但到2000年3月31日，罗伯逊在老虎基金从230亿美元的巅峰跌落到65亿美元的不得已的情况下宣布将结束旗下六只对冲基金的全部业务。老虎基金倒闭后对65亿美元的资产进行清盘，其中80%归还投资者，朱利安·罗伯逊个人留下15亿美元继续投资。

6. 1万亿美元热钱来中国：中国热钱规模超1997年亚洲金融危机前各国总和

这一节我们来解决两个问题，第一个是预估一下中国的热钱总量；第二个是看这个预估的中国热钱量是否超过了1997年亚洲金融危机所有国家的热钱总量。

为什么要做这么一个预估？这是想给中国政府一个警示，严防热钱对中国经济造成巨大伤害，影响政局的稳定和国民的生活。

为什么要与1997年的亚洲金融危机比较热钱量？因为目前中国和当时亚洲各国发生金融危机之前非常相像，外资经济基本上主导了大部分国内市场。房地产市场、金融股票市场、娱乐产业充满着巨大经济泡沫，实体经济制造业等行业非常薄弱，金融体系抵抗国际风险的能力非常低。

·预估中国的热钱总量

目前国内外测算热钱流入的方法种类繁多，关于当前中国热钱流入的具体规模也尚未达成共识。要准确测算热钱流入规模，第一要全盘摸清热钱流入中国的渠道，第二要获得准确的跨境资金流动数据，包括准确的贸易和投资数据。遗憾的是，目前这两方面的进展均不尽如人意。

测算热钱规模的最简单方法是看国际收支平衡表中的误差与遗漏项，如果该项为负，说明存在资本外逃，如果该项为正，说明存在热钱流入。

误差与遗漏项也等于外汇储备变动额减去经常项目与资本项目之和。如果用这种方法来测算中国的热钱规模，那么，2003年和2004年存在热钱流入，规模分别为184亿美元和270亿美元。2005年和2006年存在资本外逃，规模分别为168亿美元与129亿美元。上述结果与我们的常识不符，因为在我们的印象中，2005年和2006年应该是热钱大规模流入之年。这说明用误差与遗漏项来测算热钱规模的方法过于简单。其一，误差与遗漏项可能的确是统计方面的误差造成的，并非热钱流入；其二，热钱完全可以通过经常项目和资本项目进入中国国境。

业界普遍使用的测算热钱规模的方法是用外汇储备变动额减去贸易顺差和外商直接投资。如果用这种方法来计算，那么2003年至2007年的热钱流入分别为378亿美元、1141亿美元、466亿美元、6亿美元和1170亿美元。如果这种方法是准确的，那么2006年基本上没有热钱流入。

然而，由于存在央行与商业银行之间的外汇掉期、央行允许商业银行用外汇交存准备金等制度创新，以及采用特别国债置换外汇储备的方法创建中投公司等制度安排，用上述方法计算的2006年和2007年的热钱规模被明显低估。

例如，2006年央行与商业银行进行了大约758亿美元的外汇掉期，因此2006年的热钱流入规模约为764亿美元。考虑到中投公司的成立、央行与商业银行之间的掉期和准备金操作等因素，2007年实际流入中国的外汇资金可能达到5500亿美元，远高于4619亿美元的外汇储备增长，那么按照上述方法计算的2007年热钱流入可能达到2018亿美元之巨。然而，在计算2007年热钱流入时，采用了（实际外汇资金流入－经常项目顺差－FDI－外汇储备投资收益）的方法，最终结果为870亿美元。

必须指出的是，中国目前并没有统一的FDI数据。例如，2004年，商务部统计的FDI为606亿美元，外管局统计是549亿美元；2005年，商务部统计的FDI为603亿美元，外管局统计为824亿美元。如果说两个机构的统计数据出现系统性偏差还可以理解，那么2004年商务部FDI数据高于外管局，2005年外管局FDI数据高于商务部的矛盾现象就令人费解了。关键数据的分歧，也是影响热钱规模测算准确性的重要因素。

然而，采用热钱流入等于外汇储备变动额减去贸易顺差和FDI的测算方法，其中暗含的假定是，贸易顺差和FDI中没有热钱。然而现实情况下，热钱既可以通过转移定价和虚假贸易等方式，通过贸易顺差流入中国；也可能通过虚假投资或资本金挪作他用等方式，通过FDI渠道流入中国。

也就是说，上述方法依然低估了热钱流入规模。例如，有观点认为，2005年和2006年中国的贸易顺差大幅飙升，这其中可能包含了大量热钱的涌入。2002年~2004年中国的贸易顺差分别为304亿、255亿和321亿美元，相对比较平稳，但2005年~2007年该数字分别飙升到1020亿、1775亿和2620亿美元。2005年外贸顺差的飙升恰好与人民币汇改发生于同一年，这种外贸顺差激增的真实性是令人怀疑的。

如果假定2005年~2007年中国贸易格局并未发生显著变化，外贸顺差稳定在2002年~2004年水平上并略有增长，那么仅2005年~2007年的外贸顺差中就可能包含了4000亿美元以上的虚假贸易，这部分也应该算做热钱流入。

以上介绍了各年度的热钱流入规模的测算，那么目前中国国内热钱的总规模究竟是多少呢？关于这个问题依然是仁者见仁，智者见智。

总结上述计算结果，根据外汇储备减去贸易顺差与FDI的方法，计算得出的2003年~2007年的热钱流入总规模为3161亿美元；考虑到外汇掉期、外汇准备金和中投公司等因素，那么这5年来的热钱流入总规模上升到4767亿美元；再考虑到虚假贸易，那么2003年~2007年的热钱流入总规模又上升到8800亿美元左右。这个数字还没有考虑虚假的FDI流入。综合国内外经济学家的测算结果，当前2010年中国国内的热钱总体规模约在1万亿美元左右。这个数字是相当惊人的。

中国的热钱规模超过了亚洲金融危机前各国的热钱总和？

对于热钱，研究者的定义口径不一，有的认为"长线投机资金"等于外资利润加FDI的折旧额，再加上收益汇出和外资外债新增；有的研究利用国际收支平衡表计算，把热钱定义为国际收支净误差与遗漏项加私人非银行部门短期资本流入，再加上以其他名义通过正常渠道流入的短期投机资本。我们用第一种口径做估算，截至2005年底，在中国境内的热钱超过3200亿美元，2006年和2007年底大约分别为4000亿和5000亿美元，到2008年和2009年底，突破6500亿和8000亿美元。到2010年，预计突破了1万亿美元。

热钱向中国的流入，既是规避国际金融动荡的风险，也是对人民币套汇套利，对国内股市、房市进行投机等多种因素的驱动。

回顾十年前亚洲金融危机爆发前的东亚，截至1996年底注入东亚的热钱约为5600亿美元，直到韩国爆发危机后的1998年底流出东亚的热钱约为8000亿美元，给东亚带来惨痛损失。

目前中国承受的热钱流入规模已超出东亚金融危机前整个东亚所承受的规模，但中国GDP规模至多只有东亚危机时日韩加上东盟GDP规模的1/4，这是一个非常危险的信号，希望中国政府在热钱流动发生逆转时（如大规模撤离）时，能进行有效的阻挡。

7. 揭秘热钱撤离中国的线路图

一般来说，当我们认为某件事是坏事时，它的反面应该就是一件好事，但经济现象却未必如此。比如股市和房市出现较大泡沫，导致股价和房价畸高，这当然不是件好事。但如果泡沫破灭、股价和房价大跌，按说这应该是好事吧？然而对经济而言，却同样是一件坏事，因为股价和房价的大跌会引起经济动荡。

所以，当我们说泡沫太多是件坏事时，实际上指的是它会导致后面的泡沫破灭，表面上是两件事，其实是联系在一起的，是一回事。热钱的进出也是如此。

所谓热钱撤离，就是变卖本国货币计价资产，如外资拥有的股票、国债、投机性土地等，大量变卖，换成他国货币之后，倾巢汇出。以上一进一出，如果时间短而流量大，将造成本国股市债市、房市爆起乍跌。

我们知道，热钱对于一个国家最大的危害，不是投机牟利，而在于其牟利后的迅速撤离，使受害国的市场变空，引发危机。所以中国政府要留心热钱的变化对经济造成的冲击。

对于热钱从中国的撤离路线图，我认为有以下几大主要途径：

第一是通过地下钱庄撤离。热钱成规模后的出境就比个人资金容易得多，经常的手段就是在对外的经常贸易项目下进行交易，把正常外贸应得的利润在国内以人民币现金支付，这样，国内外贸企业老板可以避税，大家便看到中国出口商品的利润奇低。地下钱庄在浙江、广东表现得异常活跃，地下钱庄正成为热钱洗钱出境的中介。

中国近年通过各种优惠政策引进的外资每年不过400亿美元，而每年通过地下钱庄流出境外的资金却高达2000亿元人民币，约是引进外资额的60%。从某种程度上说，地下钱庄已成为了一条地下黑色金融命脉。

第二是借道香港撤离。热钱进出内地的桥梁是香港。香港房地产资本资产服务公司主席高广垣介绍，2009年以来在香港成立的投资内地房地产的基金规模大增。这些地产基金有两种投资方式：一是购买商业物业，包括商业零售商场和写字楼；二是购买商业物业公司股份。因为这些基金通常都签有严格的保密协议，很难掌握其确切规模及在内地的真实动向。据高广垣估计，在香港或亚洲其他地方成立的、投资中国房地产的基金总量约300亿至500亿美元。

即便是在香港通过正规渠道募集的房地产基金，大多数也是通过灰色渠道进入内地的。因为外资进入首先要到外汇局登记，要想出境还要结汇。这一来一往少说要三个月到半年，外资怎么等得起？

第三是通过对中资企业控股权的渗透，以合法的名义，提供中资企业海外投资的平台，打通中国资金进军世界舞台的通道，从而也就较容易将热钱带出国内。近期外资纷纷在中国成立私募股权基金，并积极并购国内企业，扶持它们出海上市，这样海外得到的美元资金就可以和境内人民币的热钱在这样的组织体系内实现合法的平行交换。这也是一种利用中国市场部分开放的环境建立起来的、躲避中国监管部门审查的出逃通道。

第四是当本国宏观经济疲弱时，本国居民利用自己合法的换汇条件或知情条件，率先离场，造成市场恐慌，此时，热钱也浑水摸鱼，跟风离场。当然，在东南亚金融危机时，没有离场的热钱也不少，它们被疲软的资本市场所深套，从而蒙受不知情带来的巨大损失。

第五是获利后购买商品。利用在资本市场上获利的热钱，在一段时间，直接集中购进中国的大量产品，并通过国外的销售渠道，将商品套现，从而完成国内外资变相的海外逃避的计划。

第六是通过股指期货。2010年中国股指期货推出，允许境外资金合法参与A股交易。这样导致热钱在中国股票市场上爆炒一波，然后通过股指期货引爆，迅速撤离。

当然，不可否认，热钱肯定还会利用其他各种合法的通道撤离中国或其他国家，所以，围堵热钱的关键是要掐住其离场时机，集中力量关注资本移动的异常行为——它们往往会伴随着中国贸易顺差或逆差突发性的增大这一现象。

另外，中国政府要密切关注一些涉外的经济指标（如国际收支表的各项内容），它们表面上可能根本看不出热钱的影子，但背后却可能凸显出热钱大规模离场的暗流。这里有几个常规的经济指标可以用来检测热钱是否流入到某个国家或是撤离某个国家。

(1) 外汇储备增加数额；

(2) 外商直接投资增加额；

(3) 没有真实交易背景的贸易外汇收支，关注类企业或地区经常项目外汇收支，这两项是重点监管区域；

(4) 个人资本项下的外汇增加额；

(5) 进入房地产市场、股市和黄金交易、期货等大宗商品交易的外汇数额变化。

在特定条件下，我们也可以避开外汇储备而大概地计算出热钱的数据，在国内货币流动性理论处于或者接近于平衡状态下，银行的拆借率将会非常敏感于货币的投放和回笼，也就是说在拆借率相对敏感的前提下，国内货币会处于平衡状态，于是有以下公式：

热钱增量=外贸顺差额+外商投资增加额+央行货币净投放量-新增贷款×存款准备金率-M0（流通中现金）增加额（存款准备率改变即用M2广义货币供应量×准备金率变化幅度）

但别想准确计算出来热钱的量，热钱之所以让当今世界共同头疼，在于其流入渠道的黑白混杂，难以用现成法规有效监管，以上计算公式只能监控异动，很难确认个案。

第四章

热钱"烤"验中国经济

热钱，是一只看不见的手。你可能觉得它很抽象，或者离你很远，但如果说到房价飞涨、股市波动、油价涨到每桶147美元……你一定不会陌生，而这其中都有热钱的巨手在搅动，这只手其实已经伸向了你的钱包。

1. 热钱的梦想：中国自拆"万里长城"

人不能两次踏入同一条河流，因而，我们不能以中国昔日免于亚洲金融危机为由，推断出中国明日无忧。

中国之所以能在1997年~1998年的亚洲金融危机中幸免于难，其中非常重要的原因有两个：一个是中国的外贸依存度（注：外贸依存度是指一个国家出口额加上进口额与国民生产总值或国内生产总值之比，是开放度的评估与衡量指标。该指标可以反映一个经济体对国际经济的依赖程度）较低；二是中国的金融没有开放，仍采取人民币对美元的固定汇率，长期保持1美元兑换8.30元人民币左右，资本项目也没有放开。这就形成了金融市场和实体经济的双重防火墙，虽然当时亚洲金融危机对中国的实体经济产生了一定的负面影响，但中国基本将这种金融动荡，汇率、股票和房地产的大动荡隔绝在国门之外。

但是，到了2007年初的时候，情况已经发生了很大的变化。

在亚洲金融危机之后，西方发达国家将制造能力大规模转移到中国后，中国的"世界工厂"蓬勃发展，带来了经济的快速增长，但也使得中国经济对外贸的依存度已经达到了70%以上，这个比例之高，在经济大国中首屈一指，远远超过美国、日本、德国、英国等大国的14%～20%，和贸易相关的经常项目（注：经常项目亦称经常账户，是指一国与外国进行经济交易中经常发生的交易项目。其中包括有形商品的进出口，即国际贸易；无形的贸易，如运输、保险、旅游的收支；以及国际间的转移支付，如赔款、援助、汇款、赠与等等。相关词汇——资本项目是指国与国之间发生的资本流出与流入。换言之，就是一国为了某种经济目的在国际经济交易中发生的资本跨国界的收支项目。包括各国间股票、债券、证券等的交易，以及一国政府、居民或企业在国外的存款）资本出入境大大增加，然而我们对于经常项目资金出入境的监管意识和能力没有相应提高，日后给了国际投资资本热钱可乘之机。

在2005年～2006年度，中国的金融改革全面突进，与国际金融一体化加速，2005年5月21日，人民币进行汇率改革，取消了固定汇率制度，在人民币一次性升值2.1%后，实行有管理的浮动汇率制度，日浮动区间上下0.3%（2007年5月扩大为0.5%）。

A股市场进行了股权分置改革后，在基本制度上开始了与国际股市规则的接轨，使得国际投资者对A股兴趣大增，合法的国际投资QFII(注：QFII是Qualified Foreign Institutional Investors合格的境外机构投资者的简称，QFII机制是指外国专业投资机构到境内投资的资格认定制度，经过审批的国际资金可以参与股市等中国内地的金融投资)和非法偷渡的热钱千方百计地进入中国，不断建仓中国股市和房地产。

尤其值得一提的是，2007年10月，以工商银行在香港上市为标志，内地A股和香港H股股票市场上，同一只股票两地同时上市已经达到54家，初步形成了规模，人们开始比较这只股票的香港和内地股价的差异，来给A股或H股的股票定价，这标志着香港H股与内地A股已经实现了实质性的联动关系，而由于香港H股原本就与美国股市高度联动，对美国纽约证券交易所和纳斯达克的走势几乎亦步亦趋，因而中国股市也已经无法置身国际资本市场之外。

一言以蔽之，昔日封闭而独立的"围城"大半已不复存在——国际金融市场已直接或间接（通过香港）同内地银行、股市、汇市建立全面连锁反应机制。如果新的亚洲金融危机卷土重来，中国已经不再能像10年前那样完全置身事外了。

打个比方，10年之前，我们是有又高又厚城墙保护的城中之国，我们靠辛苦的"世界工厂"的耕种收获"粮食"，靠老老实实的以物易物为生，没有觊觎掠夺他人财富的意愿和能力，有坚固的城墙可防御外敌的入侵。

但是，这必然与大草原游牧民族产生价值观和游戏规则相冲突。游牧民族是马背上的民族，靠狩猎野兽、游牧牛羊，乃至掠夺农耕民族的粮食财富为生，他们来去如风，行动神速，一击不中，立刻远飙，一旦得手，便毫不留情地大肆抢掠，根本不管农耕民族的痛苦和咒骂。在农耕者春夏辛勤劳作的时候，他们就养精蓄锐，放马南山，在农耕民族金色秋天刚刚收获丰硕果实的时候，他们往往就飞奔杀到，劫掠一番，在农耕国缺乏强大军队保卫的情况下，环绕城市的城墙是其最后的利益保障。也正因如此，游牧民族最痛恨的就是中原的高城壁垒，这使他们无法自由自在地掠夺农耕民族的果实，因此，他们总是千方百计地拆毁中原城市的城墙，最高明的是利用自己的威慑力，通过分化诱导农耕国的精英，逼迫农耕民族自己拆掉保卫自己的城墙。

需要声明的是，我并不是一个保守的城墙主义者，但是本人认为，如果这个农耕国家没有变成同样强大的游牧民族，或者这个农耕国没有一支机动性非常强的、非常有战斗力的铁血军团，足以与游牧军团打一场面对面的战争并获胜，进而威慑外敌不敢轻易挑衅和攻击，那么，太过主动并太快地拆掉城墙似乎并不明智。

如果回到现实，中国这样的"世界工厂"国家，靠辛辛苦苦地制造物质商品获得微薄商业利润者，就是21世纪的农耕国家，而游牧民族就是在世界各地疯狂投机，找到机会就大肆掠夺一番，猎获金融投机暴利的热钱，西方主要的金融大国就像这些游牧军团的根据地和宗主国。尽管我本人并不特别欣赏靠城墙保护的农耕民族的生产和生活方式，但是作为农耕国的一员，我深知，如果我们是在大汉朝最强盛时期，我们拥有卫青和霍去病那样的"金融"铁骑，能够纵横千里草原瀚海，能够给不断袭扰我们的匈奴骑兵以致命打击，没有城墙也足以震慑四海，泽被宇内，那要不要城墙都无所谓。但是，现在的中国并没有这样强大的现代金融铁骑，中国的金融机构总体仍处于传统的"步兵时代"，根本不是别人的对手，过早地拆除城墙，某种程度上无异于将自己的利益送羊入虎口。

正因如此，本人一直反对过快拆除城墙——过快进行金融开放的行为。而其中最关键的是以所谓的汇率自由化和资本项目自由兑换。前者的基本路径图是，人民币小幅升值，加速升值，大幅升值，日浮动区间由0.3%、0.5%、1%、2%至最后全部放开，这就像一点点拆掉城墙的高度。其实，只要人民币日浮动区间扩大到1%，然后中国央行承诺不干预第二天的人民币兑美元的中间价，就像越南最近做的那样，那实质上就基本实现了汇率自由化；而资本项目自由化的基本路径是，合规监管下的QFII，港股直通车（注：境内投资者可以用自有外汇或者用人民币购买外汇，将外汇存入证券投资外汇账户，并通过商业银行的代理证券账户投资在香港证券市场交易的证券。这项业务被称为"港股直通车"。目前这项业务还没有正式启动）进而放任热钱，模糊资本项目管制，这就像要把城门越拆越大。其实，不要等到城墙全部拆光拆平——汇率自由化和资本项目自由兑换完全实现，只要把城墙拆得千疮百孔，就足以让热钱发动一场大的突然袭击了。

2. 西方用热钱击打中国经济发展的"七寸"

中国的经济发展快吗？十个人有九个人会回答说快。

中国的经济发展健康吗？十个人有五个人会回答说健康。

中国的经济发展安全吗？十个人有九个人会摇摇头，说不知道。

目前影响中国经济发展的要素到底是什么？回答是众说纷纭。

中国沿着20世纪80年代改革开放初期制定的政策路线继续前进，过度地开放市场和招商引资，虽然经济异常火热，沿海地区迅速富了起来，但危险迹象也昭然若揭。这种发展模式如果不加以矫正，中国的发展很可能要在短时间内遭受重大损失。其中，对于中国经济发展而言，最危险的敌人莫过于来自于西方的热钱。

·中国经济发展VS热钱的狙击

中国过度重商主义的核心表现是少消费、多生产、多储蓄、多出口、狂热追求GDP和出口创汇。其手段是贬低自己的货币价值（也就是降低本国货物与资产的价值）以增加出口，制定大量招商引资优惠政策，以招徕外资。这种发展战略的好处是提高自己国家产品的国际竞争力，使自己在国际市场上占据一席地位。

但重商主义也存在很多弊端，最大的弊端是国内资源大量地廉价外流，这种外流第一表现在由于人民币被低估而导致的商品廉价上，第二表现在大量的贸易顺差。中国现在已成为世界第三大贸易进出口国、第一大顺差国。最近几年，中国与美国的贸易顺差上升到2000多亿美元，与欧盟的贸易顺差每年都在1000多亿美元之上。

综观整个世界经济发展史，从未有一个国家像中国这样如此廉价甚至是无偿地向外输出资源，迄今也未看见有一个国家像中国这样进行高储蓄。这种发展模式，经济增长速度很快，国民财富增加很多，但对资源和环境是一场巨大消耗，并且，积攒下的外汇储备又随着美元的贬值极易化为乌有。

重商主义本来是早期资本主义国家在发展过程中使用的一个手段，改革开放初期，中国适当运用这一手段还有情可原，但由于中国对这一政策的调整进行得太晚，已经使当前的经济出现了较大的风险。

更主要的是，西方国家早已有了破解这种战略的应对手段，那就是多印钞票、将热钱打入中国，大肆购买人民币和中国的廉价资产，并伺机套现获利。从最近几年中国外汇储备异常的暴涨便可以看出中国正在遭受西方热钱的狙击。从2002年末的2800亿美元，到现在2010年的20000亿美元，8年多的时间，外汇储备增长了7倍。

这两招可谓厉害，就像孙悟空钻进敌人的肚子，等大量外资兑换成人民币进入中国后，压迫中国人民币升值，然后热钱再撤出中国，使人民币贬值。这些招法早已在其他国家使用过，只是秘而不宣，它所透露出来的往往是假象。

譬如，目前美国逼迫中国人民币升值，这种做法便是美国政府对市场投机资金热钱的密切配合。西方国家的政府与热钱恰如哼哈二将，默契配合，一个在市场上炒作，一个从政治上施压，最终目标是劫掠中国的财富。

·热钱已经缠住中国经济的脖颈

2003年底，中国外汇储备巨增1000多亿美元，2004年和2005年更是迅猛增长，在短短8年半的时间里，中国的外汇储备由2002年底的2800亿美元增加到2010年的2万亿美元。

在这1万7千多亿增加出来的外汇储备中，估计有6000多亿是靠外贸顺差创造的，剩下的1万1千亿是靠热钱和资本账下项目创造的。而其中投机性的热钱至少在1万亿美元左右。

这1万亿美元热钱用人民币来兑换，就需要发行基础货币约70000亿人民币。它产生的市场流通乘数效应假如是3倍的话，就等于给中国增加出21万亿元的流动性资金来。中国突然冒出这么多的资金，既是好事，也是坏事。好的方面是社会有钱了，银行可以贷出款去，可以刺激中国经济。伴随着货币量大增，自2003年开始，中国掀起了一场史无前例的经济发展和增长。最大表现是投资巨量增长。目前，中国在建项目总投资额在50万亿元左右。这是一场内外资联合作用掀起的建设和投机浪潮。

在这一期间，尽管中国政府采取了抑制货币量的种种措施，但丝毫遏制不住投机资金热钱的进入。最近几年，中国的M2增长幅度每年在18%左右，但从2006年二季度以来，中国M3的增长速度一直快于M2，这反映了与资本市场相关的金融资产(如开放式基金、非金融机构持有的债券)的快速积累，也反映出中国货币量的迅猛增加程度。过去中国M2增长率与M3增长率基本一致，但2006年二季度以来，M2和M3的增长开始大相径庭，M2增长率在逐步放缓，而M3增长率现已逼近2003年中期以来的最高水平，由此导致了中国股市大涨。

M3货币供应量是指M2加上非银行金融机构的存款(非客户保证金的部分)，以及金融机构发行的证券。换句话说，M3相当于整个银行体系(包括央行)的金融资产总和。M3的增长幅度最能真实地反映出中国货币量的充裕程度。

目前，沪深股市指数在3000点左右横盘整理，很有可能在未来一两年内再来一次冲击5000点或6000点的攻击。从房地产、股市到艺术品拍卖市场，到处可以看到热钱的泛滥。热钱这条毒蛇已经缠住中国经济的脖颈，用这句话来形容中国经济的特征，并不过分。

投资和投机拉动的经济增长已给普通消费者带来沉重负担。

这种外资的大量进入导致外资在中国GDP中的比例大幅增长。目前，估计中国GDP的40%是外资所创造的。这在任何国家都是一个危险的比例。这意味着，尽管中国经济高速增长，国内生产总值的规模不断扩大，但相当比例的发展成果流入外人之手，经济命脉有被外资控制的危险。但更加危险的是外部投机资金热钱带来的经济波动性。

由于人民币被严重低估，国内货物价格和资产价格都严重低于它们的实际价值，这就导致了一场全球性的中国大抢购。前几年，中国对美贸易每年的顺差是1000多亿美元，2009年居然达到2400亿美元，对欧盟贸易每年的顺差是1000多亿美元。如果对华贸易没有好处，欧美国家决不会从中国购买如此多的货物。

除了货物抢购，就是资产抢购，自2004年起，外资便对上海的房地产市场进行了投机和抢购，以致上海商品房价格暴涨。2005年之后，外资对中国的不动产资产购买进入了全国范围。北京、青岛、深圳等城市都成了投机资本进出的地方。

正是由于热钱的参与和炒作，中国的房价出现了老百姓难以承受的迅猛上涨。目前，房地产商品房价格基本上已经将中国的普通消费者排除在外。这种炒作最大的后果是增加了中国普通老百姓的生活成本，使国内居民的生活难度增大，不满情绪随之高涨。

然而这一波由热钱拉动的房地产价格上涨还在继续，以上海为例，近3年里，每逢推出一个天价楼盘，就会带动周边地区房价跟着上涨。像汤臣一品楼价已卖到11万元一平方米，周围的楼价迅速跟着涨到三四万元一平方米。这些天价楼盘的背后，往往都是外资开发商或海外资本在操作。

上海已成为外资进入中国房地产的桥头堡，也是外资在中国开展房地产业务最为集聚的城市之一。2009年上半年，上海的房价开始了新一轮的上涨，热钱推动此轮上海房价普涨的作用尤为明显。并且，外资已从幕后走到台前，成为上海房价上涨的真正推手。

· **热钱加速中国经济泡沫的形成**

这场由投机中国导致的经济过热目前还在蓬蓬勃勃地进行，但这场以房地产和重化工业为开场戏的经济建设存在着大量的虚假需求。以目前的房地产业来说，尽管所建起的房子大多数能卖出去，但真正能住上人的估计只有50%，空置和闲置的房屋量是巨大的。

无论是房地产业还是工业（机械制造业）都存在生产过剩的问题，都存在着投资效益的问题。北京、上海也是一样，看看北京那拔地而起的一片片高档写字楼，如果没有热钱的支撑是肯定没有这样的高速度的。

由于这场炒作和投机还没有见顶，楼盘还能卖得出去，一旦炒到一定高度，楼价下跌，房地产退烧，钢铁、水泥、化工、家电等行业也会随之退热。未来数年中国将有可能面临生产过剩的威胁。如果此时外资也趁机撤离，中国经济高增长的周期便会告一段落。由此引起的投资回报问题、银行不良贷款等问题都将会出现。中国很可能像日本当年一样出现一个长达10年的经济衰退期。

在这个经济衰退期，不仅中国将受到经济问题的困扰，还将引发人民不满及社会危机。由此带来的政治问题也会暴露出来。

未来的几年，必然是考验中国政府调控能力的年头。如果调控得当，中国可以走出困境，并借机跃上一个台阶。如果调控不当，中国可能成为又一个"失败的国家"。

·中国外汇储备正在大幅贬值和缩水

更危险的还有，那就是西方发达国家针对中国的重商主义战略采取了放松银根的货币放水政策。自20世纪90年代中期起，格林斯潘主政的美联储便增加货币发行量，这种宽松的货币政策不仅使美国的股市大涨、房价大涨，进口额和外贸赤字也大涨。中美之间的贸易赤字多年来居高不下，近10年来，中国流入美国的贸易顺差足有1万多亿美元。也就是说中国向美国额外输出了大约10万亿元人民币的实物货物，等于借给美国10万亿元人民币的贷款。

对此现象，美国人说得很轻松："我们印钞票，中国人给货物，大家都愿意。"但这种现象的背后却是真正的中国国民财富大出血。积攒下来的外汇储备仅仅是一堆钞票，或者叫财富符号，对国民生活没有任何意义。特别是由于美元日益贬值，前些年中国辛辛苦苦积攒下外汇储备正在逐渐缩水。

这就是近几年来，投机资金热钱拼命涌进中国的原因，除了想通过人民币保值增值，还有套利及在中国投机等各种企图。

如果人民币升值过快，获利后的热钱便会来个胜利大逃亡，并且使中国的外汇储备大贬值，就等于这些年中国借给国外的债权化为乌有。

·热钱导致的通货膨胀是对中国财富的劫掠

如果不调整人民币汇率，可以通过国内通胀的手段来使人民币升值。但国内通胀会导致国内经济和社会产生剧烈波动，对一个国家的发展十分不利。譬如，国内物价其实早在五六年前就在上涨了，但主要表现在房地产、艺术品等资产领域。2010年国内物价升值进入了日用消费品，使通货膨胀一下子暴露出来。前5个月通胀率达到3.8%，全年估计在4%～5%之间。

在银行存款已经完全处在负利率的情况下，城市居民将存款来了个大搬家，去年2009年5月份就从银行提出了至少5000亿元的资金，这些资金疯狂涌进股市，使沪深股市从1600多点迅速涨到3500点。

中国不发生通货膨胀是不可能的。近10年来，中国的货币供给增速平均保持在17%～18%之间，超过通胀和GDP增长率之和大约7个百分点。积攒到今天，多出来的货币总是要进行自我表现的，那就是通货膨胀。但是，通货膨胀对于普通的国民大众意味着什么？那就是破产和生活更加困窘。

中国有抵抗风险能力的家庭估计只有20%，相对有抵抗能力的占30%，完全没有抵抗能力的至少占40%。并且，据世界银行研究测算，目前中国至少有10%的家庭靠存款生活。这一数字是完全可靠的，甚至是保守的，因为中国目前的失业率在10%左右。当一个人失业之后，这个家庭就只有靠储蓄过活。

如果发生较高的通货膨胀，便可以瞬间使这样的家庭的财产化为乌有，并使他们陷入困境，由此导致的社会问题将加重社会危机。但是，这场热钱导致的通货膨胀是客观存在的，目前仅仅是刚刚开始，它今后造成的影响还远远没有展开。

无论如何，我们都要看到今天中国的通货膨胀已经不是国内原因造成的，而完全是来自外部的原因造成的，这是对中国财富的一种无声的掠夺。到那时，中国15万多亿元人民币的国外储蓄将大部分化为乌有。

·中国重要的任务：消化掉1万亿热钱

热钱是中国未来发展危机的重要原因。由热钱导致的危机的形式有两种：一是控制中国经济命运，使中国经济利益大量外流，使中国经济殖民化；二是炒作中国和做空中国，使中国经济产生剧烈波动，留下一堆烂摊子。

如果发生动荡，精英会逃亡国外，掏空中国，留下来承受苦难的只有贫困的中国大众群体。这种趋势估计将在2011年后的几年内会更清晰地显现。

在这种情况下，中国应当怎么办？那就是尽量将流动性这条美女蛇为我利用，而不是让它出笼。1万多亿美元的国际热钱，对于中国来说也是一笔巨大财富，如果利用得好，可以加快国内的经济建设，使中国经济与外资一起共舞，既让外资获利，也让中国沾光。但如果控制得不好，这条美女蛇便会咬伤中国。

因此，消化这1万多亿美元的国际热钱，是中国今后的重大任务。要让这批资金在中国国内切实发挥良性效应，而遏制其投机性的兴风作浪。

这是中国在向全球化进军路程中面临的严峻考验，由于中国不掌握货币发行权，由于当今世界的主导货币是美元，因此，中国越是开放市场，国民财富和资源流失的风险就越大。然而，政府有关部门对这种危险性并不清楚，反而盲目地寄希望于外部资源，将中国发展的希望过分寄托在借助外力和对外开放上面，但所付出和损失的要比所得到的大得多，因此中国要避免得不偿失的快速发展。

3. 监控热钱：谨防金融大鳄做空中国经济

目前，中国正处于严厉打压房地产泡沫的敏感期，国际热钱伺机战略做空中国，对中国经济构成潜在威胁，增加了中国经济的不确定性。因此，关注国际热钱唱空中国经济的主体、依据、途径、后果，尤其必要。

·不断升级的"唱空中国"

唱空中国的声音早已有之，数年前就有"中国经济崩溃论"，但是中国经济数年来一路高歌，使得"崩溃论"不打自灭，中国金融界对此论调早已淡然处之。但需要指出的是，这一次的唱空与以往的情形十分不同，具体表现为"四大质变"：一是唱空的主体发生了质变，从以往的无名小卒升级为热钱总指挥高盛和摩根士丹利；二是唱空力度发生了质变，从以往的独唱升级为热钱阵营大合唱，从边缘的角色升级为主流角色；三是做空思路发生了质变，从以往的零散片面转变为目前的系统严谨；四是做空发生了阶段性质变，以往的做空只是对未来的构思，此次则是十分现实的做空行动，参与做空交易者已经"十分拥挤"。

最初的唱空者是对冲基金，他们纷纷发布报告表达对中国经济的悲观预期。

英国对冲基金经理人休·亨德利宣称押注中国信用泡沫将破灭，造成经济萎缩，进而引发全球危机，其旗下资产管理公司已在国际市场买进20家公司的选择权。如果中国经济增长崩溃，这些选择权就能获利近5亿美元。

知名对冲基金管理者詹姆斯·查诺斯在2010年1月抛出观点，认为"中国飙涨的房地产市场，是靠投机性资金撑起来的泡沫，相当于1000个以上的迪拜"。查诺斯是对冲基金Kynikos Associates的创始人，曾在2001年以前准确预言了安然泡沫，并通过做空安然，获得了巨额收益和声望。

另外一个影响较大的是对冲基金公司Pivot发布了《走向未知领域的大跃进》的报告，依据中国自1998年以来12年的投资周期数据，分析了在基建、制造业与房地产领域的产能与需求现状，认为中国投资拉动型的经济增长低效而不可持续。

紧随对冲基金之后的是一批欧美经济学家，也加入唱空中国的队伍，对中国的改革发展产生了显著的负面影响。

哈佛大学教授肯尼思·罗格夫于2010年2月指出，10年内中国靠举债助长的泡沫破灭后，将引发区域经济衰退。花旗经济分析师Willem Buiter和沈明高预测，中国泡沫可能在一年内或三年内破灭，届时将陷入衰退的困境。

纽约大学教授鲁比尼接受彭博电视台采访时说："中国经济过热。中国应该逐步收紧货币政策，提高利率，并让人民币升值。但中国行动相当迟缓，没有尽快行动。"

因成功预测亚洲金融危机而闻名的麦嘉华也发出了同样警告，他在前几年还一直看好中国房地产投资，但最近指出："市场告诉你事情不太对劲。不论如何中国的经济将会趋缓。这个在未来很短的时间内就可能体现，甚至崩溃的几率也在增加。"

其中最为骇人听闻的是美国西北大学中国问题专家史宗瀚，他认为2004年~2009年底地方政府负债额达到11万亿元，这比国内五六万亿元的估计要高出一倍，并称2010中国政府累计负债或许会达到GDP的96%。最糟糕的情况是，会在2012年左右爆发相当大规模的金融危机。这份报告发表后，立即在国际社会引发了不小的震动，国际上对中国的态度顿时变得狐疑不定。如果中国政府的负债水平果真这么高，会不会爆发类似于希腊的主权债务危机呢？

·**唱空狂潮引发做空高潮**

唱空中国发生真正质变的标志，是国际投机资本领袖高盛和摩根士丹利的参与。高盛和摩根士丹利历来是制造局部金融危机的主力部队，也是国际热钱流动的指挥棒，一旦这根指挥棒挥舞着要做空中国，对中国经济产生的严重冲击将十分严重而深远，这一点中国的决策层不可不察。

据著名杂志《经济学人》披露，2010年4月高盛发表了一份关于如何对冲经济下滑的报告，尝试着曲线远程做空中国。通过一些战略布局，高盛（包含其客户）能够从中国经济的下行中获得杠杆收益。该杂志如此转述其内容："高盛关注购买以下金融产品：与中国关系紧密的香港和记黄埔电信公司的信用违约掉期，一项亚洲（不包括日本）信用违约掉期的指数，从澳元、高盛的大宗商品指数和恒生中国企业指数（此指数由中国在港股上市的公司组成）下跌而获利的组合期权。"这些都是高杠杆的衍生品，也都是高盛运用最娴熟的看家本领。

然而，极为巧合、极为让人诧异的是，同在2010年4月份，摩根士丹利也发布了一份内容相近的报告，上面注有"高度机密"的字样。报告主题是：如果中国经济出现下行风险，如何从中获利？据《经济学人》披露，摩根士丹利设计的赢利方案是：投资者应该买入互换和期权，从而在韩国和澳大利亚通过降息提振需求的过程中获利，建议投资者买入原油、铜和大豆的虚值看跌期权，因为中国经济增长放缓会导致对这些商品的需求降低。

与此同时，全球主要评级公司惠誉对中国的态度似乎也发生了质变，它一再强调中国银行（601988）的风险非常高，中国可能会被巨额不良贷款拖垮。其态度之悲观清晰可见，动摇了不少投资者对中国的乐观判断和坚定信心。惠誉报告认为，中国很多银行把贷款重新打包，出售给散户投资者、信托公司和企业，"卖出贷款的银行承诺在未来某个时候回购贷款，在这种情况下，贷款可能不会出现在卖方或买方的财务报表中"。通过把贷款放在账外，银行得以让贷款增长率符合政府设定的限制之内。2010年上半年，中国央行公布的信贷额度是4.6万亿元，但惠誉认为还存在1.3万亿元的表外信贷，这使得真实信贷规模被低估了28%，可见表外业务对中国构成的风险相当之大。

唱空高潮引发做空高潮，国际热钱正在通过交易所交易基金（ETF）卖空中国股市，卖空比例创逾两年来新高。彭博的交易数据显示，2010年5月4日Ishares安硕新华富时中国A50指数ETF卖空比例占总成交量的39%，创2008年2月19日以来新高。

·"曲线做空中国"是重要手段

由于中国实行严格的金融管制，缺乏做空的金融产品，国际热钱直接做空中国经济难度很大，因此它们试图以"曲线做空中国"的方式获得利益。根据高盛和摩根士丹利做空中国经济的方案，它们选择与中国经济联系最为密切的国家进行做空，并最终把焦点锁定在韩国和澳大利亚。

关于做空工具的选择，一是韩元和澳元的衍生品。中国经济的繁荣伴随着澳元和韩元的走强，这是资本持续流入亚洲所致。中国经济一旦出现问题，伴随经济衰退的必将是资本撤离亚洲，从而导致韩元、澳元的大幅下跌。因此，如果中国经济出现问题，热钱则可以通过做空韩元、澳元获得杠杆利益。

二是石油、铜和大豆的衍生品。目前中国消费量占全球的比例，石油约占10%，铜占40%以上，大豆占20%以上。如果看2005年—2009年的增量数据，就更加说明问题。在这五年中，对于全球需求增加，中国的贡献度分别是：石油260%、铜240%、大豆57%。可见，中国需求是这三种商品的绝对支撑。所以，如果中国的经济出了问题，这三种商品价格必然失去支撑下行，热钱也可以通过做空获利。

三是五个股票指数衍生品。HSI香港恒生指数、HSCEI香港恒生中国国企指数、KOSPI韩国股票指数、AS200澳大利亚股票200指数、Ishares安硕新华富时中国A50指数ETF。

四是看跌澳大利亚和韩国的利率。在交易中，支付给对手方浮动利率，自身获得一个较高的固定利率。其原理是什么呢？以澳大利亚的利率为例。目前澳大利亚在全球率先进入加息周期，但是中国经济一旦放缓，澳大利亚经济必然不景气，加息周期就会被打破，反而进入一个降息周期，来刺激经济的增长。所以，投资者可以参与利率互换，收到一个固定的当前利率，支付给对方一个浮动的利率。等澳大利亚需要降息以刺激经济的时候，浮动利率会降得很低，从而实现获利。

五是做空中国经济相关的CDS（信用违约掉期）。这是一项十分具有杀伤力的金融武器，曾经把雷曼、AIG击垮，把欧元区搞得难以招架，现在已经针对中国使用，需要引起高度关注。具体包括：与中国关系紧密的香港和记黄埔电信公司的CDS、亚洲信用违约掉期的指数（不包括日本）、中国主权债务CDS。

·对可能出现的后果须格外警惕

如果中国经济增长出现较大波折，华尔街投行顺势启动做空方案，将会给中国经济带来相当有杀伤力的影响。具体而言，有六大影响。

一是中国持续吸引资本流入的趋势可能发生逆转。亚洲金融危机期间印尼、马来西亚等多国均有此遭遇，从资本大流入突变为资本大撤出。从事实来看，国际资本对中国的态度已经由原来的充满信心变得狐疑不定。

二是中国的房地产泡沫会陷入深度破裂。房地产一度是国际热钱投机中国的重要领域，但是现在热钱对房地产的态度已经发生了质变，泡沫必将破裂已是共识，摩根大通、摩根士丹利、德意志银行、高盛、野村证券近期频繁地向客户发布报告传达这个观点。

三是大宗商品大幅回调。尤其是铜、石油和大豆三类商品，属于热钱做空的重要阵地，必将遭遇严重的下跌。

四是外汇储备快速消耗，甚至可能出现兑换困难。中国外汇储备虽然很大，但是现金头寸很少，大部分是长期债券头寸，无法迅速大规模变现。热钱集中流出的话，中国很可能在兑换上出现紧张局面。

五是人民币贬值压力急遽升高。虽然当前普遍预期人民币会升值，但是需要高度警惕的是，人民币升值是热钱最大的期待，升值之后随即撤出，直接导致持续升值预期的破灭和大幅贬值的压力。央行货币政策委员周其仁近期已经反复表达了人民币升值转化为贬值的极大可能性。

六是热钱从股市和楼市的撤出，洗劫中国中产阶级的财富，居民财富缩水效应反过来使得长期不振的内需更加疲软，中国转变增长模式的努力也可能被迫中断。

4. 热钱威胁中国经济稳定，中国政府左右两难

为赚取国家间汇率差等利润，在国际金融市场上流动的热钱具有短期内大量流动的特点。通常它们会进入金融市场不稳定或社会动荡等容易被投机资本操纵的国家。问题在于短期内大量涌入的热钱同样会在日后迅速撤离。此时，汇率会急剧变化，金融公司和企业将面临外汇（主要是美元）不足的局面，使国家经济受到重创。

热钱大量流入中国，首先会严重冲击中国经济的发展。近几年大量热钱以隐蔽的方式流入中国，为寻求高额利润四处流窜，主要攻击目标是国内房地产市场、股市、债市和期货市场等，对经济健康发展是一

种不可忽视的威胁。近年来，国内房市楼价脱离实际价值飚升，与热钱不无联系。期货市场中燃料油、煤炭、钢材、期铜等价格的大幅涨跌波动，也明显可见热钱的身影。但热钱终究不是有效资本，进入中国就是为了牟取暴利，撤走之后将会引发股市、楼市大跌，增加了国内金融市场的不稳定性。

如今，饱受通货膨胀压力的中国经济又面临着大量热钱涌入的危机。受此影响，目前中国经济亮起了红灯。热钱的流入会使货币供应量急速增加，加重通货膨胀的态势。此后，如果热钱再大量撤退，则将引起外汇和金融市场的动荡等，整个经济体系将遭受重创。

中国的外汇储备在2010年达到了2.4万亿美元，其中1万多亿美元属于热钱。也就是说，比起贸易收支顺差或外国人直接投资的增加引起的外汇流入，投机性短期资本对中国的影响更大。

不过对于中国而言，悲剧性的是，热钱流入中国的趋势有望持续下去。原因是，中国的存款利率比美国高出2个百分点，加上人民币极有可能继续升值。

Weekly BIZ 对国际热钱流入中国的现状和原因进行了深层分析，同时，还就在人民币强势下的最佳理财方式进行了研究。

目前，在中国来路不明的热钱如同泄洪的潮水般涌动。据推测，2010年前5个月期间，就有超过3000亿美元的热钱流入到中国。

热钱给中国经济带来极大的负荷，因国际热钱的急剧流入，中国的货币供应量也随之增加，已达到了通过发行债券都难以吸收的程度。

一般而言，热钱在短时间内急速流入，会突然增加货币供应量、刺激物价，给百姓生活带来不利影响。相反，投机势力实现赢利后，便会像退潮般一次性流出。将来中国政府在调整经济的过程中，中国经济有可能变得不稳定。如果，在这个时期热钱急速撤退，中国经济将会出现严重的危机。

要控制骤涨的物价，就需要提高利率，然而中国政府无法果断地提升利率，其原因也就在于国际热钱。因为，利率上涨后，热钱的流入将会更加加速。13年前在韩国和泰国也曾发生过因美元一下子同时撤退而陷入金融危机的情况。难道中国会重蹈覆辙吗？

中国国家外汇管理局(SAFE)为管制热钱，决定开始调查出口企业的外汇获取途径是否为正常贸易。今后出口企业的销售收入必须进入特别账户，由外汇管理局判断是否为正常贸易收入，以阻止热钱假借贸易流入境内。

但中国政府的这一举措的实际效果又是如何呢？实际上这项措施难以甄别是否是正常贸易，这只是权宜之计。因为实际上是投机资金还是贸易收入，很难从发票之类的单据上加以区分。而且这只会加重出口企业的负担，而不会对热钱奏效。

如此巨额的热钱流入通常会进入股市和不动产市场，造成资产的膨胀。然而，中国股市在2008年10月创下历史新高后持续下跌，现在跌幅已超过了一半。

2010年房改以来，上海等大城市的房地产市场价格也开始下跌，深圳房价比巅峰时期下跌了10%。

2010年初以来人民币对美元升值达到6%。也就是说，年初在人民币账户存入的热钱可以获得8%的利息。

中国政府和经济学家担心现在悄无声息的热钱有朝一日会突然蹦出来，引发像1997年那样席卷亚洲的经济危机。

比如，在北京奥运会过后，当全世界对中国的关注减弱时，在人民币升值告一段落时，或者在美国克服了次贷危机，开始为遏制通货膨胀而提高利率时，过分膨胀的热钱有可能在一夜间流入美国和欧洲。

这样一来，中国的股市和不动产市场就会遭受毁灭性的打击，从而导致社会上的不稳定。届时，人民币汇率暴跌，中国企业和不动产被外资大肆收购，中国经济会像日本泡沫经济崩溃后一样长期低迷，这的确是一场噩梦。

5. 中国制造企业因贪婪而落入热钱设下的各种陷阱

热钱投机军团在完成金融市场的四面设伏，令被猎者无路可逃之后，最核心的战略目标就是要摧毁中国的"世界工厂"的竞争力，瓦解国人乃至世界对"中国制造"竞争力的信心，从而使宏观经济和股市变成一个巨大的陷阱，让中国的羊群自己跳下去摔断腿脚，进而束手就擒。

在这里，我不想主观臆断热钱军团会怎么做，而是罗列一下在过去两三年中，有多少种力量在不断削弱"中国制造"的竞争力和生存空间，就像在冰层上，有人不断削薄"中国制造"脚下的冰层，终于会有一天冰面碎裂，"中国制造"会掉进冰窟窿中。

人民币升值。其在削弱"中国制造"赢利和生存能力有效性的排行榜上名列首位。自2005年7月21日人民币汇改至2008年6月初，人民币对美元已经升值了20%，由于中国企业的同业恶性竞争相当严重，具有垄断和相对垄断地位的行业龙头企业尚未形成，劳动密集型产品的国际替代程度高，中国企业无法与欧美垄断而成熟的销售商博弈，不得不承受了主要的人民币升值的成本。本来中国的出口企业利润率就非常菲薄，往往在3%～5%之间，尽管这些企业可以通过内部挖潜消化一部分成本，但是高达近20%的刚性成本无疑让企业家望而生畏。

劳动力和土地价格大幅上涨。随着国际热钱与国内热钱近几年大规模联手炒作房地产，国内房价在东南沿海地区，少则上涨了一两倍，多则上涨了五六倍，不仅企业的用地成本大幅上升，劳动者住房成本也明显上升，这就转化为劳动力价格的上涨。加上近几年，各地不断提高劳动者收入的最低保障水平，2008年1月新《劳动合同法》实施，又增加了企业约15%～20%的人力成本，折合企业总成本大约在3%～5%左右。需要声明的是，对于提高中国劳动保障水平和劳动者收入的做法，我举双手赞成，但客观上它增加了企业的经营压力，与人民币大幅升值等一系列负面影响在时间上太集中了。

过去几年中，出口退税的减少和取消，直接扣除了不少出口导向型企业的利润。另外，所谓西方对中国企业发起的反倾销、特别保护等都在增加中国制造业的成本，削减中国制造业的利润；国际海运费用增加也在变相剥夺"中国制造"的利润。

一方面是中国工商业的企业家感受到市场空间越来越小，竞争压力越来越大，经营越来越难做，利润越来越薄，甚至亏损越来越多；另一方面，2006年～2007年度，股市和房地产市场一片疯狂，暴富神话一浪接着一浪地刺激着国人的贪婪欲望。越来越多的企业家终于无法忍受这种极大的诱惑，开始将大量本应投资实业的资本转战到资本市场，去炒股票和房地产，这不仅严重削弱了这些企业的可持续发展能力，而且将自己主动地送进了热钱挖下的金融市场陷阱之中。甚至连中国制造业中最具代表性的企业，如灯具业的老大佛山照明、西服业的一哥雅戈尔都未能免俗。

微薄的制造业利润让当地资本纷纷"脱离苦海"，投身因热钱炒作而变得异常火热的房市和股市。就以中国民营制造业较为优秀的温州市为例，看看这些之前的制造企业现在都在干些什么。

"现在做企业太累，没啥钱赚，烟具行业的企业普遍反映比较难做。"一个温州做打火机的老板如是说道。这位打火机企业的老板，由于打火机生意不景气，几年前就在经营打火机之余，开始向房地产业发展。

现在，温州老板所找项目主要集中在房地产领域。"大企业造楼、小企业炒房"，这已成为温州制造企业"群体性不务正业"的不争事实。

最近发布的"2010温州市百强企业"中，除2家房地产公司和6家建筑公司外，其他40多家制造业企业无一不涉足了房地产开发，包括康奈、奥康、报喜鸟等知名制造业企业。据了解，由制造业企业抱团成立的大型房地产开发公司，目前温州至少有7家，每家资金规模都超过30亿元。

在实业资本的助推下，温州房价、地价一路走高。温州大型中介天浩置业数据显示，2010年5月~8月份温州市区商品住房成交均价约为2.8万元/平方米，位于全国各大城市之首。

温州很多之前的制造企业都转移到外省市开发房地产、建高科技项目，也有不少资金在买楼、开矿等。把企业作为融资平台，以此获得大量银行贷款，转而投资房地产等行业，这种现象在温州比较普遍。一家年产值1亿元左右的企业，居然能获得银行总授信10亿元！

在宽松货币政策下，各银行为抢夺贷款市场份额，使一些制造企业融资渠道增多、负债过重，超过了其实际承受能力，如有些企业负债总额竟超过了其年产值规模。

温州当地房价赶超京沪深等一线城市，正是民间资本这种逐利趋向的一个结果。但毫无疑问，温州经济无法通过炒房、炒股实现转型升级。

对于温州的制造工业来说，这是非常危险的一个信号。由温州人主导的炒楼等一系列投机生意，不仅吸引了巨量的民间资本，也吸引了为数不少的工业资本转移，导致了温州本土经济增长潜力下降。金融、投资应该建立在强大实业基础上，而温州恰恰反其道而行，这将导致产业的空心化和资金的热钱化。

如果有一天，温州这些原本用做生产的民营资金遭遇热钱设下的陷阱，导致大面积亏损或被热钱套走，那么温州的经济又将何去何从？这值得我们每一个人深思。

6. 房地产和股市成为热钱猎物，中国经济面临巨大尴尬

当前中国实体经济仍处于回暖恢复期，尚未完全摆脱国际金融危机的影响。新一轮房地产泡沫，从外部环境来看，在很大程度上可被视为这一场金融危机之"赐"。中国这个"世界工厂"一旦失去足够的外需支撑，其内部资本必然要另择途径，这时，房地产又一次成为热钱的猎物，境外炒家也随风而至。

继2006年~2007年的那一轮房地产泡沫之后，当前国内一些大城市的房地产市场，又以令人瞠目结舌的房价新高，制造了更为可观的资本泡沫。

人们还记得2007年10月之后，深圳房价整体下跌超过30%的那场泡沫蒸发，大批炒房客沦为"裸泳者"，楼市震荡令人心悸。

如今，深圳又成为新一轮泡沫的领跑者。2009年9月，深圳新房成交均价达到创纪录的20940元/平方米，较深圳官方公布的2月份10770元/平方米的低点，上涨94%，7个月内房价几近翻番。

上海、南宁、长春等一些大中城市不甘落后，房价同样创出新高。各大城市传来的信息表明，迅速蹿升的房价有可能脱离了中国经济的基本面，对此须保持高度警惕，并采取积极的应对之策。

·脱离经济基本面之嫌

北京、广州、杭州等热点城市的房价经过2010年以来的几轮飙升，

目前也处于非常高的位置，离历史最高峰仅仅一步之遥。根据广州市国土房管局的统计，2009年7月广州全市十区一手住宅成交均价涨至10004元/平方米。地产界人士认为，广州未来楼价很有可能突破2007年11000元/平方米的房价最高峰。

这些城市的房价有脱离经济基本面之嫌。首先，目前中国经济还处于复苏阶段，并未全面回暖，上半年GDP增长7.1%，而房价的增幅远远大于GDP的增长，呈现过热势头。比如，与今年1月的房价相比，8月深圳房价上涨64.3%，而现在深圳的出口、制造业等都很困难，没有从危机中摆脱出来，整体经济形势很难支撑其如此高涨的楼市。

其次，这些房价创出新高的城市，成交量普遍出现较大幅度萎缩。数据显示，8月深圳新房成交套数、面积分别为4114套、38.6万平方米，环比分别下降了约20%和25%，延续了2009年5月以来的下滑走势。8月，深圳市福田区更是出现了破天荒的15天零成交。

北京房地产交易管理网统计数据显示，8月期房网上签约套数为16015套，环比降6%，期房住宅签约套数为11817套，环比降8%。成交量的萎缩表明购房者开始认为房价过高，陷入观望。

·国企大规模制造"地王"

在房价逆势上涨之时，多个城市土地拍卖中频频出现国企制造新"地王"现象，地价纷纷超过2007年的历史最高位。大规模出现的地价新纪录不仅短期内会拉动周边房价上涨，在未来多年内还会因自身成本过高而不断刷新房价纪录，应引起政府足够重视。

业内流传国家4万亿投资计划中，有2万亿经过国企下属的房地产公司流入了土地市场。一些国企拿地不计成本，2009年拍出的新"地王"可能会导致未来5年~8年内房价成本居高不下。民营企业经过2007年的泡沫后拿地普遍比较理智。其实国土部门并不希望土地价格越高越好，那样只会拖累一个区域房地产的健康发展。

·新一轮房地股融资扩张

2009年的土地市场像2007年一样"地王"频出，"北京地王"、"上海地王"、"深圳地王"、"广州地王"……一路刷新历史纪录。

但有所不同的是，2009年央企手里钱多，而2007年是民企上市公司唱主角。

2010年6月30日，中化方兴以40.6亿元竞得北京广渠门一地块，成为北京"地王"；9月10日，中海地产以70.06亿夺下了上海长风地块，平均楼面价为2.24093万元/平方米，一举夺下"中国地王"称号，这比华润置地以35亿在嘉定刚刚创造的地王价整整翻了一倍。

同样在9月10日，两家国企招商地产和深圳华侨城联手，以5.3亿总价拍得深圳宝安尖岗山一块居住用地。该块地以楼面价为1.89万元/平方米成交，刷新纪录，成为深圳新"地王"。

国企四处购地、一掷亿金的同时，引发上市房地产企业快速跟进，股市上出现新一轮融资扩张。保利地产近期融资78亿元，金地集团也完成股市融资40亿，万科112亿增发计划刚刚通过股东大会，绿城也有相应融资计划。9月22日，民企再度创造"地王"，杭州绿城集团首次进军苏州，便以61亿的天价拿下了苏州金鸡湖大道沿线两个地块。其中以36亿的总价拍得6号地块，楼面价2.8057万元/平方米，预计该地楼盘价格将突破5万元/平方米，成为江苏新"地王"。

· 高地价→高股价→更高地价

中国许多城市的房价出现了"跳跃式上涨"，迅猛的涨势是难以维持的，这也表明市场没有进入健康的循环。"地王"频出不是好现象，除了制造房价上涨外，过多的资金沉淀在房地产业对宏观经济的损害很大。

土地市场和房地产市场都有潜规则在内。国有企业不怕地价高，因为资产在账上，拿到地就可以再去融资再去搞项目，这里亏损那里能赚回来。

上市公司需要相应的业绩来维持股价，反过来又迫使开发商以更高的价格去追逐更多的土地。房地产上市公司进入一种"高地价→高股价→更高地价"的恶性循环。国企现在不差钱，上市公司可以圈股民的钱，但是地价和房价高企带来的巨大系统风险最终要金融机构和股民承担，最终埋单的是老百姓。

·住房租售比超过400倍

中国的房价收入比是发达国家的3～6倍，住房租售比(每平方米使用面积的月租金与每平方米建筑面积的房价之间的比值)超过400倍，而国际上公认的正常范围为200～300倍。目前，上海市已有13家楼盘销售价格突破10万元/平方米，周边杭州、苏州、南京等城市价格达到3万元/平方米以上的项目比比皆是。这些都反映出房地产泡沫的严重程度。

比泡沫本身更严重的，是中国缺少抑制泡沫膨胀的有效机制和社会动力。抑制房地产泡沫主要依靠政府对市场投机活动的抑制，新加坡、英国、瑞典等国均有卓有成效的措施抑制房价。中国一些地方片面理解"增加居民财产性收入"的政策，鼓励居民直接进行住房投资，将房地产作为社会投机工具使用，推高房价遂成为地方政府增加非税收入的基本途径，因而抑制房地产泡沫就一直缺少出台相关政策的社会动力，导致1993年、2006年~2007年、2009年出现周期性的房地产泡沫。

资产泡沫总会破裂的，世界各国概莫能外。从美国发生的互联网泡沫和房地产泡沫情况来看，泡沫持续的时间往往比人们预想的要长，但泡沫破裂的速度远远快于人们的预期。当前经济尚未企稳，全球经济还在萧条期的情况下资产泡沫膨胀，对中国而言绝非福音。泡沫加速膨胀后一旦货币政策调整、社会预期改变，泡沫随时可能破裂，将动摇市场信心，而居民财富损失和金融机构资产损失都会严重影响经济复苏。

·触动贫富差距敏感神经

房价这种逆势创新高的走势，必然会对民生的改善产生较大挤压，这可能会进一步触动贫富差距这根敏感神经。特别是近期豪宅热销、炫富式的广告、动辄几万元的售价、富裕阶层一次几千万地出手，可能会造成社会弱势群体的反感，这种动向尤其值得关注。

从目前的情况看，国家有关部门应该进一步加强二套房贷的监管，防止银行呆账坏账增加；同时，应该在全国范围加强房地产市场秩序的整顿，打击投机炒作风潮，加大保障性住房建设力度，增加维稳工作针对性，让房地产行业在发挥保增长作用的同时，着力改善民生，切实维护社会的和谐稳定。

垄断行业及上市公司以一掷千金之势制造着一个又一个"地王"，将"高地价→高股价→更高地价"的故事演绎至极，其背后是中国经济的巨大尴尬：当这个国家已拥有足够的金融资本，无须像十多年前那样苦求外资相助的时候，它是否有能力把钱用到安全的地方？

以中国经济目前的发展阶段来看，房地产业在今后较长时间内，仍拥有巨大增长空间。国际国内的经验告诉我们，一个健康的房地产市场不是靠投机拉动的。住房虽具有资本属性，但它更是人民大众遮风避雨、安身立命的场所，一个文明的社会必须为公民最为基本的住房需求提供"免于匮乏的自由"。在这方面，发达国家已探索出一条金融政策路径：将保障性住房设计成一个能够大规模吸纳流动性，并提供稳定回报的中长期投资品。这个思路必须进入决策者的视野。

7. 楼市"热钱"大转移，一线城市成交量急挫，二三线城市活跃

包括北京、上海、广州在内的一线城市，由于投资需求受到抑制，2010年楼市成交量急剧下滑。不过，与此同时，大量热钱流向二三线城市，尤其是具有炒作概念的城市，使得包括海南、珠海在内的个别市场泡沫再现。

自2009年12月开始，国家多次出台措施调控房地产市场。一系列组合拳的出击，正使国内房地产市场发生重大的转变。在广州、上海、深圳等一线城市，房地产调控政策已经显示出威力，热钱逐步撤离一线城市，转向二三线城市。

二三线城市的房地产市场相比一线城市有一个巨大的差异，就是人口总数小、人均居住面积大，且外来人口涌入速度较慢。即使差异化房贷政策没有限制中小城市的第三套房购买，但终究成本较高，靠本地人群的购买力去推动房价上涨效果有限。

而与此同时，一线城市居民富裕阶层多在本城置业多处，在严格执行房贷政策的情况下也难跨城购房，且跨城市购买房产麻烦多，二三线城市的外来购房需求将大大受限，这也会导致房屋价格上涨空间有限，毕竟"击鼓传花"的游戏需要有不断涌现的下家才能玩下去。

在广州，首付最低两成、利率最低七折的优惠政策取消，对市场影响很大。1月本来就是房地产市场的淡季，往年，该公司1月成交要比前一年12月高峰期减少一半左右，但2010年1月前两周，成交环比少了60%~70%，以往二套房和首套房的成交大致各占一半，但1月前两周其业务中二套房占比只有10%左右。

而一手市场方面，据数据监控，"国十一条"出台半个月后，广州一手住宅成交出现价量齐跌趋势。2010年1月1日—24日，广州网签成交4749套，同比下跌14%，环比回落16%。

由于目前市场投资品种很少，特别是二手房业主不急于出售，也不愿意降价，而由于受到春节假期、楼市调整预期等因素影响，买家现在也不急于出手，因此，导致目前广州二手楼市基本上是有价无市。

二三线市场可能会在未来出现一种奇特的景观：土地价格不断攀升，向一线城市逐步靠拢，而房屋价格却缓慢上涨，甚至在一定时候停滞不前，洼地能否抬升至平地，只怕遥遥无期。

2010年国家密集出台调控政策，很多大城市交易量急剧下降，其监控结果表明，目前在一线城市，房地产市场有价无市的情况非常严重，二线城市成交量保持平稳，三线城市交投还比较活跃。二三线城市楼市的炒作资金，尤其是海南这些爆炒概念的资金，主要来自热钱。

除了购房团大幅扑向海南，参与圈地建房的资金更是提前"潜伏"。根据海南省浙江商会的统计数据，海南国际旅游岛获批之前，就有十万浙商进驻海南，仅注册资本就达到百亿元。其中，市场占有份额高的耀江集团、吉利集团、国都控股、中凯企业、广厦集团、美都控股、二轻集团等开发企业都来自浙江。

珠海的情况和海南大同小异。据有关方面透露的数据，珠海接近94%的本地居民有自己的住房，30%以上的本地居民甚至有两套或以上的住房，2009年以来炒作珠海楼市的资金，大部分来自外地。据珠海市统计局透露的消息，2009年珠海楼市资金一半左右来自外地，其中大约20%左右来自浙江。

多数业界人士认为，目前城镇化建设加速将为二三线城市提供投资商机。一线城市僵持阶段将会持续，缓慢周转使普通住宅开发失去吸引力。而二三线城市供应不受限、需求增长、政策支持，将成市场资金角逐的"战场"。

不过，也必须看到最近时期和以往房地产市场价格链条的差异。以往不控制住房购买甚至鼓励住房购买时，住房需求的旺盛，带来了整个产业链条的繁荣。而最近一段时间，由于房贷政策的收紧，购房需求全线趋冷，房价上涨有限，而土地市场断裂为一个孤立上涨的市场，由开发商寻求安全的资金自我推动，同时苦等"春天"的到来，期盼洼地也能抬升。

只有地价开花，没有房价结果，花儿开过也就谢了，二三线城市单边土地市场的繁荣想来也不会持续太久。如果当前的房贷收紧政策不变，住房需求持续不旺，这种猜测就可能成为现实。最终的可能性是，当前大价钱拿下的土地由于住房销售的冷淡，会砸在手里，不得不被动囤积下去，等待下一次井喷。到时候再查闲置土地，二三线城市可能会成为闲置重灾区。

8. 中国房地产低迷，热钱转入商业地产

正当住宅市场房价被抑制时，商业地产的楼价却在不断上升。政府出台调控政策后，投资黄金地带的住宅市场开始冷却。大批热钱转而涌入处于调控真空地带的商业地产。

住宅市场遇冷，商业地产却在不断升温，这让以住宅市场为主的地产商的神经受到极大刺激。与住宅市场的一次性收益不同，商业地产具有长期收益的效果，尽管四五十年的使用权限比普通住宅的短，但它的增值效应可以忽略少几十年使用权。

另外，商业地产本身物业会随着经济的发展、交通的完善逐渐增值，而商业流通经营也可以给开发商带来丰厚的利润，同时，商业运营和房地产开发本身还对开发商的品牌是一种有效的宣传。

2010年3月，全国70个大中城市房价再创新高，呈现量价齐涨的局面，并向二三线城市传导和蔓延。4月17日，国务院发布《关于坚决遏制部分城市房价过快上涨的通知》，此次新政的关键指向是住宅市场，目的在于抑制全国性住宅价格的过快上涨和平抑房价；新"国十条"限制

银行对第三套房和外地购房者发放住宅按揭贷款，但对商业地产并没有明确作出同样的限制。住宅市场的投资受到抑制，销售价格及成交量明显下降，北京、上海等一线城市2010年5月份的商品房签约量较2010年4月份均出现70%以上的巨大降幅。

据业内统计，超过千亿元的热钱已经离开了住宅的炒卖市场。

因4月楼市新政对二套房的首付比例提高到50%，与商业地产持平，不少热钱纷纷转向，把目光投向了商业地产领域。热钱流向出现"转舵"迹象，主要去向是商业、写字楼市场，其中深圳市场表现尤其明显。但投资住宅市场的资金能否持续流入商业地产市场，目前尚未有定论。

据中原地产监测，4月适逢传统房地产销售旺季，写字楼供求量均出现大幅度放大。北京、上海、深圳、广州四大一线城市4月写字楼新增供应面积约50.09万平方米，环比大幅度增长181.90%；销售面积62.70万平方米，环比增长72.43%，供求比是1：0.8。其中新增供应量最大的是北京和上海，环比增幅均超过100%，供应面积分别为13.10万平方米和30.17万平方米；成交方面，北京、深圳销售面积环比均超过100%。北京、上海、广州、深圳4月写字楼销售均价每平方米分别为22173元、28530元、16674元、28156元，其中北京写字楼价格创出一年来新高。

写字楼市场租赁方面，各大城市租赁市场在过去一个月的基础上继续回暖，租金环比上涨明显。北京、上海、广州、深圳甲级写字楼租金的涨幅分别为2.21%、1.71%、2.06%、3.64%；准甲级写字楼租金涨幅平均达到4%左右。

住宅市场成交量4月呈现大幅回落之势。随着各地的细则纷纷出台，成交萎缩将成为持续状态，而商业地产则乘此机会走出了独立行情，成为受益者。

9. 热钱操纵股指期货，没有到达不了的领域

自2010年4月中旬至今，A股已暴跌20%以上。其下跌的速度之快，出乎投资者和机构的意料。一些市场声音认为，这都是股指期货惹的祸。

与此同时，中国政府最近决定，允许合格境外机构投资者(QFII)进入

股指期货市场。这两种因素叠加到一起，引发了财经学术界对"热钱是否操控国内股市"的隐忧。

2010年，中国正式进入股指期货时代，中国要想增强宏观经济的调控能力，就不能允许国际热钱轻易操控股指期货。

自2010年4月16日推出股指期货后，至5月21日，A股上证指数最大跌幅达到21.4%，国内A股已经蒸发了4万亿元人民币的财富效应——这个数字与中国4万亿元救市资金的额度相同。

股市大跌导致国民财产性收入锐减，内需衰退，相当可能让遏制房地产泡沫的调控半途而废。对此，我们需要采取有保有压的对策，即保股市、压楼市——在继续促使楼市可控回调的同时，有效遏制A股继续大幅下跌。为此，就必须削弱国际热钱通过操控股指期货做空中国的基础，维护A股市场的基本稳定。

·中国已丧失了对A股市场的控制权

在股指期货推出之前，无论是监管层还是专家，都纷纷把股指期货视为稳定股市、防止A股大起大落的有效武器。A股出乎意料地下跌如此急促且惨烈的背后，证明股指期货被某种力量操纵了。

事实已经证明，在股指期货推出之后的一个多月里，中国本土力量(包括政府、券商、公募基金等国有控制力量)已丧失了对A股市场的控制权。

理由如下：

(1) A股下跌如此急促而惨烈，出乎绝大多数国内投资者的预期；

(2) 在股指期货推出后，其助跌效应是内地大多数机构没有预料到的，此前它们普遍认为：推出股指期货对中国股市有重要稳定作用，有利于改变股价暴涨暴跌现象。现实却恰恰相反。

(3) 股指期货的交易量惊人。沪深300指数基本保持了对上证指数提前2分钟的引导权。

·求证操纵股指期货者的幕后黑手

那么，是何种力量在主导股指期货呢？从参与者的角度分析，股指期货推出之初，本土券商和基金尚未参与。散户因开户门槛高达50万元，绝大多数没资格参与。能参与实战的只有三类人：国际热钱操控者、国内私募大户和江浙游资、国内原来的大宗商品期货从业者。

其中能操纵股指期货者必须同时具备四种实力：

(1) 资金实力雄厚，一致行动能力强；

(2) 有丰富的期货或股指期货实战经验；

(3) 在A股市场至少拥有上千亿元人民币的股票筹码；

(4) 对国家房地产和金融调控政策非常敏感，能够提前掌握信息，甚至具备一定的政策影响力。

国内原期货从业者只具备条件二，江浙游资和私募大户只具备条件一的部分实力。唯一同时具备以上四个条件的，是国际热钱。

自2004年以来陆续潜入中国的国际热钱势力，如今已非常强大。本人测算(测算方法：2008年外汇储备实际储备余额——以2004年以前10年外储平均增长率推算至2008年测算量)，到2008年初，国内存量国际热钱本金在9000亿~1万亿美元，加上利润总额可能在1.3万亿~1.5万亿美元之间；这些国际资本在西方300年的金融市场中，在40年来的国际金融攻袭战中，培养了非常强的行动一致性；他们不仅有着股指期货的丰富实战经验，甚至还有借助股指期货在1990年成功摧毁日本经济的先例；国际热钱及其背后的美元势力，一直以来都处心积虑地试图影响中国金融决策。

·**热钱对中国股市的控制过程**

过去十年中，国际热钱对中国股市的参与和控制进程分为三个阶段：

第一阶段是在2005年股权分置改革前，国际热钱极少参与这个市场。

第二阶段是股权分置改革成功后，中国股市和国际股市基本接轨，2005年7月后的人民币升值，为国际热钱对中国的无风险套利创造了客观条件，大量国际热钱通过各种方式涌入中国。2006年年底，国际热钱小试牛刀，在46个交易日中，令当时A股最大权重股工商银行惊人上涨了108%。如此大魄力的行动，绝非中国本土金融机构有实力可为，以此为标志，中国国有市场力量(如券商和基金)开始丧失市场主导权。在2005年6月至2008年10月的中国A股"超级过山车"中，国际热钱对中国A股的操控力不断增强。

第二阶段的国际热钱仍有两个软肋：一、在做空A股过程中自身也必然损失；二、做空需要货币政策的配合，然而一旦决策层认清其图谋，并以相反政策反击，可令其失去控制权。但这种政策面的绝地反击，必须非常强有力才能见效。

第三阶段正是中国全面开放股指期货后，热钱得以整体掌控。股指期货的推出使得国际热钱弥补了其软肋——抛出股票有损失，但可通过期货和融券做空赚钱，这将强化其资本优势，可以更加快速高效地做空A股，就像现在A股市场所发生的这样。

需要高度警惕的是，目前A股被强力做空，很可能是国际热钱及其背后的美元势力战略做空中国的一部分。

这种猜测在美元势力强力做空欧元的背景下，并非杞人忧天。由于人民币跟随美元升值，当前中国的外向型经济并不乐观，2010年3月份甚至出现了72亿美元的逆差。加之中国楼市泡沫已难以维系。如果股市继续被强力做空，与楼价下跌、经济衰退形成连环效应，中国经济相当有可能加速二次探底，并遭遇比2008年第三季度更为严峻的挑战。

为此，中国要增强宏观调控的针对性和有效性，若想继续调控遏制房价，就需要避免A股的进一步大跌，防范国际热钱进一步做空A股，最具现实可操作性的有两方面：

一、做大做强国有控股的本土主力券商，取消目前对国有控股券商在证券业和基金业的"一参一控"限制，用外汇储备对其进行战略注资，使之能够成长为维护国家和中小投资者利益的金融战略力量。其主要力量应调配在对股指期货的有效影响上。在1997年~1998年的香港金融保卫战中，香港特区政府也将战略力量配置在控制股指期货上，在击退索罗斯所代表的国际热钱的战役中，发挥了事半功倍的关键作用。

二、削弱国际热钱操纵控制A股市场和股指期货的能力。要避免国际热钱获得更方便操纵股指期货的条件，不能批准外资投行和合资券商获得股指期货的交易所会员资格。同时严格限制QFII参与股指期货的资格和额度。

针对国际热钱见不得光——借他人身份证开户的最大软肋，可要求中金所将所有开户人的身份证公开，并宣布每个开户人名下的资金归其个人所有，国家予以法律保护。由此，可以激化身份证借出人和热钱委托人之间的利益争夺，大大增加热钱借用他人身份开户的风险，可以有效清理出众多的热钱潜伏账户。

倘若如此，中国将可以削弱国际热钱操控股指期货的能力，进而能在宏观调控中避免股市硬着陆，避免国民财产性收入的重大损失，提高中国宏观调控的针对性和有效性。

10. 中国GDP增长迅猛，热钱是否计算在内

随着日本2010年公布第二季度国内生产总值(GDP)数据，中国GDP总量是否超越日本成为世界第二大经济体再度成为议论焦点。

2010年8月16日，日本内阁府公布的数据显示，日本第二季度国内生产总值(GDP)为1.288万亿美元，同期中国GDP总值为1.337万亿美元。

早在2010年8月2日，中国央行副行长、国家外汇管理局局长易纲接受采访时就透露，中国实际上已是世界第二大经济体，这是中国官员首次指出中国经济成为"世界第二"。

在很多西方媒体看来，中国GDP"世界第二"，是全球经济权力转移的象征符号之一。如何看待中国"GDP老二"的定位？中国GDP增长迅猛，是否把国内的热钱也计算在内呢？

自从引入GDP指标后，原本注重"居民"(GNP统计强调本国居民，无论属国内生产还是国外生产，都是该国GNP)的统计，开始被强调"国界"(GDP强调以一国领土为界，无论是本国人生产的还是外国人生产的，都要计入该国GDP)，也就带来一国财富统计的"严重失真"。

关于所谓中国GDP"世界第二"的看法，可细化为"挺GDP第二"与"贬GDP第二"两类声音，反映了中国民众对GDP指标"爱恨交加"的复杂心态。

中国多年来一直沿用以GDP作为衡量地方政绩乃至国家发展的一个重要指标，这也是一个与"国际接轨"的重要指标，能够做到与全球的横向比较，故具有一定的吸引力。

尽管中国GDP多年跃升，虽然不等于中国已跨入"经济强国"，但起码反映了中国经济规模"块头大"，代表了发展的速度，这也是很多官员"挺GDP"的根源所在。与此同时，GDP统计也日益显出弊端，因为GDP无法反映生产效率、国民素质、国民创造，故"挺GDP派"也引起越来越多的争议。

对于中国"GDP第二"的认识，存在着"积极派"与"审慎派"两种声音。"审慎派"认为，我们要超越简单的数字GDP，不断反思中国发展的不足与存在的问题。而从"积极派"来看，中国GDP总量第二，表明中国作为新的世界经济"增长引擎"日益获得了国际认同。

自20世纪90年代达成"华盛顿共识"后，中国开始被拉入了经济全球化中，原本用国民生产总值(GNP)衡量经济的指标，逐步被GDP所替代；GDP统计方法彰显了"强者标杆"，备受西方推崇。

中国大量的外资、涌入的热钱都被统计在了GDP中。另外，中国各地招商引资的"飞地经济(各类开发区)"，也只是拥有名义上的财富，实则都是外国人的财富，也都算到了自己名下。

因此，中国GDP总量统计数据未必能真实反映中国经济福利及生活质量。从国家发展的层面看，中国仍然还要在保持经济增长方面做好文章。对中国这样一个转型国家来说，保持经济稳定、持续、有质量的增长尤其重要，这是国家解决所有其他问题的基石。

从内部因素看，GDP跃居世界第二的国家，开始一般都不具备"成熟心理"，对经济迅速增长后的身份认同、国际责任等方面的认识都还尚未成熟。

从外部因素看，历史已有足够的教训。从历史上看，世界老大总要联合老三，不遗余力地打压老二，被打压后的老二最后一般都呈现"萎缩"之势。"一战"前，英国与西班牙、英国与法国之间的争夺，从来都是针对老二的；"一战"后，美国对英国的打压，直到"二战"后的布雷顿体系建成、美元取代了英镑后才完成；"二战"后，资本主义体系外的"世界老二"——前苏联被美国利用军备竞赛拖垮了经济；20世纪80年代以来，美国对日本经济的打压也是众所周知。

中国遇到的最新挑战就是西方提出的"中国责任论"。西方让中国承担原本属于西方应承担的过多、过重和过分的责任，这是很不公平的。比如非洲的环境问题，这原本是西方老殖民主义留下的"伤疤"，现在却频频怪罪中国；再比如，碳排放问题，西方要求中国等发展中国家承担过多的责任，忽略了西方此前的"罪行"，割裂了历史的连续性。

针对中国GDP总量问题，中国外交部、商务部等多部门密集表态，强调中国仍是一个有大量贫困人口的发展中国家。原因是：

第一，这是中国外交策略的需要。多年来，中国对发展定位出现过好几个"版本"。从"中国崛起"到"和平崛起"，再到"和平发展"的类似表述，都说明中国的大国外交日趋理性。

此前，中国崛起引发的"中国威胁论"至今尚未消弭，若在GDP总量问题上高调，会使"中国威胁论"更加有增无减。

第二，中国对人均GDP有着沉重的认知，人均GDP才是关键。对一个人口大国来说，人均的概念要比其他国家理解得更深刻。

中国人均GDP(约3800美元)，全球排名百名之后。这种严峻的现实表明，即使GDP总量排第二，也不意味着人均GDP第二，无法掩盖中国1/9人口的贫困问题。

第三，民生领域存在的一系列问题使我们不得不低调。在西方的印象中，中国以医疗、教育、环境、住房等民生问题突出著称。在涉及民生的一系列数据上，中国政府也逐渐认识到，民生问题与中国GDP总量的世界排名极不相称。

11. 政府4万亿的大规模投资，是否造成热钱过多

2009年，为应对国际金融危机，中国中央政府出台了一系列扩大内需政策措施，未来两年投资将达4万亿元，出手之快、出拳之重，为多年来所少见。消息传出，一片叫好之声中，间或也有一些忧虑：4万亿投资会不会造成经济过热？这种忧虑不无道理，至少可以使我们保持清醒。

从2009年初的防过热、防通胀，到年中的保发展、控物价，再到年末的扩内需、促增长，一年下来，宏观经济政策多次调整。

政策调整，是不是过于频繁？

调整力度，是不是用药过猛？

这么大规模的4万亿元投资，是否造成热钱过多？

这些钱有没有可能流入到房地产市场？

我们先来看一组数据。

2009年中国消费了世界15%的石油、30%的钢、60%的水泥。与之形成强烈反差的是：中国GDP只占世界的4%。后3年，中国钢铁产能将翻一番，铝的产能翻一番，汽车产能翻一番，手机的产能翻一番，乙炔的产能翻一番，纺织、机械的产能翻一番，集装箱、运输的产能翻一番。3至5年之后必然出现比较严重的产能过剩。

经济过热指的是实际增长率超过了潜在增长率，经济的发展速度与资源供给不成比例。其具体表现为，大量投资造成能源、原材料供应紧张、价格上升，并推动物价指数持续上涨。前几年，一些地方和行业出现了求大求快，仓促上马项目，低水平重复建设，造成煤电油运紧张、物价高企、产能过剩、资源浪费、生态环境遭到破坏等问题。

现在我们面临的问题是，外需疲软，内需不足。受国际金融危机影响，出口订单明显减少，这种状况短期内不会有很大改变；国内投资增幅趋缓，企业利润减少，部分行业企业生产经营困难，农民收入增长缓慢，居民消费顾虑重重。只有加大力度，进一步扩大投资和消费需求，才能有效抵御外部热钱的冲击，掌握发展的主动权。

12. 中国民间资本"热钱化"：攘外必先安内

中国民营经济将近30年的快速发展之后，资本的边际效用逐渐递减，浙江温州等地传统产业的投资回报率已远不如20世纪80年代。因此，民间资本通过投资联盟的形式，向投资回报率高的行业，比如原材料、能源等行业转移，以获取高额利润。

数以千亿计的热钱以民间投资联盟的形式在全国扩散，长期以"游击战"、"杂牌军"的姿态出现。

在中国民间"热钱"有三大流向：楼市、股市和大宗商品。现在，热钱正被从楼市驱赶到股市和大宗商品。大宗商品方面，从先前的大蒜、绿豆、金饰品、棉花、糖、煤炭等的涨价，到最近的黄花梨木、中药材、苹果等涨价，都可以清晰地看出热钱推动的身影。

热钱是"快钱"，"逐利"和"自由进出"是其两大基本要求。实业方面，虽然国家放低了民资进入的门槛，但毕竟投资周期长，且面临很大的政策不确定性。只有股市和大宗商品才能满足热钱"嗜血"和"自由"的本性。

热钱冲击股市和大宗商品的力度、效果是不一样的。大宗商品由于与国计民生和实业发展联系直接而紧密，历来是国家严密防范的领域，一旦暴涨必予以严打。而且，大宗商品不易变现的天然缺陷，也使热钱敬畏三分。

我们在这里举一个浙江民间热钱投资中西部水电站的例子。

从2003年起，在云南、湖南、重庆、贵州、四川等省市的山沟里，常常有浙江丽水人、温州人的身影出现。

据了解，温州公路交通建设集团有限公司计划投资6亿元建设四川凉山甘洛玉田电站；浙江宏阳水电开发公司决定在四川凉山州越西县投资1亿元兴建铁西电站；浙江金融租赁公司、浙江天源公司等近10家企业，也先后与成都、绵阳、攀枝花等地市签订水电项目合作协议，总投资额达35亿元；浙江景宁畲族自治县民营企业家郑杰准备投资7000万元开发厦铺河流域水电资源；临海民营企业主肖宗顺在唐家地投资3000万元，建造两座水电站；安徽宁国最近到杭州招商，带去的两个水电项目也被浙商争抢。浙江民营企业日前与湖北省有关部门签订的31项投资协议中，有不少资金就是投资水电站的。

浙江民营企业投资中西部小水电已经出现不仅自己投资兴修水电站、还斥巨资收购一些已经并网发电的中小型水电站的局面。

大量的民间热钱涌入某一领域造成的恶果，称之为"热钱综合症"。热钱是一把双刃剑，如果疏导得当，可给当地带来稳定资金源，促进经济增长，带来社会发展。但热钱也会膨胀，会产生泡沫，乃至带来"热钱综合症"。

首先，危险的资金网。小水电开发并非真的像预期的那样回报丰厚和稳定，正因为如此，小水电投资团并不一定能得到预期的高收益，这就隐含着一定的投资风险。一个小水电项目有几个到几十个不等的股东，但每个股东的背后，还有若干户的农户作为子股东。也就是说，一个中等水电站背后实际上可能有数百个大小股东，如果这个小水电项目亏了，那么很可能影响几百户家庭的生计。

国家电监会官方网站公布的一份资料显示，由于宏观调控等各种因素，2004年，全国小水电目前已停工的占20%～30%，即将停工、现非正常运转、只能维持3至4个月的占50%。这使人不得不担心浙江热钱投资能源的前景。其实，这种资金联姻的问题，在浙江商人中早有发生。被套牢的温州炒棉团、新疆炒房团和温州在镇江的炒车团就是明显佐证。

其次，热钱涌入造成了泡沫，不但扰乱了市场秩序，热钱本身也会受害而萎缩。尽管大量民间热钱不断冲击原国资垄断行业，具有多方面的积极意义，但如果疏导不当，投入到国家宏观调控重点关注产业，不但影响了经济安全，还在无形中起到了对冲国家宏观调控的作用。江浙的民间投资团，如果不注意监管和疏导，就会造成这种恶果。

13. 约4000亿资金已奔向海南圈地，民间"热钱"也疯狂

2010年春节期间，许多原本打算到海南旅游的人都打了退堂鼓。国际旅游岛规划获批后，海南省全面暂停土地出让和审批新土地开发项目。海南地产立刻"紧俏"起来，不仅海口、三亚等城市的房价翻番上涨，连琼海、文昌等二线城市的房价也连连飙升。因为购房者进驻，海口星级以上酒店爆满，连三亚的家庭旅馆房价都在千元以上。

海南房价在短时间内如此暴涨，显然不正常。像抢购大白菜那样来海南购房投资，更非理智之举。

以目前的商业配套，海南还远不能承受如此高的房价。仅仅是炒房团的进驻，就已让海岛不堪其"奢"，旅游服务大打折扣。房价走高，势必抬高当地消费价格，抵消购物免税等优势。

相比海外那些性价比合理、配套成熟的旅游休闲岛，海南何以招徕人气？岛内普通居民无力购房，怎样打造稳定和谐的宜居环境？高房价导致高地价，一旦房价暴跌，会不会形成新的一批烂尾楼？海岛的规划、建设如何稳步实施？泡沫破灭，投资者获利不成反蚀本；泡沫继续膨胀，是不是在透支海南的未来？

"包机"组团奔赴海南楼市的投资客们，谁将接下"击鼓传花"的

最后一棒？虎年春节海南房市已现"出货潮"，这样的投机当三思。

然而，更应引起我们警觉的，是海南房价短时间内疯涨的幕后"推手"。有民间调查显示，目前有约4000亿元的民间热钱奔向海南圈地，十万浙商转战海南房地产。这些天量民间资金并非一夜生成。2008年长三角、珠三角酒店业升温，2009年国内房价由北至南非理性上涨，以及近年来钢铁、有色金属、棉花价格异动的背后，都活跃着它们的身影。经过多年发展，民间资金已积聚了雄厚力量，并且不是散兵游勇，多以"商团"、"房地产投资协会"、"财富俱乐部"等组织形式，有计划地集中出击，成为扰动经济发展的"热钱"。

这些"热钱"涌入有限的投资领域，不仅产生资产泡沫、扰乱市场秩序，其自身也严重受损。迪拜炒楼、新疆炒棉，教训深刻。

资本逐利而往。防止民间热钱暗流涌动，就必须提供更多的"阳光地带"供其获利。应将更多的高投资回报行业，比如原材料、能源、通信等，向民营企业开放。在宏观调控、产业政策调整等方面，多虑及民间资本的发展空间。应健全服务体系，完善税收优惠政策，建立创投机制，鼓励民间资本从传统行业进入公共事业工程、金融融资担保机构、科研技术开发机构、大型装备制造业等众多高技术含量、高社会效益、高附加值的领域。

在应对国际金融危机冲击中，中国经济率先实现总体回升，这在很大程度上得益于政府投资与信贷拉动。但如果不能有效带动社会投资，不能激发民间资本的活力和动力，经济发展的基础仍不牢固。

因此，大力引导民间资本更顺畅地进入实体经济，把更多的热钱转化为推动中国经济持续健康发展的有生力量，才能给经济机体输入充足的新鲜血液，避免民间"热钱"催生资产泡沫。

14. 热钱盯上了中国的娱乐圈

伴随着新的一轮"狼来了"，"热钱"这个金融领域的专业词汇，开始越来越频繁地出现在中国娱乐圈的领域。

按理来说，热钱的一大特点就是快速流动，其目的是投机获利。而对于娱乐圈来说，一部电影或电视剧从策划研发到拍摄制作，一直到最后上映，周期一般都在一年以上。如果是比较大规模的商业类型片或电视剧，算上研发周期，整个制作周期两三年也是常见的事情。

如果说一到两年的周期对于热钱来说显得有些过于漫长外，娱乐投资还有一个不容忽视的回报风险问题。对于那些意图短期内快速投机获利的热钱来说，一部电影或电视剧是否能够确保在市场上获得可预期的利润，可能是决定它们是否投资的关键因素。

但是热钱还是来了。无论它对中国娱乐圈意味着什么，对于一个正在爆炸式发展的行业来说，投机性资本的涌入是不可避免的。

娱乐圈作为一个名利场，自然会与社会的各种复杂关系纠缠在一起。最近几年随着热钱逐渐进入娱乐圈，也在影响着娱乐圈的生态。那么娱乐圈的热钱究竟带来了什么呢？

热钱作为一种资本形式，进入娱乐圈的目的其实未必就是仅仅赚取剩余价值而已。如果只为赚钱，地产和股市的暴利往往会超过娱乐产业。娱乐产业的暴利空间依赖于题材的市场价值、行业的明星制、舆论曝光炒作机制等。

热钱一旦进入娱乐圈，必然会造成以下现象层出不穷：

粗制滥造的山寨影视剧。热钱的投资人往往看到娱乐圈哪类题材比较受追捧，比如《杜拉拉升职记》大卖了，就会炮制出类似的职场白领爱情影视剧，模仿、恶搞和剽窃的山寨影视剧将会严重影响此类题材的良性发展。观众不是白痴，受骗一回两回可以，受骗多了自然对此类题材不再"感冒"。粗制滥造的背后反映的是热钱无心于挖掘深刻而有创造性的题材，只期望获得短期的爆炸性轰动效果和暴利可能。

花瓶朵朵的屏幕斗艳。娱乐圈热钱往往与投资人的个人所好密不可分，一些投资人偏好迷恋一些女艺人，而此类借助款爷上位的所谓女明星往往不去体验生活、不考虑怎么拍好影视剧，而是把时间浪费在吃饭、喝酒、应酬上，成为影视剧名副其实的花瓶而已，她们演技粗劣、表演生硬，却依然有很多所谓的粉丝在那里哄闹，实在是败坏了娱乐圈的敬业氛围。

青年导演的赤膊上位。一些所谓的半路出家的青年导演，自恃傲才，紧紧抓住热钱千载难逢的机会，往往是急功近利，投机取巧，而且利用各种花边绯闻、野史、纠纷等等来恶意炒作，赚取媒体和公众的眼球，创造的题材也是鱼目混杂、泥沙俱下、不知所云，往往打着另类喜剧片、无厘头、古装片等等噱头和旗号。这种短期急功近利的心态是注定无法安心用心创作的，注定无法在娱乐圈长期混下去。

热钱往往伴随着黑恶势力操纵和控制着娱乐圈的剧组和团队的实际运作。剧组内部有了矛盾和纠纷，往往会被热钱老大派黑社会地痞流氓教训一番，影视剧的发行和收益分配也往往会损害主创的切身利益。劳务纠纷和收益纠纷成为冲突的导火索，热钱往往自己有一套所谓的游戏规则，偏离甚至背离娱乐圈的基本游戏规则。

15. 应对热钱冲击是解开中国经济难题的 "牛鼻子"

热钱在世界各地横冲直撞。它们之所以横行天下，正是看清了美国利益之所在。同时，有相当多的热钱本身就来自于美国，世界上最大的对冲基金是美国人的，各国金融市场上最为凶悍的大鳄，也是美国的。

热钱冲击的对象，主要有国际原油期货、国际粮食期货、国际金价等有色金属期货，附带着的大涨的，还有煤炭、铁矿石，以及一些国家的汇率等。

关于国际热钱对世界金融市场的冲击，索罗斯在美国国会作证时的发言是最好的证明。索罗斯管理的对冲基金是国际最大的对冲基金之一，他对对冲基金在世界各国兴风作浪的历史和手法可以说了如指掌，索罗斯认为国际原油期货价格高涨是对冲基金兴风作浪的杰作。至此，你还认为美国政府的言辞不是在为自己的利益说话吗？世界各地，屁股指挥脑袋是一样的，美国政府的屁股，决定了他们会这样说话。同时，他们越是这样说话，越是证明美国对冲基金在这一块有着巨大的利益。国际热钱冲击原油、农产品、有色金属期货的结果，造成了全球性的通胀。

·从紧的货币政策

2009年以来，央行一直在执行从紧的货币政策，通过加息、提高存款准备金率、公开市场操作和发行央票回收流动性。2009年，管理层关于金融市场的政策是双防，防股市过热和楼价过快上涨，防通胀。到目前为止，除了物价涨得更快之外，市场情况与当初已经是天壤之别了。

第一，物价并没有得到根本性的控制。政府2010年定下的4.8%的物价涨幅，肯定无法完成任务。

第二，房价下滑得厉害。特别是深圳楼价，如果楼价不能稳住，并且形成全国性的大幅下滑之势，会有相当一批房地产企业将被打死；而前期购房人的房贷还款违约率会上升。这两方面的原因，会使得银行呆账、坏账大幅增加，类似美国房地产危机的事情，就会在国内出现。银行前期改革所取得的成果将功亏一篑。

第三，股价已不再是防止泡沫的问题，而是要防股价大跌，导致实体经济受损，影响社会稳定。股价大跌，大批新股跌破发行价，企业融资再融资出现困难，中央解决银行贷款占比过高的愿望就会再度落空。如果大批企业股价跌破净资产，中国股市的国际形象将严重受损，并给外资收购中国企业提供一个千载难逢的机会，给国际热钱抄底中国并为它们未来做空中国提供一个千载难逢的机会。

第四，从紧的货币政策，已经影响到许多企业的生产和经营，导致企业的效益进入下降周期。

第五，宏观经济因此而进入拐点。随着紧缩政策的实施，宏观经济将进入新的一轮调整之中，经济发展速度将会下降，直到下一轮经济周期启动。

至今为止，央行所采取的调控方法都是常规的。一般情况下能够起到作用。但是，因为热钱和国际投机的特殊原因，常规方法对解决中国的通胀问题起不到多大作用，而且对中国经济的副作用将全面显现出来：一是影响投资结构，打击国内投资效果明显，却放手让国外投资进来，从根本上影响国内外投资结构，影响未来中国经济安全；二是无法抑制通胀；三是将大批民企打死，加剧国企亏损。这些不能掉以轻心。

·国际博弈与中国国家金融安全

从国际博弈的角度来看，中国金融问题主要涉及以下方面的利益：

第一，美国在华利益。美国在华利益，从总体上，可以通过人民币升值实现。目前的美国在华利益是一种虚的账面利润，而一旦暴发金融危机，外国在华机构撤资，这些虚的账面利润就会迅速转化成巨大的实在利润。

中国24000亿美元的外汇储备，人民币每年升值10%，中国人损失2400亿美元，超过16000亿人民币。这在未来将是实实在在的利润。

第二，外国企业的在华利益，通过在华企业的经营和向中国出口产品实现。

第三，外国企业、机构与国际游资的在华利益，还通过推高国际原油、煤炭、农产品、有色金属，以及其他国际资源价格实现。特别是国际游资，它们要实现自己的暴利目标，首要的一点就是在这些上游资源上拼命做多。这是它们的利益所在，也是国际性资源价格毫无节制地上涨的原因之所在。它们与弱势美元政策相关，是一枚硬币的两面。

第四，国际机构、游资的在华利益，还通过中国的汇市、楼市、股市（含权证及在香港和美国等地上市的中国企业股权投资）、股指期货来实现。流进国内的庞大的国际游资，它们的利益，正是通过间接操控人民币汇率、操控楼市、股市、股指期货，并最终通过制造金融危机挣大钱，全面席卷中国改革开放几十年创造的胜利果实。

这其中，汇率是龙头，美元汇率跌，人民币升值，国际期货涨。而国际原油和粮食期货以及滚滚而来的热钱，则是国际游资手中的利器，出手必见血。

第五，外国资本的在华利益，还包括外国产业资本和金融资本，在楼市大跌、股市大跌后，在A股市场和香港国企股、红筹股中，低价收购中国优质企业。

中国政府和全体中国人民的利益，最主要的是在于维护中国国家金融安全，不使国际游资袭击中国金融体系的计谋得逞。这是未来10年中国金融体系最主要的任务。而其中极为关键的几个环节就是人民币汇率、股市、楼市、股指期货和国际期货市场。龙头是人民币汇率，重点和难点是国际期货市场及物价。

手法上，国际原油期货价格大涨，则国际粮食期货价格亦大涨。这两个因素，同时会导致美元价格走低，以及世界和中国通货膨胀的加剧。中国央行的常规做法是加息，提高存款准备金率、通过公开市场操作或发行央票应对，这将导致企业效益下滑、大批民营企业死掉、股市下跌、楼价下跌。而一旦股指跌至底部，以国际游资为代表的投机力量就会吸纳股票，买入不动产，西方产业资本、金融资本就会针对中国企业开展并购。一旦并购战略完成，就会推高中国股市、楼价，以及人民币汇率，并最终在最高位把这些都卖给中国跟风力量，外资胜利大逃亡，中国十年一觉"繁华"梦，一觉回到十年前。

在这一过程中，中国如果按照常规出牌，按照常理行事，则央行乃至中国政策的每一步，都会在国际游资的预料之中，这等于将自己时刻暴露在对方的火力范围之内。如此运行下去，中国将进入国际游资所擅长的金融战的运行轨道。

16. 热钱撤离，中国会像20世纪80年代的日本那样，为泡沫经济埋单

有关热钱的讨论最近可以说达到了一个高峰。论者大多将之集中在流入途径的辨析与规模的测算，并由此担心热钱一旦突然大规模离开，对中国金融体系和实体经济将造成重大冲击。

这种担心在中国经济增长势头减弱、人民币升值压力继续、通胀形势严峻、股票市场大跌、房地产市场调整等多重因素交织的复杂局面下，着实具有一定的现实意义。以境外为鉴，10年前的亚洲金融危机，2007年以来的美国次贷危机以及2008年越南的金融危机，都提醒我们安国之道，的确是"先戒为宝"。

事实上，以亚洲金融危机为鉴，良好的宏观经济面（如中国香港和新加坡）不足以成为隔绝危机的保证，经济和金融体系的内在缺陷更会在危机到来时助推后者愈演愈烈（如韩国、印尼等）。如何防止热钱的大量涌入搅动国内的资产和金融市场变化，以及其突然大举撤离时对本国金融市场和经济的冲击，并妥善进行一国金融体系改革，不给国际投机资本以集中短期冲击套利的空间，确是一国经济和金融体系建设需要进行的诸多根本考虑之一。

·日本经济超级泡沫正在中国上演

进入21世纪以来，中国房地产市场高温不退，土地价格持续上涨，

汗流浃背的劳动所得，甚至远不如通过房地产投机或者金融投资所得。著名经济学家谢国忠表示，"20世纪80年代到20世纪90年代的日本经济超级泡沫正在中国上演"。

"中国股市与房地产市场价值均存在高估，楼市价值被高估达100%，而股市的真正价值是在2000点"，对于目前中国股市与楼市的价值，谢国忠如此表示。他指出中国资产泡沫再起，主要是由于超低利率造成的。他称，这两个市场在2010年第四季度会出现小幅调整，较大幅度的调整将出现在2012年。

·以超额货币驱动经济增长，难逃泡沫化

近10年来，中国经济以两位数的增长速度高速发展，与之相对的是货币供应量10年间增加了49万亿元人民币，增幅达415%。与此同时，10年间北京新开楼盘涨幅也达到453%。房价与货币供应量保持了同步的增长。

据央行网站公布的数据显示，1999年12月广义货币供应量(M2)为11.76万亿人民币，狭义货币供应量(M1)为4.58万亿人民币，流通中现金(M0)为1.34万亿人民币。在此后的10年时间中，各类货币供应量持续大幅增长，直至2009年12月，中国的广义货币供应量达到了60.62万亿人民币，狭义货币供应量达22万亿人民币，流通中现金达3.82万亿人民币。

一旦中国选择用超额货币驱动经济增长，就不可能摆脱资产泡沫。资产泡沫通过两大交易市场形成，其一是股市，另一个是楼市。

人民币长期存在的升值预期吸引而来的大量热钱，也正一步步推高中国经济泡沫。而升值预期不止，热钱便会滚滚流入。当人民币升值到位时，热钱迅速撤离也必将对经济构成巨大危胁，其构成的原理类似1997年的亚洲金融风暴。因此，从某种意义上来说，汇率与泡沫已经构成一个悖论，缓慢升值将导致热钱连绵不断流入，而一次性升值到位，引发的将是热钱迅速的撤离。只是看政策的制定者是选择长痛还是短痛而已。

·中国会成为下一个日本吗

日本在"二战"后迅速崛起，也经历了工业化、泡沫化、衰退三个

阶段。工业化使得日本成为世界第二大经济强国，而泡沫化使得日本积累了巨大的财富、而后经历经济停滞的阶段。

中国的资产泡沫情况，与日本20世纪80年代到20世纪90年代的超级经济泡沫已经非常相似，中国或许就是下一个日本。

中国目前的阶段与当年日本超级泡沫的生成阶段(1965到1980年间)存在着诸多相似之处。1968年日本成为世界第二大经济强国，2010年中国超越日本成为世界第二经济强国。日本1965年城市化率达到47%，中国于2011年达到47%。日本1980年完成了全国铁路网的建设，中国将于2012年完成。日本在1984年提出要把东京建成国际金融中心，中国在2009年提出要把上海变成国际金融中心。

泡沫总是要破的，不会一直堆下去。

根据历史经验，面对泡沫通常有三种解决方式，一种是通过让泡沫自由膨胀，直至自己破灭。二是在泡沫的生成过程中就不断的挤压泡沫，以延缓泡沫破灭的时间，从而使得泡沫破灭的负面影响降低。三是需找一个新的泡沫来替代旧的泡沫。

从目前中国政府采取的一系列抑制房地产过快上涨的措施，以及中国央行2009年以来三次上调存款准备金率，加大公开市场操作力度回笼货币等可以看出，中国的选择是在泡沫生成过程中挤压泡沫，但是想要真正减缓泡沫破灭的阵痛，恐怕还需要更大力度以及更加及时的紧缩政策。

第五章

热钱猛于虎：掏空中国人的腰包

终于有一天，中国人突然发现，以前便宜的蔬菜，爱吃的大蒜，现在涨成了天价，并且还有继续上涨的趋势。白领们辛辛苦苦工作一年，薪水却买不起半个卫生间。人们的矛头纷纷指向无良的农产品经销商和房地产开发商。殊不知，在这物价和房价暴涨的背后，热钱这双贪婪和凶猛的眼睛已露出满足的微笑。

1. 热钱加速流入，通胀加速升高

与热钱加速流入相对应的是人民币加速升值和通胀加速。2010年，中国CPI涨幅为7.7%，PPI为8.2%，按照PPI先于CPI上涨的传导机制，几个月后CPI将转头，加上6月份国家发改委为放开成品油和电价迈出了一小步，这些信号表明中国稍后将进入新的一轮消费物价上涨周期。

国内通胀的原因，很多人认为有许多，是综合的。这一判断没错，但不全面，也不准确。我认为，根本性的原因还在于美元贬值，在于国际热钱对上游资源的冲击以及对中国的冲击，而这后两个原因，仍源于美元贬值。

自美元取代黄金成为世界货币后，世界每一次较大的金融动荡，都以美元贬值开始，以美元大幅升值结束。美国实际上掌握着世界货币的发行权。发行美元成本最低，这是美元大量流入世界各国的原因，也是各国通货膨胀的根源。结果就是世界各国为美国人的福利埋单。

截至2010年，中国外汇储备超过24000亿美元，意味着国家要多发行168000亿人民币购入这些美元，这是国内流动性过剩和通胀的源头所在。按央行每次调整存款准备金率0.5个百分点可以回收2000亿流动性计算，这168000亿，相当于要央行调整存款准备金率84次之多。

·目前中国的外汇储备，主要分为四大类：

一是各地方政府为完成GDP考核和地方税收而拼命招商引资引进来的投资，以及各外资企业、合资企业的正常投资。这一块在新增加额中比重已不大。2010年前四个月，外商直接投资在外汇储备增加额中占比为15.33%，相当于同期流入热钱的25.88%。

二为贸易顺差。2010年前四个月为580.97亿美元，在外汇储备增加额中占比为25.44%。这其中，还有部分外企玩假出口真流入热钱的把戏。

第三为热钱。2010年前四个月为1352.83亿，在外汇储备增加额中占比为59.24%，相当于前四个月外商直接投资的3.86倍、贸易顺差的2.33倍。

第四为居民境外外汇流入。这一块数量不清，但同部分外企假出口真流入热钱的数额相比，估计相差不大。另外不太清楚的是通过地下钱庄进入境内的热钱，这方面目前没有数据，估计数量不小，至少有500亿美元。央行仅仅消化这些热钱，得提高6次存款准备金率。表明热钱的流入让央行提高存款准备金率的努力功亏一篑。而根据中国社会科学院的报告推算，热钱对中国货币政策的冲击比我们预想的要严重得多。

在结售汇制度下，央行不得不发行大量货币以购入外汇，这是通货膨胀最深层的根源。其中自2010年以来，热钱流入成为中国外汇储备高速增长的主因。

第二层原因，同弱势美元政策是一枚硬币的两面一样，国际热钱炒高国际原油期货、农产品期货、有色金属期货，以及由此导致煤炭、铁矿石、木浆等基础性原材料和电力等基础能源价格上涨，导致中国出现成本推动型通胀。热钱流入和国际基础资源价格上涨的原因，同样是弱势美元。

第三层，劳动力价格上涨，导致成本推高型通胀。个人认为，这同样与弱势美元的传导相关。美元弱势，能源价格上涨，食品价格上涨，国家对失业人员的低保不得不提高，并引发其他劳动力价格上涨，加之遇上民工荒，颁布新《劳动法》等，导致劳动力价格刚性上扬。其中弱势美元的传导机制是最为重要的原因之一。成本推动型上涨的因素中，只有执行新的环保标准导致成本增加，是我们自身的原因，与别人无关。

第四层，信贷投放过多，投资增长过快。个人认为，这个原因不一定真实。如果考虑通货膨胀，目前的投资增长率一点也不高。过去投资100亿能买到的东西，现在投资110亿还未必能买到。最后，因为热钱推动人民币加速升值，导致热钱更快流入，通胀加速。

专家在劝央行放开人民币汇率时说，汇率升值，有助于缓解物价涨幅。当时汇率小幅升值，物价也缓慢升到了3%～4%。当央行听专家的，让人民币加速升值后，物价上涨也加快了。人民币至今已升值了16%，物价涨幅也已到8%。

美国人说，美国没有货币政策，政府的责任就是让市场自动决定货币价格。如果美国财政部有货币政策的话，推动人民币升值是美国唯一的政策目标。如果联系中国社会科学院的报告，就知道美国为什么要推动人民币升值。因为美国在人民币升值中享有巨大的利益——不仅仅是产品出口和减少贸易赤字，而是通过推动人民币升值，掠夺中国人民辛辛苦苦创造的财富，让全体中国人民每年都白忙活一场，都为美国打工，把利润拱手送给它。这还不谈美国通过低价的股权投资、通过股指期货、通过资源价格上涨从中国直接或间接挣到的巨额利润。

人民币升值和通货膨胀，是弱势美元的结果。它们不仅让央行提高存款准备金率、加息等常规货币政策失效，而且从三个方面损害着中国经济：

第一，使大批民营企业猝死。2009年到2010年，珠三角和长三角大批民企因为人民币升值和上游资源价格上涨而死亡，还有一批因为贷款月利率达到3%～6%而挣扎在死亡线上。20世纪80年代以来在高速发展的市场经济中诞生的一批中小民企，有相当一大批将在这次人民币高速升值、国际资源价格大涨和宏观调控中死掉。而随后带来的就业等问题，闹不好就有可能成为中国的又一个社会问题。

对这个问题如何进行判断？我们可以假设一个前提，如果人民币不升值，或者如果选择更为缓慢的升值，那么现在会有那么多民营企业死掉吗？显然不会。既然如此，那么它们会面临什么问题呢？会面临西方的贸易壁垒，面临大量的反倾销起诉。尽管如此，死掉的民企一定不会像现在这样多。

第二，使中国相当多的企业利润受损。通货膨胀之下，利润被国外的上游企业侵占，加上购买力的相对下降，最终会让相当一批发展势头良好的企业利润下滑。2010年前5个月，央企利润增速已经下降了21.4%，2010年已经预告中报业绩的企业中，有三成企业预告利润大幅下降。未来一两年，还有可能更加艰难。企业的经济效益下滑，利润增速放缓，损害了中国经济的健康发展。

第三，使央行的货币政策失去独立性。央行多次提高存款准备金率，包括加息、进行公开市场操作、发行央票，是常规的货币政策。在人民币升值、通货膨胀之下，这些常规手段，实际上没有什么效果，因为物价越来越高。存款准备金率提高了，进来更多的热钱，你还能提高多少？你加息了，涌进更多的热钱，专为套利而来，你还能加多少？当初劝央行加息时，有专家说，加息不会使更多的热钱流入。但是看看2009年以来的热钱，看看加息有没有影响？想想看，如果我是外国机构，我就专门拆借日元进入中国套利。我只要套几个点的利率就行了。这没有任何风险的生意，为什么不做？贷款给企业，还挣不到这么多的利差呢。人民币再加速升值，还有汇差可挣，何乐而不为？

如果央行再度加息，海外热钱将会更快地流入，使央行所做的一切努力都付诸东流。你通过加息、提高存款准备金率收缩了流动性，热钱不受影响，可你自己的企业，却会一批又一批倒在紧缩政策之下。

2. 热钱开花，物价节节升

美联储2010年11月份宣布启动第二轮量化宽松政策。美国再次开动了"印钞机",未来8个月要向市场注入6000亿美金,美元指数应声下跌。美国此举可能会引来日本、欧洲等经济体效仿,甚至还会带动欧元和日元贬值,包括中国、巴西等国家在内的新兴经济体将面临新一轮危机。

美元供应增加,会让全球市场上的钱迅速增加,推动热钱进入中国这样的发展中国家,从而推动国际市场上资产价格的上升,助长国内的通胀预期。

热钱的大量流入,导致中国商品价格进一步攀升。在大量热钱的推动下,商品价格将全面泡沫化,且将整体超越2008年的前期高点。

·疯狂的涨价风潮

时下最热的话题莫过于物价上涨了。现在是什么都涨,衣食住行,我们基本生活的支出在全面的上涨,不禁让我们觉得生活压力也越来越大了。人们愤愤不平的是:现在什么都涨了,就是不见工资涨。

2010年,大量热钱加上各路大型资本一起涌入中国小宗农产品交易市场,配合舆论大肆热炒大蒜、绿豆、辣椒、食用油以及各种蔬菜等农产品的价格。这些物价上涨确实可以算作通过通货膨胀的后续产物。

猪肉价格的大涨,让目前的餐饮业也随之上涨。如今我们身边的快餐也由原来的8元上涨到10元,甚至还有再涨价的嫌疑。上海的豆制品也是全线涨价,方便面也是全国范围性的上涨四成。

2010年上半年棉花出现了价格上涨,棉花每吨涨到了3.3万,这就有热钱在里面炒作。郑州期货交易所11月8号棉花期货一天成交300多亿,大大超过了正常的范围,换手率极高。

当我们试图找出2010年物价上涨常态化的幕后推手时却发现,如今任何一种东西的涨价,都不仅仅只是单纯的供需变化使然,在热钱的"多米诺骨牌效应"之下,食品价格的高歌猛进不断推动CPI节节升高,进而拉动中国快速进入高成本时代。

虽然官方一再否认物价上涨引发通胀的恐慌,但2010年10月19日央行的突然加息,都被普遍认为剑指通胀。21日公布的CPI高值,也再次印证了食品涨价的巨大推动力。毫无悬念地,"涨价"势必成为2010年最红的关键词。

在市场经济条件下，市场供求决定物价，只有供求基本平衡时，物价才会稳定。如果，货币量大于物资，求大于供，则物价必涨，因此，物价受货币量的影响。中国是严控货币量的，但是，一旦热钱涌入，货币量失控，物价不涨那是不可能的。

·涨价风对居民的不利影响

2010年以来，物价水平持续上涨对居民生活产生了诸多不利影响，主要表现在以下几方面：

第一，持续且逐月扩大的负利率，使居民财产严重缩水。

受传统消费习惯的影响，中国是世界上储蓄率最高的国家之一，老百姓把银行当做保险箱，大部分结余收入存放于此，一求安全，二求增值。但是，2010年以来随着居民消费物价持续上涨，银行存款已进入负收益时代。

以一年期存款为例，目前银行一年期定期的存款利率为1.98%，扣除20%的利息税，实际利率只有1.58%，如果再扣除1月～6月3.6%的物价上涨率，一年期定期存款实际上为负2.02%(1.58%-3.6%)，也就是说，将1万元存入银行，一年后这1万元不但没有增值，其实际价值还会下降为：10000-(10000×2.02%)=9798元，其中202元白白蒸发了。

中国是一个储蓄大国，目前老百姓放在银行里的钱，已经超过了11万亿元，也就是说每个国民的手中已经有接近1万元的储蓄存款了，负利率对每个人都有或多或少的影响，居民的实际购买力普遍有所下降。

第二，物价高企导致低收入阶层生活水平下降。

由于粮食涨价，2010年1月~5月每户低收入家庭粮食支出每月增加13.2元左右，油、肉、禽、蛋及蔬菜五类必需品涨价，使每户低收入家庭每月支出增加21元左右，共计增加支出34.2元左右，即食品支出额的14.8%是由于涨价因素付出的。

2010年1月~5月，这些低收入家庭每人每月食品消费支出118元，同比增长15.2%，恩格尔系数高达50.5%，比全国平均水平高11.7个百分点。由于恩格尔系数低于50%在国际上被普遍认为是温饱到小康的一个最重要标志，所以，可以说，食品涨价直接导致了这些低收入家庭中的多数，在名义上由小康再度降入温饱阶段。

第三，农村物价涨幅高于城市，农民消费雪上加霜。

农村物价涨幅高于城市是2010年物价变动最鲜明的特征，2010年前6个月农村物价涨幅始终高于城市2～3个百分点，1月~6月农村物价上涨4.6%，城市上涨3%，农村高于城市1.6个百分点。以农副产品为原料的商品占总消费商品较大比重、农村医疗保健和教育费用价格大幅上涨是造成农村消费价格涨幅过高的主要原因。

长期以来，农民收入水平低下严重制约了农民消费的增长。虽说农民收入增加了，但农民消费并未大幅增长，2010年1月~6月农村消费品零售额增长9.1%，城市消费品零售额增长14.7%，农村低于城市5.6个百分点。农民微薄的收入难以承受物价的高增长，是其消费需求没有较快增长的主要原因。农民家底薄、承受能力差，物价水平大幅上涨，将在相当程度上抑制消费的增长。

3. 粮价上涨背后：热钱觊觎中国农业

粮食价格的上涨就像一柄双刃剑，一边刺痛了城市居民的神经，一边也在刺激着农民的种粮热情。但中国知识界普遍认为，粮食确实应该涨价，因为这是提高农民收入最直接的途径。

中国境内的热钱已成为危害经济安全的重大隐患，而在热钱没有涌入股、楼市的前提下，热钱正加速进军粮食产业。为此，中国要严防热钱逐利粮食产业。

·热钱开始觊觎中国农业

国际热钱对中国粮食产业的投资兴趣高于世界上任何一个国家，原因就在于中国有世界上最大的消费市场。

很长一段时间以来，投资基金主要介入商品市场，投资者从商品市场购买大量的小麦、玉米和大豆期货。随着粮食危机的升级，购买农田、化肥和运输工具，已经成为投资者长期投资农业产品的另一个趋势。目前，进入投资者视野的目标已经有位于加拿大、阿根廷等地的农耕地，中国的农耕地、粮库等也落入了国外投资机构的视野。2007年以来，国内食品价格的大幅上涨，以及国家加大农业投入的政策，开始吸引大量的资金投向农业，"三资"开发农业由此成为社会热点。2008年1月~5月，广东农业领域完成投资20.41亿元，同比大幅增长70.1%，增幅比上年同期提高51.4%。

热钱开始觊觎中国农业，高盛控股了河南双汇这个中国最大的屠宰公司；中国最大的两家制奶企业——蒙牛与伊利，同样让外国资本从中获得了不少的利益；中国在新加坡上市的大众食品成为新加坡最受投资者欢迎的上市公司，它的控制力也在外资手里；早在2004年，德国的DEG就介入了中国农业产业化的重点龙头企业G海通。据对外经贸大学的一项调查显示：目前中国最大的93家大豆压榨炼油厂中，60%都已经被外资控制。

·粮价洼地催生热钱投机行为

2008年5月以来，国际市场上1斤大米的价格超过了6元，而同期国内市场还普遍在每斤1.50元左右徘徊，只有国际市场价格的1/4；除大米外，国内面粉价格每吨大约5800元，国际市场价每吨接近7000元，相差约20%。毫无疑义，中国已经成为全球粮价的洼地。

2008年，国家开始提高小麦最低收购价标准。国标三等白麦的最低收购价已由2009年的每吨1440元提高到每吨1540元。但是，由于农民产量提高增加的收益远远不能弥补成本提升增加的支出，国家储备粮食收购面临不少困难。当前中国小麦的绝对价位，不仅大大低于国际麦价，甚至较中国1996年的小麦价格水平尚有一定差距。

这样，粮价的洼地催生了热钱疯狂的投机行为。当前，许多热钱纷纷退出房市及股票市场，将目光投向了价格上涨潜力最大的粮食市场。由于农民均有强烈的惜售和涨价要求，热钱的进入将引起普遍的涨价效应。

如果按照粮价近期将不断被推高的国际趋势来看，投资粮食市场的获利空间比房市及股市还要高。因为房市及股市有很大的风险成本，而粮食除了短期的储存费用之外，成本很小。更何况，热钱进入粮食市场，对价格的推高作用可能会更大，如果不加控制，粮食市场对热钱的聚集效应会不断攀升。

·筑牢安全坝成当务之急

那么，热钱是如何进入粮食领域的呢？原因就在于中国对于外资的吸引政策特别优惠，热钱可以通过私募股权、投资基金的方式投资国内粮食和农业领域，实现直接投资和随机退出的长短结合。

具体来说，可以通过这样几个途径进入：进入期货市场购买粮食期货；进入粮食购销、储运业；进入面粉、大米加工业；进入食品加工和食品制造业；利用土地股份化和农民破产时机收购农耕地，投资中国农业，然后与上述企业一起整合，择机包装上市；进入金融业，重点从事粮食和农业资源的信托、资产管理业务。可见，热钱完全可能通过长期投资的方式进入。

那么，如何应对热钱投机粮食市场呢？首先，参照国际市场价格，大幅度提高粮食收购价格，调动农民种粮的积极性。其次，适度放开国内粮食及其加工品的出口。一方面有利于提高粮食价格、增加外汇收入；另一方面也适当承担大国对世界粮食供给的应有责任。再次，加强对粮食期货市场的监管，防止出现过度交易现象，强化对储备部门外的粮食购销、加工企业的库存和销售价格的管理，打击粮食投机活动。另外，调整外商投资目录，限制和收紧外资进入农业及其上下游行业的投资。

4. 祸起热钱："蒜你狠"、"豆你玩"、"姜你军"、"猪你涨"

"蒜你狠"、"豆你玩"、"姜你军"以及"猪你涨"是时下中国流行的一句时髦用语，形容大蒜、绿豆、生姜以及猪肉等农产品价格一路飙升，超出合理范围。

2009年以来，大蒜、绿豆、玉米等农产品价格大幅上涨。这一轮农产品接力般的涨价潮，在网络上也催生了一系列的网络热词。"蒜你狠、豆你玩"……而继"房奴"后，网上出现了"菜奴"，幽默的网友纷纷在论坛上大晒每日账本和省钱秘籍，引来无数网友的围观。

·"蒜你狠"

"蒜你狠"是时下中国流行的一句时髦用语，这是源于大蒜疯涨超过100倍，甚至比肉、鸡蛋还贵。

大蒜价格居高不下，"炒"蒜者日益增多。在短短半个月时间，从之前的6元一斤猛蹿到10元一斤，在部分城市的超市里，甚至卖出了12元一斤的高价，比上好的五花肉还要贵。

细看2010年的菜价，土豆、大蒜、绿豆在菜市中出尽风头：土豆价钱追赶一斤鸡蛋的价格、大蒜价格贵过猪肉……其他品种的蔬菜也或多或少跟着起哄。

国家统计局2010年5月11日公布了4月主要经济运行数据。4月份，居民消费价格同比上涨2.8%，涨幅比上月扩大0.4个百分点。

令人担忧的是，过快上涨的菜价实实在在地加重了消费者的菜篮子负担，持续上涨的菜价让人望"菜"兴叹。对于这轮菜价上涨，中国有关部门给出了如下理由：天气异常，西南干旱、北方倒春寒影响农产品收成。

在市场经济下，菜的价格由市场来自由掌控，供大于求，价格会下降，而大蒜显示是遭遇了供小于求，市场需求的大蒜量不足，导致市场杠杆进行了价格调节，官方说法是农产品欠缺导致价格失衡，但在如此价格的疯涨下，无疑是说不通的。

最直接的原因是热钱的炒作行为在里面。从2009年开始，热钱投机甲流疫情助推，抬高物价获取了巨额利润。炒蒜并没给农民带来好处，而消费者得为热钱的"超额利润"带来的高物价埋单。

· "豆你玩"

"豆你玩"也是时下中国流行的时髦用语，形容绿豆价格一路飙升，超出合理范围。"豆你玩"，玩的是一种心态，表现出网友们对菜价飞涨的一种调侃。

"逗你玩"一词，最早是出现在相声表演艺术家马三立最著名的段子之一《逗你玩》中，从2010年初开始，绿豆的价格不断攀升，从以往的两三元左右涨到了10元左右。网友据此发明了"豆你玩"，是继"蒜你狠"后的又一网络潮语。

豆价疯涨"豆你玩"，释放出了热钱炒作的信号。2010年2月份以来，从绿豆收购商到产地经销商，再到外地各级经销批发商，甚至零售商，各环节各家手上都多多少少有囤货的行为。看来人祸才是此轮涨价潮的重要幕后推手。

豆与蒜都是民生必需品。昨天"蒜你狠"，今天"豆你玩"，明天又会冒出一个新的玩意儿来，农产品价格一个个无节制疯涨，以致失控，民生最为受伤。

农产品轮番涨价的局面如果长期保持下去，结果肯定是以降低人们的生活质量为代价。我认为，热钱炒作农产品危害性极大，不仅对中国的整体通货膨胀会产生助推作用，并且影响到农产品供给和价格的稳定。并且，热钱炒作后一旦迅速撤走，农产品的价格就会跌入低谷，这对抵御风险能力本来就很弱小的广大农户的危害非常大。

对此，中国政府不能放任自流，任凭市场自我调节，而要像对待房价一样，尽快出手调控。在增加投入、畅通信息、指导农民均衡生产的同时，同样要及时打击中间商囤积居奇、炒买炒卖，不让热钱炒家乘机抬高价格，从中渔利，人为制造市场恐慌。

·"姜你军"

"姜你军"亦是时下中国流行的时髦用语，形容生姜价格一路飙升，超出合理范围。2010年以来，大蒜、绿豆、叶菜、玉米等农产品价格大幅上涨。这一轮农产品接力般的涨价潮，在网络上也催生了一系列的网络热词，"姜你军"就是其中的代表名词。

2010年7月，根据中国多个省市的信息数据反映，继大蒜、绿豆价格持续上涨后，生姜价格也出现上涨。

根据监测的数据显示，2010年6月下旬以来，全国生姜价格呈上涨走势，价格涨速明显加快，7月14日~7月26日连涨13天，至每斤5.93元，与6月下旬相比，全国生姜价格累计上涨8.8%。7月14日~8月15日，全国生姜价格连涨33天，至每斤6.57元，累计涨幅达18.2%。

从省区市来看，超过九成的省区市生姜价格出现上涨，其中海南涨幅居首，达36.7%；天津、陕西、贵州、山西的涨幅较为明显，分别为24.2%、20.2%、17.0%、16.4%。

据悉，生姜等配料价格接连跟着上涨，除了2009年以来气候原因致产地减产使供应受较大影响外，也有从股市、楼市退出的热钱资金利用大蒜、辣椒等农产品产地集中、季节性强、产量下降、市场信息不对称等特点，恶意囤积，哄抬价格，严重扰乱市场秩序的因素。

在全国最大的姜蒜专业批发市场——安丘姜蒜批发市场，两三天时间内，这里的生姜批发价从3元升至4.5元，飙涨近5成。不难发现，现在大涨的生姜都是易于保存的。这些产品都是季节生产、常年消费，便于储存，热钱更容易炒作。

"姜你军"，虽说是将老百姓的军，但最终还是将国家的军。老百姓过不好日子，哪有国家的长治久安？

·"猪你涨"

"猪你涨"指代猪肉价格不断上涨。"近期猪肉的批发价格一直都在慢慢升高"，由于洪灾导致多地生猪供应量减少，2010年猪肉批发价格已经开始走高。

目前市场上精肉的价格多在13元/斤~15元/斤。深圳2010年生猪收购价5月底为20.4元/斤~20.8元/斤，7月初已达22.4元/斤，7月中旬突破26元/斤。

猪肉疯狂涨价与热钱借南方洪灾，乘机炒作有关。2010年6月份南方多地发生洪灾，洪灾期间，许多生猪被淹死，同时因感染疾病而死的生猪数量也较大，直接导致后期猪肉供应量不足。热钱这时乘机囤积猪肉，高抬物价，从而使得猪肉涨价。

·其他热词

（1）辣翻天

2010年，由于农产品价格齐上涨催生的网络热词之一。是指几个月内调味辣椒价格持续上涨卖得特别贵。一斤朝天椒批发价9元多，零售价高达15元，比2009年同期翻了一番。

（2）玉米疯

玉米成舆论热词，受2010年初南方干旱北方寒冷影响，国内玉米减产，加上热钱囤货炒作，玉米价格持续攀升，中国多地纷纷鼓励农民引进或扩种，想在甜玉米市场分一杯羹。

（3）苹什么

继"蒜你狠"、"豆你玩""姜你军"之后，农产品热钱炒作又瞄上了苹果，一个新的名词"苹什么"开始在苹果主产区山东烟台市流行。各路资金涌入当地疯狂抢购，"红富士"瞬间身价大增，续演着近日以来的涨价大戏。

（4）糖高宗

白糖的价格连续上涨，来自蔗糖主产地广西的中间商报价已经达到了5950元/吨，创下了历史最高纪录，普通的白糖摇身一变"糖高宗"。除去白糖产量因素外，白糖价格的上涨背后也有热钱推手。从2010年8月份起，各白糖期货合约品种都出现了成交价猛升的情况，比如白糖2011年5月份交割的主力合约，它在2010年5月份触底4660元/吨之后便一路拉升，2010年已经接近5800元/吨，成交量也连续两个多月放出巨量，其中热钱炒作的痕迹比较明显。

（5）油它去

国内食用油零售价明显上涨，涨幅达到15%左右，于是网友们仿造流行的词语，创造出了"油它去"这么一个说法。从"蒜你狠"、"豆你玩"到"姜你军"、"糖高宗"再到"苹什么"、"油它去"，层出不穷的新词看似调侃，实际已变成释放生活压力的一种无奈之举。

（6）海豚族

海豚族就是海量囤积食品一族，因为食糖、酒类还有食用油等基本食品都疯狂涨价，导致一些人在其进一步涨价时候，开始囤积粮食，所以这些市民被统称为海豚族。海豚族的习惯用语是：朋友，今天你海豚了吗？

5. 房奴之后再出新名词"菜奴"、"果奴"

中国蔬菜、大蒜、绿豆等农产品价格2009年来一路上扬，走势不逊于高企的楼价，把全国通胀预期推向警戒，网络上甚至出现了自称买不起蔬果的"菜奴"、"果奴"。

在京沪广深等一线城市，那些每天拿"菜篮子"的主妇，近日相见都不免抱怨一番"当家"的不易。上海媒体形容，现时蔬菜价格已进入"元时代"，即鲜有以几毛钱论斤的蔬菜。

据官方统计部门公布，2010年3月~4月份全国蔬菜价格同比分别上涨18%和24.9%。CPI统计中食品的权重占到33%，蔬菜价格大涨，成为拉动CPI上升的重要推手。

农产品之所以"升"势凌厉，既有天气因素，也有热钱的炒作。2009年年底以来，楼市遭遇调控、股市疲软，市场上大量闲置资金便借"干旱"题材炒作大蒜、辣椒等农产品。热钱不断涌入农产品现货及期货市场赚取暴利。农产品大幅涨价，两成是因为天气，八成则是因为热钱在炒卖。

·"菜奴"

2010年10月，网上流传着一份"菜奴省钱攻略"，网友称，当了房奴、车奴，如今在高涨的菜价之下，不少人又增加了一个"菜奴"的光荣称号，不少人开始纠集伙伴，探讨"菜奴"的省钱之道。

如今的80、90后，身上肩负着多重负担，在房子面前充当"房奴"的角色，在孩子面前又是"孩奴"，而菜价的上涨让更多年轻的主妇感觉到了压力，面对蔬菜上涨的趋势，她们自嘲变成"菜奴"。于是，"尽量等菜场快下班再去买"，"锁定一个固定摊位买菜"，"在阳台花盆里种点葱"等招数开始流行，网友纷纷晒出自己的"买菜省钱攻略"。

菜价的上涨也让不少餐饮店开始头疼，为了保本只能少放一些贵的调料，青菜反而成了赔本生意。经营餐馆的业者开始琢磨青菜菜品提价，但又怕流失了老客户。

人们的日常工资加了，可是菜价也在上涨，而且上涨的速度已经超出了人们的支付范围。这让人们的生活过得更加窘迫。

房奴、卡奴、车奴、孩奴、节奴……显然，这是一个"众奴加身"的时代。每一个"奴"字，都代表了几多辛酸、几多奋斗，更代表了人们在时下环境中的被动语态——价格上涨，芸芸众生便只能被动接受，听着专家们的宽慰式劝告，畅想着遥不可及的调控效果，最终就转化成这一代人的人生写照。

人生是个茶几，上面盛满了杯具和洗具。张爱玲的经典话，经过网友的一番修正，还真有点诗情画意的感觉。结合现在的菜价形势与网络上风靡的"快乐农场"游戏，套上此句式，笔者只想说——人生是个"农场"，上面站满了"菜奴"。虽然网上叫"快乐农场"，可身为"菜奴"，况且是一个看不到问题解决前景的"菜奴"，谁又能快乐起来呢？

·"果奴"

果奴，除蔬菜外，包括水果在内的其他食品也出现不同程度的价格上涨。继"房奴"出现后，网络上甚至出现了自称吃不起水果的"果奴"。

6. 谣"盐"风波："盐荒子孙"抢盐记

2011年3月份的中国，在民间搞得沸沸扬扬的事情无外乎那一场因为日本福岛核电站核泄漏而导致的"抢盐记"。

2011年网络上流行一副对联——上联是：日本是"大核"民族，下联是：中国是"盐荒"子孙，横批是：有"碘"意识。虽是搞笑的段子，但是引发了人们对日本和中国这两个国家进行对比和思考，尤其是对中国人的国民性和劣根性的大讨论。

国内很多网友、专家在网上发文斥责普通民众：太愚昧、太无知、太不可理喻了。怎么好端端的去抢盐呢？真是太丢脸了！身处核辐射中的日本人都没有恐慌，离日本1000多公里的中国人怎么就像炸了锅一样的干上这些让人摸不着头脑的事情呢？

不少专家解释说咱们中国市场上的盐类只有20%来自海水，我国的食盐储备几辈子都吃不完：青海湖有的是盐，塔里木盆地的公路是用盐铺成的，四川自贡是自古以来的盐都，四川遂宁的死海有的是盐……

·民众抢的不是盐，是寂寞

无论孰是孰非，首先，让我们来回顾一下我们"盐荒子孙"抢盐记的由来和经过。

整个抢盐的过程是这样的：

（1）2011年3月11日，日本当地时间14时46分，日本东北部海域发生里氏9.0级地震并引发海啸，造成重大人员伤亡和财产损失。

（2）由于受到地震和海啸的影响，位于日本福岛县的福岛第一核电站1号反应堆所在建筑物在3月12日发生大爆炸。随后，日本政府3月13日承认，在大地震中受损的福岛第一核电站2号机组可能正在发生"事故"，2号机组的高温核燃料正在发生"泄漏事故"。该核电站的3号机组反应堆面临遭遇外部氢气爆炸风险。紧接着，共有21万人正紧急疏散到安全地带。

（3）核辐射的威胁令东京市民感到恐慌，很多东京市民乘坐新干线或驾车离开东京往大阪、名古屋方向撤离。联合国秘书长发言人哈克14日在纽约联合国总部说，联合国派遣的一支由7名国际专家组成的灾害评估和协调小组目前已抵达日本。

（4）3月12日开始，全世界包括中国在内的众多媒体广泛报道日本福岛核泄漏事件，引起各国人们的广泛关注。

（5）3月16日中午，在中国浙江省的绍兴、萧山等市初次出现抢盐的风潮，许多市民走进商店、超市的第一句话就是要买食盐。受一些传言影响，不少商店、超市的食盐卖断货。

一时间，浙江省除了杭州主城区外，抢盐潮波及附近的富阳、余杭、临安以及德清、宁波等地。

（6）3月16日晚，中国各大媒体继续播放关于日本福岛核辐射的专题，顿时，全国各地开始出现食盐抢购风潮。包括北京、上海、广州等中国一线城市也出现排队抢购食盐的场景，各大商场超市的食盐被抢购一空。

（7）3月17日，在中国刮起的抢盐风潮开始席卷纽约华人社区。纽约几大华人社区超市里的盐，每天都被抢购一空，有人甚至到曼哈顿美国人的社区里抢购碘盐。原来卖0.5美元的一罐盐，现在卖到了1美元以上。有购盐的华人称，他们打算通过快递公司将碘盐寄给国内的家人，有人是受加州亲友的委托，加州前几日已出现断盐现象。

（8）3月17日，针对中国各地疯狂的抢盐现象，国家发改委发出紧急通知，要求各地立即开展市场检查，坚决打击造谣惑众、恶意囤积、哄抬价格、扰乱市场等不法行为。

（9）3月19日开始，随着中国多个相关部门相继出来辟谣，"谣言"逐渐散去，食盐抢购风波得到缓解，但是不少民众反映在超市内仍然见不到食盐上架。

（10）3月20日，抢盐潮后再现退盐潮，国内多个城市出现消费者集体退盐。如在浙江温州，有些前几天花高价买盐的消费者感到吃亏，数百名消费者前日到当地一家超市，要求退货。而超市也不知如何是好。

（11）新闻开始报道史上最牛"抢盐帝"。抢盐帝是大量囤积食盐的一位武汉市民郭先生，他花高价购入食盐13000斤，由于其所抢购食盐之多，故被人称为"抢盐帝"。

·令人啼笑皆非的谣"盐"笑话

不管抢盐的行为是对还是不对，是理智还是愚昧，在这里，我将抢盐风潮内出现的笑话做一个罗列：

上联：大核民族五十七座核电密布意欲核威；
下联：盐荒子孙五十六个民族抢盐盐面安在；
横批：有碘意思

上联：日本人在核辐射中等待碘盐；
下联：中国人抢碘盐以等待核辐射；
横批：无盐以对

男女相亲。
女问：有房吗？
男说：没有。
女问：有车吗？
男答：没有。
女问：有存款吗？
男答：没有。
女再问：那你还来相什么亲？

男答：我有盐。

女说：老公！

曾经有份真挚的感情在我面前，我没有珍惜，直到我明白他是卖盐的，才后悔莫及。

每一个抢盐的人，上辈子都是折翼的天使。如果你遇到了，就嫁了吧。

日本人地震没死，海啸没死，核辐射没死，结果当听说大洋彼岸沿海城市的中国人疯抢食用盐后，全部笑死了。

今天各大超市咸鱼摊位边上增加了多位保安，以防止随意舔鱼的行为。保安气愤地说："昨天好好的一堆大咸鱼，今天硬是被舔成了淡水鱼。"

专业人士教你如何防辐射：全身涂满碘酒，头顶铅板，挥舞海带，边跑边吃盐，一天至少10公斤，像螃蟹那样横着侧风疾跑，在通往美丽人生的康庄大道上！

"蒜你狠"、"豆你玩"、"姜你军"下一个是"盐王爷"。

日前推出日本七日游，内容有：看海啸，观核爆，欣赏地震美景，体验核辐射，感受末日风情！单程船票，费用自理——管去不管回，管死不管埋！特惠价：2012元（注：凡是参加了抢盐活动的，可凭超市购物小票，参加本次七日游活动，并享受7折优惠）。

世上最痛苦的是什么？辐射没来，盐没了；世上最最痛苦的是什么？辐射来了，盐不好使；世上最最最痛苦的是什么？钱都买盐了，没钱买米了；世上最最最最痛苦的是什么？人都咸死了，盐还没用完！

叫外卖：麻烦你给送一份卤肉饭。饭店：您要哪一款卤肉饭？不放盐的15，放盐的30，双份加盐的50，我们最近还特别推出"咸死你"超值碘盐防辐射皇家尊贵卤肉饭套餐，只需98哟，送一瓶碘酒呢。

江苏卫视《非诚勿扰》改名为《非盐勿扰》。男佳宾买够10000斤盐，就可领走自己的心爱女生。

本人有盐2袋，含碘，无核污染，每袋500克，欲换国贸商业中心一带140平方米商品房一套！非诚勿扰，有意私聊。

终于明白在日本如此紧急关头，奥特曼为何没有出现了。因为他在中国有个家喻户晓的别名——"咸蛋超人"，他本要前往日本救灾，途径中国，不巧在国内遭遇食盐抢购。因食盐紧缺，他不幸被舔失身，随后对人类产生了无限的恐惧。

·不是民众愚昧，而是专家荒唐

每一次中国国内发生重大的群体事件，专家学者都会把矛头指向所谓的"国民劣根性"，当然所用字眼不外乎愚昧、无知、落后、没有理智、跟风等等。

从日本发生地震、海啸以及福岛核电站核泄漏后，专家学者又开始了新一轮的鼓噪。这些鼓噪对民众的抢盐起了促进作用，正好，也帮了热钱投机者的忙。不过在这一节不说热钱的炒作，先说专家是如何鼓噪的。

专家学者的鼓噪主要有两个。

鼓噪一是极力夸大福岛核泄漏的严重性，动而以第二个"切尔诺贝利核事故"来说事，极力渲染日本人在面对此次事故中受到的重大影响。在目前国内信息尚不能做到完全透明、公开的情况下，很多中国民众轻信了专家学者的话，从而对福岛核泄漏事故产生极大的恐惧心理。

我认为，所谓的专家学者本着为民众服务的态度要对国内民众说真话、说实话，不能借渲染和夸大事实来达到某种目的。福岛核泄漏事故并没有如他们所说的那么严重。

2011年3月11日，日本东北部近海发生的里氏9.0级特大地震导致的福岛核电站多台反应堆机组出现故障，其中福岛第一核电站1号反应堆发生了核泄漏。

我认为，尽管发生了一定程度的核泄漏，但辐射水平并不会对核电站周边人群构成短期危害。对日本国内其他地区、周边国家就更不会造成影响了。从目前的情况看来，核泄漏已得到控制，辐射程度非常轻微。

在这次核事故中，核反应堆压力容器没有任何受损，而爆炸是发生在核反应堆压力容器与外层混凝土安全壳之间，损坏了外层混凝土安全壳，造成了少量放射性物质释出。福岛核电站反应堆容器没有受损，与切尔诺贝利核事故有本质上的不同。在切尔诺贝利核事故中，反应堆爆炸后，反应堆芯直接暴露在大气中，爆炸瞬间约有50吨核燃料化做烟尘进入大气层，造成广泛地区的核污染。

福岛核电站核泄漏的严重性其实是与美国三里岛核电站事故相当，是很轻微的一起事故。

1979年3月28日，美国宾夕法尼亚州的三里岛核电站的2号反应堆出现故障，反应堆容器失水，高温导致100吨铀燃料棒中的45%受到损坏。这起事故没有一人死亡，在事故现场只有3人受到半年容许剂量的辐射，而在核电站80公里半径内的民众，平均每人也只受到一年天然辐射剂量的1%。三里岛核电站事故对周边环境的影响也很小。

虽然说日本福岛核泄漏事故很轻微，但是核电站的安全性仍须重视，特别是核电站对海啸的防范是一个值得思考的新课题。

专家学者的鼓噪二（这里所说的专家学者前面应该冠一个"伪"字）是说食用碘盐和含碘食品（酱油、大酱等）能预防核辐射。专家学者说服用稳定性碘就可减少甲状腺吸收放射性碘。他们认为含有放射性碘核辐射会损害人的甲状腺。这个时候如果甲状腺中有稳态的碘，就不会再去接收放射性的碘，这个过程被他们比做"占位"，要和放射性的碘抢位子。

这太扯淡了！显然是滑天下之大稽。

碘盐作为调味品，从药理上根本无法起到封闭甲状腺的作用，无论如何增加摄入碘盐量，都不可能一次性吸收足够量的碘，更不可能起到防辐射的作用。

碘盐中碘的存在形式是碘酸钾（KIO_3），在人体胃肠道和血液中转换成碘离子被甲状腺吸收利用。我国规定碘盐的碘含量为每千克30毫克。按人均每天食用10克碘盐计算，可获得0.3毫克碘。而碘片中碘的存在形式是碘化钾（KI），碘含量为每片100毫克。按照每千克碘盐含30毫克碘计算，成人需要一次摄入碘盐约3千克，才能达到预防效果，远远超出人类能够承受的盐摄入极限。如果真的遭到核辐射，最好的办法就是就医，吃再多的盐都不管用。

大量吃碘盐，不仅不会起到防辐射的作用，反而会因吃盐过多引发高血压等相关疾病。摄入过量的碘会扰乱甲状腺的正常功能，既可以导致甲状腺功能亢进，也可以导致甲状腺功能减退。孕妇过多摄入碘可导致新生儿甲状腺肿和甲状腺机能减退。

专家的荒唐按下不论，"盐荒子孙"抢盐记至少说明在中国民众意识和社会治理中存在三个重大现象：

第一是地方政府信用缺失导致国民没有安全感；

第二是中国民众自力更生与自我保护意识浓厚；

第三是政府对扰乱社会秩序的热钱仍然不敢施加足够的震慑。

下面我来说说热钱是如何在这次抢盐风潮中扮演重要角色的。

·为什么说热钱在逼着民众去抢盐

比起专家的鼓噪，热钱在这次抢盐风潮中的作用更大。我认为是热钱在逼着民众去抢盐的，当然，这个所谓的逼是迫使的意思。

很多人会产生疑问：你凭什么这么说？你有什么证据吗？总不要什么事情都扯到热钱上来吧。

好吧，我给大家看证据。

不过，在我拿出证据之前最想和读者说的是：我们每一个人在判断一件事情、一次风波、一场事件的时候，要想到这个事情、风波、事件的背后最终是谁在牟利，是谁将获利。美国人有一句话是说没有永远的朋友，只有永远的利益。每一件事情背后都有利益，都有利益既得者。这样，在判断事情的时候就容易多了。

"盐荒子孙"抢盐记背后谁将获利？谁在大发其财？答案很清楚。

日本泄漏放射性物质并不多，范围也不大，通过风雨等稀释作用，到达我国沿海的影响甚小，不存在什么海盐污染问题。

吃碘盐防辐射不过是某些热钱投机者的阴谋罢了。他们首先囤积大量的食用盐，然后炒作，通过新闻媒体、互联网媒体等宣称日本核辐射会污染海水导致以后生产的盐都没法食用，而且吃含碘的食用盐可防辐射。进而导致全民恐慌使其抢购食盐，导致食盐上涨，然后坐收渔翁之利。

抢盐最严重的各大超市为什么不紧急调动食盐出来大卖，减轻压力，因为它们没有任何货源。货源都掌握在热钱投机者手里。

热钱一直都演绎着各种的炒作，只要发生什么事了，马上就炒作一些相关产品，热钱投机者总比政府有眼光，有洞察力，总是走在预防措施的前面。如果，预先就有防止谣言的重要讲话，估计民众不会这么冲动，盐市不会这么无所顾忌。跟风也许只能算是条件反射，正如有人仰着头，有一个人看见了就抬起头看天，其他人都陆续抬头看天，最后什么也没看见，问到第一个抬头的人："你在看什么？那人也许只是告诉你："没看什么呀，我鼻子流血。"

好吧，该拿证据了。

证据一是政府对热钱的疏于监管导致热钱猖獗，热钱狂炒民众日常用品。

从1999年7月28日，中国证监会颁布了《关于进一步完善股票发行方式的通知》，首次引入了战略投资者概念，说是"市场稳定器"。这也就公开开启了外资入股中国的序幕。

战略投资者都引进了十几年了，我们什么也没得到，他们在充当吸血鬼的角色的同时，一个非常重要的副作用就是合法地把国外的热钱输入到中国。

在中国，热钱有了一个合法公开的身份，可以堂而皇之、大摇大摆地进入中国，这样一来，不但进入的速度加快、数量大增，而且热钱的成本更低了，低成本导致的一个重要结果就是热钱会以更加疯狂的速度和更加巨大的数量进入中国。

热钱变得越来越聪明，越来越贪婪，越来越疯狂，越来越恶毒。楼市现在被打压，股市费时费力，于是它们就选择了日用品。你可以不炒股，但是你不能不用日用品，不能不去看病。蒜、苹果、食盐、姜、大豆，基本都是日常生活离不开的东西，炒这些东西，可以说是没有风险的，不管炒到多高，都有人接盘。

热钱的策划也充分利用了媒体的作用，网络媒体、平面媒体就是热钱的一个马前卒罢了，媒体在前面鼓吹，热钱在后面操作。

　　证据二是2011年3月中国盐业股经历疯狂过山车行情。

　　自日本出现"核泄漏危机"后，中国盐业股、医药股、防辐射概念股、新能源概念股都被热钱轮番炒作。

　　2011年3月，对于盐业股，市场甚至出现了热钱炒作盐业股的路线图："一些热钱从2011年3月15日起就在股市大量买入云南盐化等个股，并在收盘后到浙江各地抢盐（这就是为什么中国盐荒子孙首先在浙江抢盐的缘故），随后又散布谣言，3月17日热钱将云南盐化拉至涨停大幅获利。

　　这个路线图有一定的可信性。云南盐化3月15日曾放量涨4.34%，该股成交量突然放大，而在买单上也是大单频出。当日交易量超500手的大单中，买盘占2/3，平均成交价为13.65元。其中最大一笔买单交易金额为245.78万元，成交价为13.66元。3月16日，云南盐化有所蛰伏，买单和卖单中的大单和特大单成交比例也基本持平。当日股价仅小幅上涨0.21%。

　　3月17日云南盐化开盘即被封至涨停，当日云南盐化资金净流入2535万元。当日收盘后的交易信息显示，当日多家机构趁势高位出货，抛"盐"于市。

　　来自浙江地区的热钱游资则是当日推升股价的主导力量，位于买入榜前五位的，均为浙江地区的营业部。其中，业内著名游资营业部财通证券温岭东辉北路营业部当日买入云南盐化1660万元。其余位列买入榜的还包括湘财证券杭州教工路营业部、金元证券杭州体育场路营业部、东海证券南京长江路营业部、银河证券杭州湖墅南路营业部。

　　从2011年3月份的交易公开信息来看，关于热钱炒作盐业股的市场传闻也得到部分印证，来自浙江的热钱正是盐业涨停的幕后之手。

　　另外，自从中国多部门3月17日联手打击"抢盐"谣言之后，盐业股出现戏剧性地全线跌价回调也印证了确有热钱炒作的事实。

　　3月18日股市一开盘，盐业股便遭遇了主力资金的疯狂出逃，盐业股股价随之急剧下挫。而在此前一交易日多只盐业股出现爆发式上涨。

根据大智慧数据显示，云南盐化3月18日开盘即跌2.7%，1.54万手在集合竞价阶段抛出，开盘后一小时频频有大单卖出。全日换手率超10%，资金出逃明显，股价整日委靡不振。截至3月18日收盘，兰太实业大跌9.98%，报收于15.70元；云南盐化大跌7.55%，报收于13.96元；双环科技跌5.17%，报收于8.62元。

市场并未反应过来的时候热钱大量建仓云南盐化，在涨停之后再借机出逃。这种短线操作目前在市场上并不少见。

除了云南盐业这个例子，还有一个有着防辐射概念的际华集团同样经历了被热钱爆炒的过山车行情。

际华集团防护装具业务占其主营业务收入的17.31%。2011年3月15日，际华集团强势涨停，而当日交易龙虎榜信息显示，国盛证券南昌永叔路营业部、招商证券杭州文三路营业部以及两家位于佛山的营业部银河证券佛山南海桂平西路营业部、光大证券佛山绿景路营业部为买入的主力。而位于卖出榜首的，则是一家机构席位，共卖出2643万元。

此后一日，该股冲高回落，涨幅达到7.26%。四家此前位于买入榜的营业部齐聚卖出榜。而知名的国信证券深圳泰然九路营业部则现身买入榜，此前一日，该营业部则出现在卖出榜单，不排除热钱在其间采取对倒的手法，拉抬股价。

而在此后的交易日中，际华集团连续3日下跌，3月18日下跌4.65%，报收于4.71元。

7. 中国用紧缩政策控制物价是南辕北辙、自取败亡

中国政府为了抑制热钱流入，害怕热钱流入推动物价上升，正在实行紧缩的货币政策。

这个初衷是好的，但是，中国政府目前并没有任何控制能力来左右世界性物价。这个控制能力指货币能力和原料能力。所以，实行这个紧缩的货币政策会起到相反的作用。

·南辕北辙的货币政策

我们来预测一下中国政府实行紧缩的货币政策会形成什么样的连锁

反应，下面是预测步骤：

(1) 货币短缺，出现暴利空间。

(2) 热钱流入，中国货币占有率下降。

(3) 紧缩货币，防止物价上涨。

(4) 中国货币占有率继续下降，外币占有市场率提高。

(5) 内资企业资金链困难乃至断裂，企业转让或破产。

(6) 暴利空间加大，热钱加速流入。

(7) 中国货币占有率继续下降，外币占有市场率继续提高。

(8) 物价逐步上升到世界水平，中国失去生产企业以及货币占有率。

如上我们可以看到，紧缩的货币政策会导致热钱不断流入，紧缩的政策就好比是不断将自己的水池淘空，为外面流入的水腾地方。这是因为紧缩的货币政策会导致货币紧缺，货币进入紧缩区域的获利空间也就加大。

中国目前的货币极度紧缩，就算热钱流入中国不做任何投资，仅配合典当行发放高利贷也可获得100%的年息。如果企业初期的资金链断裂，在高利贷借款都不能解决问题的情况下，还有转让与破产等道路可以走。这个时候，热钱趁机收购企业资产也是一个非常好的赢利项目。

从2009年起，不断有外资进入北京收购中心地段的写字楼，而目前股市价格被打压得这样低也同样是获得暴利的最佳时段。这样的情况下，世界的流动性资金怎么可能不持续地流入呢？所以，紧缩的货币政策会导致热钱不断加速流入。

·**中国物价之我见**

很多人可能会问道，是不是要实行宽松的货币政策？不是。那么，到底该如何做呢？

首先我并不主张采取什么果断措施来控制物价，我认为中国是一个物价的低洼地，因为全球化因素，中国物价将有一个逐步回升的过程，这个过程将是长期的、持续的、不可逆的。

我们需要做的只是让平均国民收入能超过物价上升的速度，以保证国民能有一个持续上升的生活水平。直到中国的物价能与世界各主要国家接近均衡。

对于普通老百姓来说，只要不是政府人为大量发行货币造成的物价上涨，就不要太惊慌。我不同意现在有些投资机构和媒体老是怂恿人们去投资股票和黄金。天下没有免费的午餐，股票和黄金投资收益虽然高，但其代价和风险同样高。对一般工薪阶层来说，投资失败对生活造成的负面影响要远远大于现在的物价上涨。

老百姓还是要冷静对待目前的情况，该用的还得用，该存银行的就存银行，最多买一些收益率相对高一些、风险相对少一些的国债和安全的理财产品。

政府应该适时推出"指数型工资"政策，最起码应该对低收入阶层推出"指数型工资"，以确保他们的收入与物价上涨和通货膨胀保持同步。对普通百姓来说，应对物价上涨最好的途径和保障就是增加收入。

8. 热钱：来去无踪的中国人财富"收割机"

国际投机家有个术语叫"剪羊毛"，大意是以低息宽松货币政策释放出大量流动性资金，全面推升资产价值，引起投资热。将资产和资本泡沫吹大，形成投机狂热后，制造各种危机或猛然抽紧银根，迫使资产超速贬值。

当优质资产价格暴跌到正常市场价格几分之一甚至百分之几时，资本玩家们能够以非常低廉的价格收购这些优质资产。这种"剪羊毛"又被称为"资本收割机"，而热钱就是这台"收割机"。

·无国界的新财富战争时代

就世界贸易的发展历史来讲，长达千年"东学西渐"的"丝绸之路"时代结束后，紧接着就是"西学东渐"的世界海洋贸易时代。这个新时代，就是直接"抢钱"和以抢来的钱作为原始资本再"圈钱"的时代，这也是西方资本主义市场经济"财富战争"体系的原发动力。

这个体系的创建，从一开始就充满了血腥野蛮的奴隶制色彩。这个体系的开发与创建，以公元1492年8月3日，"老欧洲"的哥伦布悬挂"十字军旗帜"，从西班牙巴罗斯港远洋出征为标志。

欧洲人这种传教士式的"财富战争"，用哥伦布本人的原话说，就是"自己日夜祈求从上帝那里得到产金的土地"，"黄金是一切商品中最宝贵的，黄金是财富，谁占有黄金，就能获得他在世上所需要的一切，同时也就取得了把灵魂从炼狱中拯救出来，并使灵魂重享天堂之乐的手段"。于是，三千多万印第安人和数以万计黑奴的生命，就被"以上帝的名义"抛向了地狱。西方投机冒险家们以"钱生钱"的"生财"体系，就是这样在对全世界"迷途羔羊的灵魂拯救"过程中创建起来的。此期间，也有包括中国人所熟知的"鸦片战争"开关通商的贡献。今天，所谓的"房奴"、"车奴"、"米奴"和"菜奴"的哀叹，其实都是被这个"财富战争"体系的资本所奴役的"钱奴"。

在这个新的"财富战争"时代，从葡萄牙、西班牙、荷兰到英国，"老欧洲"群雄争霸轮番"大国崛起"。其中的"日不落帝国"，曾经把这个世界"财富战争"体系推到了前所未有的辉煌。也就是在这个大英帝国的北美殖民地，发生了一次意义深远的"倾茶运动"。这场由殖民地草根们发起的"倾茶运动"，是一个伟大的新国家即将诞生的啼声。当今天的"美元帝国"已经接过"日不落帝国"的权杖，创造着新的世界辉煌的时候，"新倾茶运动"的卷土重来，大约也是一次历史重温。

· 黄色外衣和红色外衣

新中国成立以来，中国实施的经济体制本质上就是"政府主导型经济"，我们可以称之为"政府经济"。在新中国成立以来60年的经济建设史上，前30年"政府经济"穿着计划经济的红色外衣，后30年"政府经济"穿的则是市场经济的黄色外衣。

无论红色还是黄色，"政府经济"的基调、特点、权力结构、资源配置方式等并没有发生根本性变化。

对外开放和招商引资，给予外资超国民待遇，它直接伤害了市场经济的法制原则、公平原则和企业自主原则。而法制、公平和企业自主才是市场经济存在和发展的基石。

当现代运输工具和互联网把地球压缩成一个小小的"地球村"时，一个国家和民族的生存空间也受到等比例的压缩。国际产业资本和金融资本更早感受到了来自生存空间的压力，但是，这些资本在中国布局的步伐却有条不紊。

海外资本对中国产业的渗透和控制是一个逐步升级的过程：从产品市场切入，然后收购并控制产业股权；从收购控制产业股权到收购控制金融股权；从收购控制金融股权到间接把握中国央行的货币发行权。

当中国本土资本走出国门四处碰壁之后才猛然发现，在国际社会里，"对外开放"是多么一个孤独而另类的声音。

美国、日本和欧盟各国的政府从来没有号召国民和企业"对外开放"，相反，它们千方百计利用各种制度细节和市场准入标准严格保护着本国的核心产业、重点市场和金融股权。与此相反，中国特色的对外开放已经被某些人理论化、观念化、教条化甚至已经被政治化。"对外开放"在某些人那里已经代替了"实践是检验真理的唯一标准"，进而成为划分先进与落后、进步与倒退的标准，由此，"对外开放"被等同于"发展与进步"被植根于人们的大脑，甚至成了新的迷信。从此，国人对海外资本的本性不再质疑。

从某些专家学者到政府官员众口一词、鹦鹉学舌般高呼着全球化、国际化并开展全民招商引资的行动中可以看到，一些政府部门决策者独立自强的治国理念已经被外资诉求所洗白，维护国家经济金融安全的长城在一些部门早已形同虚设。

如果说我们曾经因为过度对外开放、对外开放优先于对内开放的错误产业政策导致了汽车、日化、大豆等商品市场的失控，导致了商业银行、基金公司、保险公司等金融股权的贱卖，这仅仅意味着中国丧失了经济的局部，那么，我们现在所执行的持续升值的汇率政策和持续紧缩的货币政策意味着中国正在丧失经济的全部。

·中国不设防，热钱来收割

当大量热钱涌入中国，中国央行发行央票对冲美元，从而把境内企业应该持有的流动资金收上来交给美元持有者的时候，中国央行的货币发行权已经发生了转移。

人民币升值以来，中国的外汇储备出现爆炸式的增长，通货膨胀随之出现。无论从时间序列还是因果排序角度分析，美元泛滥以及由于美元泛滥所胁迫的人民币升值才是本次中国通货膨胀的真实根源。

通过美元泛滥政策胁迫人民币升值，通过人民币升值侵蚀中国以美元资产为主的外汇储备，通过大量热钱进入中国本土进行套利，一句话，通过这一系列紧凑布局，热钱期望达到在中国制造类似于拉美和东南亚的金融危机的目的，也期望达到掠夺中国财富的目的。

热钱是全面收割国民财富的手段。以外汇储备、储蓄存款、证券市值、企业红利等形式表现的国民财富和经济成果已经流失和正在流失。

当大量的珍贵而稀缺的土地、矿产、稀有金属、初级产品、产业股权、金融股权换来的昂贵外汇转变为烫手的美国国债和"两房"债券时，财富损失甚至经济危机已经难以避免。

今天，在外汇储备缩水、股票市值缩水、储蓄存款贬值的经济困境之中，人们刚刚开始感受到了热钱搬运财富的威力以及长期经济不设防的巨大代价。

热钱的威力来自于美元纸币的力量。热钱及其背后的一切力量也来自于美元纸币的力量。只要美元在，热钱军团就很强大、很暴力，它们只要开动印刷机就可以源源不断地制造出无数的军队，你永远没有办法战胜它。

黄金是克制热钱的终极武器，包括人民币停止升值甚至贬值、针对热钱集中流出征收"外汇集中离境税"、放松银根补充市场流动性、大幅增加房地产交易成本抑制投机、建立股市和房市稳定基金以及实施对等开放的对外经济政策等。

我们期待着即将到来的经济风暴能够带来正确的治国理念的觉醒，能够带来科学发展观在对外经济领域的落实，能够把长期存在的"政府经济体制"转变为体现法制原则、公平原则、企业自主原则的市场经济制度，能够把对海外资本、海外市场的依赖、偏袒和迷信转变为对民族资本、国内需求的爱护、扶持和依靠。只有这样，热钱这台中国人财富的"收割机"才不至于肆无忌惮。

第六章

热钱的提款机:脆弱的中国楼市和股市

热钱大量流入,不是想演绎成为中国股市楼市发展的中流砥柱资金,它只有一个目的:套利。套取人民币与美元之间的利差。当热钱吹起来的股市与楼市泡沫被一下子戳破之时,对每一个中国人来说,可能将面临可怕的经济灾难,其破坏程度不亚于电影《2012》中的情形。

1. 热钱进入中国楼市的双保险:资产增值和人民币升值

自2005年7月21日起,中国对人民币汇率形成机制进行改革,当日美元兑人民币交易价格调整为1∶8.11,升值幅度为2%。此后,人民币持续小幅升值。到2006年8月8日为止,美元兑人民币交易价格为1∶7.97。这种小幅度的持续升值加强了热钱对人民币升值的预期,越来越多的热钱正在进入房地产市场。

举个简单的例子。人民币升值前,热钱以100万元人民币买下一套房产,以1美元兑8.27元人民币的汇率折算为12.09万美元;到人民币升值后,例如达到1美元兑7元人民币,此时将房产抛出,即使不计算这期间该房产的增值,卖出后就变成了14.29万美元,赚取了2.2万美元。

房地产具有非常强烈的保值增值特性,这就为热钱进入房地产市场上了双保险——资产增值和人民币升值。由于近几年中国房地产市场的火暴,使得热钱进入中国房地产市场后将获得远远高于其他成熟市场国家的收益

163

率，特别是特大城市如上海的年收益率可达20%～50%，北京8%～15%，大大高于美国房地产投资的平均年收益率6%～7%、日本的4%左右。

·热钱进入中国房地产的方式

目前，很多内地房地产企业仍在海外进行融资，投入内地的房地产市场。内地企业在海外融资的方式很多，除了外资进入内地房地产市场正式的渠道以外，众多实力雄厚的国外资金都在采取种种不同的招数，迂回进入中国房地产市场。

第一，境外资金直接购买房地产。直接设立外资房地产，是境外热钱进入房地产最重要的方式。2007年4月，来自美国的基金收购了上海新天地的翠湖天地，预计价格在6亿元左右；摩根士丹利继收购上海锦麟天地之后，又收购了位于上海世纪公园的四幢服务式公寓和一幢靠近华山路的服务式公寓，两个项目总计400套公寓左右，成交金额达到15亿人民币；同时还收购了位于金桥的商业地块项目——埃蒙顿假日广场，该商场将建成为开发面积达12万平方米的大型购物中心；瑞安旗下上海新天地的两栋总面积共计为8919.72平方米的7层小楼，被来自英国的地产公司高富诺买下；该公司之前还有48套千万元级别的公寓，也被外国房地产公司整体买走。

第二，与国内企业合作，开发房地产。境外投资机构对中国房地产市场的介入越来越深，在物业收购热潮之后，境外机构的注意力开始转移到开发领域。外资将普遍采取与本土地产商结成合作伙伴的方式进入中国房地产市场，而不再自主开发。目前，已经投资中国房地产市场且收益颇丰的摩根士丹利、凯雷集团大多是采用与本土地产商携手的方式进行房地产项目的开发。2007年2月，摩根斯丹利与上海永业集团成立合资公司，共同开发上海市中心卢湾区一块商业用地；2007年3月，重庆龙湖地产发展有限公司和荷兰ING房地产机会基金联合以9.25亿元人民币高价竞得113.5亩成都航天通信设备有限责任公司地块。

第三，借助于地产基金吸引境外资本。近来，众多类似的私人房产基金将目光投向了中国内地市场。据北京戴德梁行物业管理有限公司的数据表明，2009年国外投资者总共购买了价值295亿美元的房产，每个房产价值都超过了1000万美元。

此类基金既不是房地产的实际使用者也不是长期投资者，而是想通过金融手段套利的投资者(比如海外基金)。在实践中，房地产开发公司和房地产投资信托基金(REITs)在海外上市多数是通过红筹途径，大量外资通过这条途径进入国内房地产市场。通过长期持有或出售获取利润。其投资目标往往选择收益稳定、租金回报高的物业，以此作为抵押在海外借款。然后，将这些物业打包，通过房地产信托投资基金等形式寻求在海外上市，资金回笼后再做下一单交易。

·热钱撤离房地产市场

热钱迅速、大量地撤出，最可能的原因就是人民币升值幅度达到预期甚至超过预期，逐利避险的本性会驱使热钱将所有房产抛出，迅速撤离中国楼市。

与房地产企业对接的热钱其变现性相对较差，只有等待所投资的项目销售后才能获得投资回报，因此其撤离对市场影响相对较小。但是另外两种热钱的迅速撤离将对中国整个金融系统造成不可估量的灾难。

热钱撤离楼市，不会一次性将其拥有的房产抛向市场——市场无法在短期内消化如此大量的高端物业，风险太大。而会由中间买家(炒家)接盘，一层一层传递下去，直至完全推向真实购买市场。在这个过程中，银行扮演着极为重要的角色。中间买家获利的主要工具就是银行：自己出一定比例的购房款，剩余部分向银行贷款，由银行先行支付。从正常程序看，银行在发放贷款前会对房产进行估价，以所估价格为基数放贷，贷款人必须定期还款，否则就有失去房产的危险。但这个过程极有可能发展成炒家对炒，即卖家和买家勾结起来抬高房价欺骗银行及其评估机构，骗取银行贷款。这样，最终即便没有下家接盘，贷款人也大可以把房产拱手交给银行——其利益已经从银行的贷款中获取了。这种状况最直接的受害者就是银行——呆账、坏账迅速增长，出现危机。

即便不出现上述情况，被热钱抛出的房产最终将流向真实购买市场。这些价格已被推高到严重偏离其真实价值的房产最终会由谁来接盘? 如果无人接盘，贷款人为了降低损失，也会选择停止还贷，银行依旧成为损失承担者。

被热钱追捧的房产一旦失去了使其上升的热力发动机，在空中随风飘摇一段时间之后必定就是下坠，这就是泡沫破裂之时。对于房地产这样一个敏感的市场而言，高端的崩溃无疑将殃及整个市场。房地产是金融的重要风向标，仅是银行呆账、坏账增多已经能对金融稳定产生极大的负面影响；房地产市场泡沫破灭、整体低迷将给金融经济带来负增长。这一点，从日本自1985年签订《广场协议》后经历日元升值、热钱豪赌、地价暴增、房地产泡沫形成、热钱撤离、泡沫破裂、经济进入十几年的衰退期就能得到印证。

·对境外热钱进入房地产的监管政策

尽管目前中国资本项目还处于管制之下，但境外热钱总能通过相关渠道悄然进入中国房地产投资领域，特别是在中国经济又好又快发展和房地产价格持续走高以及人民币汇率快速上升的三重利益刺激下，投资中国房地产将成为外商和外资规避风险、获取利润的最佳选择。而如何更好的控制境外热钱的流入，是当前急需解决的问题。

第一，限制外资进入中国金融房地产业。经济学通常用物品的"效用"来定价，但是效用是一种感觉的秩序，感觉的秩序是容易犯错的，这样就会出现效用失真的问题。随着信息的完全、充分，感觉的秩序和自然的秩序也逐步逼近。效用失真使价格与真实价值脱离，酝酿资产泡沫，泡沫一旦破裂，就会发生金融危机。而且部分境外房地产开发商，为了追求高利润，通过提高住房档次、囤积居奇等方式，利用信息不充分的市场缺陷，通过各种形式抬高房价，致使房价远远超过了它实际具有的价值。因此，政府的宏观调控十分重要，必须出台限制境外热钱进入房地产市场的措施。

第二，消除房地产市场的垄断。当前中国的房地产市场存在着垄断，严重阻碍了公平竞争。一些企业和集团利用自身的优势，取得了对国家资源的占有权和使用权，在市场上拥有绝对优势，这样就给境外热钱进入中国的房地产市场提供有利的时机。同时由于中国房地产市场发展时间不长，还没有形成有效的市场定价机制，境外热钱可趁机通过操纵市场提高房价。根据主流经济学理论，垄断的直接后果是消费者剩余的减少。如何减少垄断，形成有序竞争的房地产市场环境是当前减少境外热钱流入、降低房价的重要保障。因此，政府应当增加竞争，或者对房地产业制定反垄断法，才能从根本上消除境外热钱提高房地产价格的隐患。

第三，健全房地产金融市场。严格地讲，中国目前只有房地产信贷，没有房地产金融。除了控制境外热钱、改革我们的金融体制、健全房地产金融市场、打开各种政策瓶颈和制约、防止房地产泡沫，是实现中国房地产产业健康、稳定发展的保障。房地产业的发展关系国计民生，但它的生产周期长，资金需求密集，资金供需存在时间差。解决这个时间差，需要金融支持。

房地产金融市场的健康、稳定对金融系统的健康、稳定至关重要。房地产泡沫给经济金融与民众生活带来的巨大影响，尤其是泡沫破灭后的负面影响，令各经济体中央银行不得不提高警惕，密切关注它。

第四，提高房地产增值税。房地产投机活动是通过房地产产权的流转环节来获取超额利润的，因此房地产增值税应与投机活动的程度与强度挂钩，而中国的房地产增值税过低，更是助长了境外热钱在中国房地产的投机。因此应该对房地产产业征收高额的房地产增值税，抑制境外热钱的房地产投机。利用税收政策抑制投机的关键是增加税收支出，降低房地产买卖收益率，打击投机者房价上涨的心理预期，减少投机者的"资产利得"，使其自动退出市场，以抑制境外热钱的流入。

2. 热钱推高房价，中国90%的人被剥夺买房的权利

这几年中国经济的泡沫越来越大，房地产无疑是其中的杰出代表。短短的一年时间，中国首都北京的房价在2009年就翻了一倍，均价直奔3万/平方米。

房价一路高开和通货膨胀是并行不悖的。2010年有超过3000亿美元资金流入房地产领域，豪赌人民币三个月之后的升值。粗略算来，3000亿美元的投行基金对中国产生了兴趣。即使按照20%的比例投入房地产行业，也将有超过3000亿人民币的热钱规模，而这批热钱八成以上会投入

到一线城市房地产领域，也就是说热钱占一线城市销售金额的10%以上，每10套房产中，就有1套被投行买去。

正是在人民币升值和国内通货膨胀双重预期下，外资热钱提前布局，中国境内民间热钱涌入，才真正导致一再被严厉调控的房地产市场反常地亢奋起来。而据深圳，北京、上海等地媒体爆料，当地购房投资比例已经超过五成左右，商品房售价被投资热情推高。

·白领一年收入买不起一个卫生间

2003年以来，一直处于高速增长的国内房地产，吸引了大量热钱涌入。有机构曾计算，期间美国房地产投资的平均年收益率只有6%~7%，而在上海、北京等一些国内特大城市，这一比率却能达到20%甚至50%。而当中国A股市场高歌猛进之时，海外热钱也立即转移战场，更多地进入到中国资本市场。

上海、北京、深圳广州等一线城市，房价有泡沫并占到六成至九成以上，而引发泡沫的原因就是投机炒房和热钱汹涌及自有资金下调到20%有直接关系。2006年开始，政策打击炒房政策频出，直到2007年出台"927"政策，直接提高购买多套房的首付和提高按揭利率至1.2倍，房价依然维持在1.8万元/平方米之上。

美国次贷危机爆发后，为拯救市场，美联储从2007年9月起连续7次降息。中国央行则在2007年连续6次加息，一减一加，导致中美利差反转并逐渐扩大，再加上同一时期人民币升值因素，热钱光是放在中国的银行里，也能取得超过10%的收益。

过多的热钱进入会造成经济高涨，出现泡沫，而当其迅速撤离时风险又很容易转嫁给普通消费者。几年前，北京、上海等地白领的月薪还可以承担市区一两个平方米的房价，但到了2007年，他们发现，自己一年的收入可能已经连市区里的半个卫生间也买不起了。

·不吃不喝 买房需要17年

假如买套普通的住房，一百平方米

那就需要十七年，我还得不吃不喝

还得勒紧裤腰，靠喝西北风度过

……

好好地节约电，节约水
节约这一生短暂的时光和青春

湖北省80后著名诗人熊盛荣把买房的烦恼写成了诗歌《一个诗歌编辑的现实生活》，这首诗歌在全国80后之间广为传诵。

就像熊盛荣说的那样，按照80后两千多元的平均工资，想要买一套新房子，需要17年的时间，还要一分都不用，包括不吃不喝。

我们再来看一个贵州省的真实案例：

石先生2004年参加工作，辛苦三年，加上女朋友的积蓄，2007年存了近8万元，加上父母的支持，手上有了10万块钱。2007年初，他到位于宅吉小区的碧树云天小区看房子，这是经济适用房，每平方米才卖1850元，如果他再借点钱，就能买一套了。

"我当时犹豫了一下，不想向人家借钱，想再节约两年后，凭自己的力量买，想不到一年间房子涨得那么快。"石先生特别后悔，才过了不到一年时间，他原本能买50平方米房子的钱，就只能买20平方米了。2007年年底，他来到同一个地段的小石城二期问房价时，每平方米已经超过4000元钱。

据资料显示，进入2006年以来，贵州省的房价增长速度惊人。目前，位于贵阳市南明区四方河路1号的山水黔城大型居住社区，每平方米起价3780元，价高的达4300元每平方米；位于小河区的另一处住宅，均价为每平方米2700元；在两城区，平均房价接近5000元每平方米，而于2007年底开盘的摩卡空间公寓每平方米的均价甚至高达6000元。

这样的高房价使得刚入职场的年轻人压力与日俱增，他们的薪水总是无法和房价成正比上涨。

·80后"先婚后房"

曾经，大多数年轻人特别是女孩子，都抱着这样一个观念：先买房，后结婚。可是在高房价的压力下，"先婚后房"逐渐成为潮流，《要买房先结婚》一文的作者来自贵州的谢蓉蓉就是其中的代表。

据谢蓉蓉自己的亲口陈述，她与男友都是80后最早的一代，就像某本杂志上说的"当我们不能挣钱的时候，房子是分的，当我们能挣钱的时候，却发现房子已经买不起了。"她和男友已经认识了一年多，两人感情比较稳定，打算买了房子后就结婚。

但是工资和房价的增长并不成正比。谢蓉蓉的男友在部队任职，一个月薪金2500元左右。而她在一家小公司做职员，一个月薪金不超过1500元。光看薪水总和，如果不买房子，他们的生活水平也算"中等"了。可他们两人都不是城里人，都是从县城里考大学到城里工作的。他们不忍心用父母毕生的积蓄来买房子。两个人都希望能自立构建自己的家。

从2007年开始，谢蓉蓉和男友开始关心房价。用她的话说，市里两城区的房价高得离谱。好一点的小区，均价每平方米4500元以上。一套三居室的房子，总价起码也要50万以上。对于他们不仅是高额的首付，还有每月的贷款月供。这就意味着，他们要做很长一段时间的"房奴"。于是他们把目光转移到了郊区。看了一圈后发现，远点的交通不方便，近郊的小区都要2500元/平方米以上。那还是1月份的价。转眼到了6月，房价涨幅已经超过7.8%。再抱着侥幸的心理看看近郊的小区，房价已猛蹿到3300元/平方米了。还是期房，现房更贵。他们连商品房也买不起了。

最后，二人抓住了买经济适用房这一根"救命稻草"，谢蓉蓉的男友所在的单位要在近郊建一期经济适用房，据说每平方米2000元。论年龄、职务，她的男友都够得上，但有一条死规定，必须是结了婚的干部才能购买。于是他俩商量："咱们去领证吧，越快越好！"

就这样，谢蓉蓉和男友改变了先买房后结婚的观念。
像谢蓉蓉一样，目前，先结婚再买房的人越来越多。在高房价面前，更多的人选择了先结婚再买房。他们有的选择先租房，根据自己的工作和生活习惯来选择住处，婚后节衣缩食，攒足积蓄，等待房价适宜时再买房。有的等着经济适用房，希望可以排号买到一套价格合理的房子。这造就了80后的买房新观念：要买房，先结婚。

3. 开发商和政府只赚小钱，热钱拐走中国楼市大部分的利润

近来，政策的影响已经渐渐清晰，中国房地产的基本走势是被看好的，而在宏观调控、国内资金环节收紧的关头，正是国际热钱比较容易和开发商谈判的有利时机，而人民币升值的预期直接推动了热钱广泛进入中国房地产市场。

·中国房产规模，热钱占大头

人民币升值利好消息之后，海外热钱进入中国房地产市场的势头愈发强劲，许多美国基金公司纷纷活跃起来。由于在国内做房地产信托投资基金在兑汇等一些问题上还存在着政策障碍，这些基金大多采取投资合作的方式开始抓优质项目。在这些基金公司看来，中国将有望在3年~5年内开放REITs市场。因此，在寻找短线合作开发项目的同时，他们也在寻找3年~5年或5年~10年的中长线投资项目。

热钱来势很猛，但大多低调。从非国内居民购买房地产来看，2010年个人结汇约有4500亿美元，初步估算有一半是来购买房地产。新加坡凯德置地2010年投资于中国房地产的资金估计不少于300亿元人民币，主要集中于北京、上海、深圳。摩根斯坦利2010年投资于中国房地产的资金估计不少于280亿元，主要集中于上海。瑞安地产2010年投资于中国房地产的资金不少于220亿元，主要集中于上海。荷兰ＩＮＧ集团2010年投资于中国房地产的资金不少于200亿元，主要集中在上海和北京。

从投资选择上看，专门从事房地产投资的新加坡凯德置地多关注且擅长写字楼等商业物业的长线投资，而摩根士丹利等一些投行拉开较宽的投资面，对写字楼、商业物业、住宅既做长线投资，也有短线合作。美国的许多基金公司是从矿业等工业基金转向不动产业，由于看好中国地产市场的利润空间，一些具有强大资金实力的基金对甲级写字楼、五星级酒店、综合商业及酒店式公寓的整盘转让都有兴趣。投资方式包括前期购买土地或开发投资、购买物业或以带回购的优先股形式的投入。

最近一年，不下十余家海外基金公司希望从中关村拿到带租约转让的新增优质房地产项目，并有提出整盘买断的。基金的来势很猛，但通

常其回报也比较高，一般以股权开发形式投资的，回报要拿到税后利润的20%以上，整盘持有物业类投资的，需拿到税后利润的10%以上，而目前，美国20年的不动产基金的收益率只有8%左右。

·中国房产利润有多大

据测算：2006年全国房地产开发投资1.75万亿元，消费者全年购房总支付7.246万亿元，据此算出全国房地产商的毛利润（未剔除税收和财务成本）为5.496万亿元，毛利润为开发投资的3.14倍。当年10月底，全国还有12.24亿平方米房子空置未卖，按每平方米2000元成本计，占压资金2.448万亿。空置房和占压的资金是多年累积下来的，而一年卖房的毛利就可将多年的占压资金收回，还有3万亿的毛利，支付税收和财务成本之后，仍是绰绰有余。这个测算虽然粗糙，但大体上可以说明问题。这样的赢利水平，怎么可能不引起热钱的垂涎？

·中国瞎忙，房产的利润绝大部分被热钱"拐走"了

我认为，中国房地产市场的绝大多数利润均是被国际热钱"拐走"的。为什么房价会这么贵？老百姓都说利润是被房地产开发商拿走了，但实际上开发商是被冤枉了，因为房地产商的利润是有限的。

当然，很多知识分子会认为房地产利润被政府赚去了，各级政府通过卖地赚取了大把的钞票，从政府的财政收入激增似乎能证明这一点。

其实，对于中国庞大的房地产市场，开发商和政府拿的利润只是一个小头。

我们举个例子。2010年北京市房地产销售收入6000多亿，其中房地产开发商只拿走500多亿，北京政府拿走的也只有600多亿，而大部分是被热钱给赚去了。

为什么这么说呢？有什么依据吗？我们来归纳一下为什么说中国房地产利润是被热钱给赚去了。

第一，规模决定效益。谁都知道，中国房地产是一块大蛋糕，一块只赚不赔的诱人蛋糕，但是，你能抢到多少，这取决于你的"叉子"有多大。毫无疑问，就目前投资房地产的份额来讲，热钱无疑占了大头。按照在房地产谁投资多谁赚得多的观点，热钱获取的利润自然也是

最大的。

第二，热钱想赚多少，就将地产价格炒多高。我们来回答一个问题：开发商、政府以及热钱三者，谁最有能力将房子炒成天价牟取暴利？是开发商吗？不是，开发商赚的也是合理的利润。是政府吗？不是，政府卖地的收入看似很高，但是也有很多民生方面的考虑，并且土地量总是一天比一天少。答案只有热钱，只有热钱有这么大的能力，能将房价炒到几万元一平方米，赚去其中的暴利。

热钱大鳄利用一些金融工具在炒房，他们手里有大量美金，甚至完全可以把北京的三年、五年、十年的房子全部买干净，都没有问题。尤其是人民币一旦升值，国内涌入那么多的热钱，这些利润都将被拐走，而留给中国人的只有充满了泡沫的高不可攀的房价。

·外国人手拿热钱在中国房产业忙赚钱

中国像一块磁铁，吸引热钱不断涌入中国。市场普遍预测2010年中国GDP增幅将达到两位数，更加剧了热钱的青睐。据数据统计，国外热钱在中国投资房地产的资金比温州的资金还多，温州资金和国外热钱相比就是小巫见大巫。

我们来看几个外国人手持热钱在中国房地产赚取暴利的案例（案例来自网易财经新闻）。

案例一

韩国人金在旭2006年8月在北京太阳星城花了90万买了一套100平方米的住房，均价9000元每平方米。2006年4月份韩元兑换人民币为100：8363，2010年韩元兑换人民币为100：6032。而2010年4月太阳星城的房价已涨到4万元每平方米。金在旭决定以400万的价格转让这一房产。来中国投资房产，让他赚了310万。随着人民币日益升值，他的中国投资赚了约55亿韩元。

案例二

美国人大卫2006年1月在北京领海天使湾花了58万（约7万美元）买了一套100平方米的房子，均价5800每平方米。2006年，美元兑换人民币是100：806.45，2010年，美元兑人民币是100：682.76。而领海天使湾的房价飙升到22500每平方米，这时的大卫以220万（约32万美元）的价格转售了这套房子，这一套房，让他赚了162万。随着人民币日益升值，他的中国投资赚了约25万美元。

案例三

德国人安德里2006年在北京万年花城花72万（约6.957万欧元）买了一套100平方米的房子，均价7200每平方米。2006年11月，欧元兑换人民币为100：1034.9，2010年，欧元兑换人民币为100：950.49。而2010年5月，万年花城的房价涨到30000每平方米。安德里决定以300万（约31.56万欧元）转让这套房子。来中国买房，让他赚了227万。随着人民币日益升值，他的中国投资赚了约24.6万欧元。

相比国内资金，热钱具有一个绝对的优势就是汇率。随着人民币日益升值和不断上涨的房价，热钱在中国的投资回报率越来越高，并将拐走中国楼市的大部分利润。

4. 外资及热钱流入，中国房地产被双层操纵

近些年中央的系列调控措施，收紧了房地产业的资金链，迫使开发商把目光转向资本市场和海外市场。直接上市、借壳上市、信托投资公司、各类基金（公募、私募）、发债、外资合资、外资入股、海外投资银行等等，五花八门，日益多元化了。

引人关注的是，正当中央加强对房地产业调控的时候，外资改变了长期以来的观望等待、犹豫不决的态度，开始大举进军中国内地的房地产市场。近年来进入的外资机构有：摩根斯坦利（美）、高盛（美）、麦格理（澳）、瑞银（瑞）、花旗（美）、ING（荷）、美林（美）、瑞星思达（美）、RREEF（德）、华平投资（美）、DIFA（德）、软银亚洲（日）、凯雷投资（美）、凯德置地（新加坡）等，均为国际顶级公司。

它们进入的方式，一是直接收购地产物业。

如摩根士丹利2005年4月出资4亿收购富力集团在北京的一座写字楼，6月出资8.5亿收购上海广场4万平方米商业用房，9月又出资9000万美元收购上海世贸大厦，32亿收购上海明天广场；麦格理2005年7月出资38亿收购杭州等9城市的购物中心，8亿元收购上海新茂大厦，9月又以4

亿收购上海城市酒店公寓；高盛8.9亿元购入上海百腾大厦；DIFA2005年8月7.2亿收购上海华狮中心。

二是入股或合资。如华平投资与阳光100、富力地产、浙江绿城、北京融科开展合作，累计出资10亿美元；美林与北京银泰、南京锋尚分别结成战略合作伙伴关系；瑞星思达与中信合资投资山东地产项目。据商务部数据，2005年房地产业外资合作项目2119项，合同金额194亿美元，当年实际利用54.18亿美元。

三是注资。如RREEF向珠海"中珠上城"住宅项目注入2.25亿美元；软银亚洲和凯雷投资联合向顺驰注资4500万美元；麦格理、花旗等也都在寻找好项目投资。

四是独资。如凯德置地在北京设立开发企业，2005年上半年投资达78亿人民币。

五是进入中国的外资银行开展房贷业务。如东亚银行北京分行2005年业务量中，房贷已占30%；永亨、恒生、中信嘉华在广州、上海也开展了房贷业务。花旗银行也于2006年开始介入房贷。

除了投资机构，海外游资即热钱也纷纷涌入。热钱主要是赌人民币升值，它们从各种渠道入境后，相当数量进入房地产市场，谋求双重套利。

热钱短期套利的特性，决定了其大多涌入中高档住宅市场。这一轮调控之前，上海、北京等中高档房地产市场，主要是国内热钱如温州炒房团、山西煤老板炒房团之类兴风作浪，炒买炒卖之间，不断推高房价。调控之后，部分国内热钱转战其他产业，但境外热钱却跟进来了，大大增加了中高端市场的购买力，以更大的手笔呼风唤雨、推波助澜，房价自然越来越高。有买房的就有为其建房的，任志强说他不为穷人建房，只为富人建房，其实是来自于他真实的市场感受。中高档住宅暴利多多，谁还为老百姓建低档房呢？普通住宅供不应求，价格也就眼看着一天天高起来，高到老百姓无法承受，自然就是民怨沸腾。据零点公司2006年调查，太原商品房的购买者中80%是非本市居民，北京、大连是60%，郑州是55%，该调查据此判断，中国的房地产业基本上是被投机资金操纵了。

短期套利的资金，往往是打一枪换一个地方，来得快去得也快。今天房市好，蜂拥而入；明天股市热，又作鸟兽散。聚散之间，留下无穷的后患。假使有一天，房地产业内的境内热钱加境外热钱全部撤出，留下那么多高档住宅，谁来居住、谁来消费呢？恐怕就会出现当年海南、北海的局面。

境内的热钱，还算"肉烂在锅里"，境外的热钱则更难以控制，中国不是它们的家，迟早是要走的。它们主要目的是赌人民币升值，暂时寄宿在房市、股市，顺便捞一把，将来一旦在汇市得手，连本带利都要撤出。而且热钱极其敏感，稍有风吹草动，就会立即反应，来去无踪。

5. 房地产调控政策为何成效甚微？热钱在背后作祟

自2010年4月份的"新国十条"逐步落实以来，各地银行信贷紧缩和税收调整政策使得中国房地产企业国内融资渠道收窄。

2010年1月~8月，中国房地产开发企业外部资金来源中的国内资金部分呈逐月下降趋势，资金规模由年初的3189亿元降至8月份的2816亿元，占房地产企业总资金来源的比重也由60%降至50%左右。而与此同时，热钱在房地产开发企业外部资金来源中的规模却在不断扩大，从年初的单月增长23亿元到8月份的67亿元。2010年前8个月，房地产开发企业资金来源中热钱的规模达到369亿元。如果仅计算外商直接投资和境内企业海外融资两项，2010年上半年进入中国房地产行业的热钱金额至少达182亿美元，相当于上半年直接投资净流入额的1/2。

·房地产调控，热钱却逆势而入

在房地产调控政策影响下，国内房地产企业的融资需求一定程度上加速了热钱通过私募及各种隐蔽渠道进入房地产市场。在人民币升值预期日渐增强的情况下，流入中国房地产市场的热钱可以通过参与炒高房屋资产价格获取资产升值与套汇的双重收益。

2010年中资地产公司在海外市场共销售68亿美元债券，创自1999年有记录以来最高。尽管成本较高，国内房企仍选择大规模海外融资，一方面反映了受房地产调控政策影响，企业自身资金链紧张不得已而为之；另一方面也说明国内房地产企业仍看好后市。

通过私募股权基金投资房地产行业。在房地产调控政策影响下，国内房地产企业的融资需求一定程度上加速了热钱通过私募进入房地产市场。2010年4月，金地集团与瑞银环球资产管理集团合作发起房地产基金，首期募集签约金额约1亿美元；6月，中国海外兴业联手Harmony China房地产基金共同投资西安、青岛、沈阳的三个项目，总价12亿港元；7月，雅居乐地产控股有限公司通过向摩根士丹利出售旗下冠金公司30%股权获得52.8亿元融资。

从国家外汇管理局2010年7月发布的热钱专项排查行动结果来看，2010年2月份以来，通过各种形式流入中国的热钱规模至少达73.5亿美元，楼市是这部分热钱的一个主要去向。近来有迹象表明，热钱在加速购买境内房产，尤其是别墅等高端住宅。2010年8月上海市别墅交易中境外人士购买比例达12.6%，较上半年增加3.3个百分点，同比增长60%。境外人士购买的二手别墅均价达到4.8274万元/平方米，是上海市二手别墅均价的2倍。

由于私募股权投资的私密性及热钱的隐蔽性，我们很难获得其投资国内房地产行业的具体金额，而且热钱进入房地产行业不仅仅是参与房地产项目开发、建设，更有一部分资金以购买中国境内房产的形式入场。

·热钱流入影响房地产调控效果

热钱流入虽然缓解了国内房地产企业因调控政策产生的资金压力，但却影响到中国房地产政策调控效果。

首先，热钱流入缓解了国内房地产企业的资金压力，间接影响到政策调控效果。中国政府此次调控手段之一是通过收缩房地产企业资金来源中的银行信贷及国内资本市场融资，以增加房地产企业的现金压力，迫使其加速推盘变现。但由于政策中没有明确的限制热钱措施，热钱的流入在一定程度上缓解了房地产企业的资金紧张状况，减轻了其降价推盘变现的压力，进而影响到此次房地产调控政策实际效果。

其次，热钱流入对房地产市场信心也会造成影响。由于热钱通常是投资或购买房地产市场中的高端物业项目，其价格对整个房地产市场具有标杆作用。而且热钱在房地产市场中大规模的投资或交易活动本身就向市场传递了继续看涨楼市的信号，从而影响到国内房地产市场参与者的信心，影响到房价调控效果。

更重要的是，以热钱形式流入中国房地产行业的外国投机资本，在购入房产后炒高房地产价格，然后变现退出符合其短时期获取最大化收益的目标。从历史经验来看，投机资本的大进大出容易造成资产价格的暴涨暴跌。相比于开发型资本，热钱的投机性与高流动性不仅不利于房地产市场稳健的发展，更加大了中国的金融风险。

6. 解密A股剧烈震荡：热钱是主谋

从6124点到1664点，再从1664点到3478点，短短两年时间，A股如雪崩般垮掉，而转瞬又如神话般崛起。翻云覆雨，谁有如此能量？基本面、政策面、技术面……这些过去分析市场的主要维度，显然已无法深刻解释这一现象。

透过市场的多重迷雾，穿越资金的简单表象，我们发现，有一种叫热钱的力量，或许可以更好地解释A股的剧烈震荡。

A股市场面临着来自热钱不确定性的重大困扰。一方面，中国仍在"加息+升值"的轨道上运行，热钱涌入中国的动力增强；另一方面，宏观和政策面引发股市从最高点下跌近40%，投机资金有抽逃迹象。2010年热钱频繁进出的可能性显著增强，将放大A股市场的震荡幅度，为股市埋下隐忧。

·热钱在中国股市搞什么

热钱一向是来无影，去无踪，但其造成的危害，尤其是对资本市场的冲击却常常是惊人的。2006、2007年A股牛市中，热钱带来的"做多"力量有多强，暂时无法评估。不过，当时很多著名国际投资家、私募股权基金都在打中国股市的主意，却是不争的事实。投机资金通过贸易、外商投资、进出口信贷、个人资金汇入、地下钱庄等手段，无孔不入地钻进中国股票和房地产市场。热钱对于楼市、股市泡沫形成恐怕难辞其咎。

2007年上半年的国际收支平衡表中，资本项目顺差达到902亿美元，同比增长132%，其中"房地产直接投资"和"短期外债"增长最快，这两项都是热钱便于藏匿的进入渠道。

目前这些热钱流入的渠道很难被彻底"堵上"。相反，由于升值和加息等因素，热钱流入中国的动力客观上在增强。央行和外汇局从2009年下半年开始在各种场合表示要加强外汇流入监测和监管。

然而，热钱"来"令监管层烦恼，"去"同样令市场担忧。

A股市场从2009年10月开始的大调整也打击了投机资金投资中国股市的信心，这些资金可能开始成为"砸盘"的重要力量。热钱在获利之后，或许会开始大规模撤离中国，甚至重演东南亚金融危机，届时A股市场将岌岌可危。

2010年以来A股市场与国际股市高度联动，这已经证明有大量热钱在中国股市上活动。即使热钱没有集中撤离中国，其频繁进出资本市场，同样放大了股市的波动幅度，不利于市场平稳运行。

·热钱抽逃是股市最大隐忧

热钱对一国金融市场的破坏力已经有太多的前车之鉴可供中国参考。即使是最发达的金融市场对热钱的监管仍显得束手无策。随着近些年全球经济一体化程度加深，热钱带来的金融危机爆发频率有加快趋势，而且危机的爆发也不再限于发展中国家了。

无论是东南亚金融危机，还是美国次贷危机，所有金融危机的酝酿都是在热钱大量涌入之际，而危机最终爆发却是由于热钱大量抽逃，这是任何一国金融监管当局最担心的事。正是由于怕热钱逃离，才有了对热钱流入的严格限制。

美国次贷危机终于还是影响到中国A股市场。2010年，受到政策面偏紧和经济增速可能放缓的影响，A股市场相对于外围市场的优势减弱。2010初以来上证指数已经下跌近20%，这一幅度远大于美国、欧洲、日本、香港股市的年内跌幅。A股市场对国际投机资金的吸引力下降。从这个角度看，热钱的确有抽逃的可能。

此外，美元大幅贬值推高了国际原油、黄金、大宗商品的价格，也吸引了投机资金的兴趣。2010年以来美元指数下跌超过5%，原油期货价格涨幅超过15%，现货金涨幅近20%。国际专家纷纷表示，在原油等期货价格大涨的背后，国际投机资金的炒作是主要推动力。热钱有可能在大量向国际商品期货市场转移。

美元贬值还可能切断原有的热钱投资链条。全球热钱在近些年的产生和流动渠道就是利用日元的低利率套息，大量借入日元，继而抛售兑成美元投向其他国家。而目前美元对日元正大幅贬值，很可能阻碍热钱的流动渠道。

全球热钱规模有多大，目前不得而知。不过，2007年全球外国直接投资总流入额达到1.5万亿美元，分析人士认为热钱规模必定是这一数额的数倍不止。目前中国银行之间的日常交易量不过三四千亿元，股票市场交易量也不过千亿元。交易量仍相对较小，在国际投机大鳄眼中，仍是很容易操控的。

从美国次贷危机的发生可以看出，流动性过剩可以在很短时间内变成流动性短缺。热钱一旦集中撤离，破坏力同样会无法预想。可以说，热钱始终是中国A股市场不可忽视的隐忧。

7. 热钱成为"绑架"中国股市的元凶

2009年7月底以来的沪深股市，有人把它看作是2007年"5·30"重演，但没有"5·30"那强制性调控的政策因素；有人归咎于周边股市，然而周边股市大涨之时，沪深股市照跌不误，且越跌越丧失理性……真是看不懂、说不明白。

其实是既看得懂、也是说得明白的。这就是中国股市被国内外的巨额热钱给绑架了。目前中国的股市并不是中国人自己做主，而是热钱在起很大的作用。

正如前不久被天文数字的"大小非"绑架了一样。股市被热钱绑架，在不成熟的市场是家常便饭。中国股市在这方面记忆犹新。热钱绑架股市，正如绑匪绑票，目的在于用非常手段劫财，一达目的，把"肉票"松绑，还其自由。

中国股市谁在坐庄这才是最重要的。我觉得很大程度上是热钱在坐庄。如果我的估量没有错，现在2800点或许已经到了一个低点，我以为股市还会有上涨的可能，4000点、5000点甚至6000点都有可能，因为外资进来会利用各种策略和技术，把资金拉出去，制造了很多假象，一定要推到那个位置才会有利润，没有利润热钱会甘心离开市场吗？

所以，市场管理层怎么把握适当的时机和条件，把口给收起来，让钱出不去，稳住中国的股票市场，这才是最重要的。越南问题与中国相似的地方值得警惕，股票市场同样是从快速上涨变成了快速下调。

从这个道理出发，就懂得应如何应对股市被绑架了。被"绑"的中小投资者，犟，肯定胳膊扭不过大腿，只能顺势而为。找一只能箱体运作的股票，随涨跌赚差价，当然是最佳选择。可中小股民并不具备这种能力与时间。

那么，只要认定所持股票是有潜力的，那就持有不动，随它去好了。

·既不让人绑架，又不自己绑架自己，窍门在哪儿呢

允许我重提美国里根总统创造的一个经典故事吧。

1987年10月19日，纽约股跌出了著名的黑色星期一，经济崩溃的乌云瞬间刮向全世界。为了挽救局面，总统里根创造了几句精彩论断，至今仍广为传诵："改变经济状况，有50%要靠心理学"。50%！这难道不也是应对被绑架的法则吗？如果认同这法则，那么让我们再次咀嚼咀嚼爱国诗人陆游《鹊桥仙》里的名句吧："镜湖元是属闲人，又何必官家赐与。"

中国股市是中国人民一起分享改革成果的平台，是历史的馈赠、时代的赐予，不容任何人绑架。大起大落当然很无奈，为什么不以这种大起大落的机会，来磨炼自己心态呢。须知这是中国股民基本的生存能力，不具备这种能力，必将失去分享改革开放成果的机会，吃亏的是自己。

第七章

美国逼人民币升值背后：热钱的阴谋

热钱制造中国资产价格"超级过山车"而牟取暴利的基本路径——以人民币大幅升值等不断消解中国"世界工厂"的利润，而同时不断放大人民币资产泡沫，从而使得中国资产价格越来越高，中国企业利润越来越低，两者背反到了极限时，热钱就会图穷匕现，发动"后奥运危机"。

1. 欧美货币争霸，中美欧"三国鼎立"格局乍现

1999年1月1日，国际货币金融史翻开新的一页——欧元诞生了。这是自第二次世界大战以来前所未有的大变数，货币金融的世界地图上美元一统天下的冰面裂开巨大鸿沟，货币新战国时代开始。欧元开始占据一块，尽管它的版图面积有限，但美元"大一统"的历史结束了。

一场美元、欧元、石油与黄金合纵连横的精彩连续剧上演，一场以"剩者为王"为目标，以美元向外转嫁货币危机和世界各国反危机转嫁的大博弈开启。

到今天为止，即使最大胆的预言家也没有料到，欧元能够如此迅速地挑战美元的霸权。在国际清算银行2004年1月~9月的统计中，其全球发行量第一次超过美元。世界经济的主要矛盾由此发生根本变迁。欧元、美元争霸的水面下，欧美对世界经济的主导权之争无可争议地上升为第一矛盾。

·欧元的诞生是美国的噩梦

欧元自1969年3月被正式提议以来，其问世过程可谓一波三折，在这片曾经爆发过两次世界大战的土地上，曾经相互浴血厮杀的不同民族要达成统一货币何其艰难，更何况来自美国的压力一直如头悬利刃，其分化瓦解之策层出不穷。

1997年~1998年爆发的亚洲金融危机使美元势力"收之东隅"，却也"失之桑榆"，在以索罗斯量子基金为首的美元热钱在亚洲翻云覆雨，将"东亚奇迹"戏弄于股掌，将东亚人多年积累的财富一股脑儿劫掠而去，从而将亚洲各国经济打入深渊时，美元势力可谓斩获颇丰。这是美元继1990年在日本斩获巨大财富后，再一次在亚洲的大丰收。

在欧亚大陆的另一端，这不啻是对欧洲精英的一记当头棒喝。亚洲的悲剧令欧洲人感同身受，在唇亡齿寒、兔死狐悲的危机感下，他们再也不愿清谈下去而误人误己，欧洲15国兄弟齐心推动，欧元终于在1999年1月1日降生，呱呱啼哭之声震惊了世界。

自罗马帝国灭亡以后，欧洲又一次实现货币统一，其间经历了漫长的19个世纪。二者的不同点是，罗马帝国是用武力征服异邦，强行实施单一货币，而今天的欧洲联盟则是以经济的、政治的，即和平的渐进手段逐步迈向统一，各成员国主动、自愿地让渡自己的部分国家主权，包括货币主权。这是人类历史上一次前所未有的奇迹，堪称为人类的宗族融合和文明升级树立了一次现实的先例。

欧洲人为此欢欣鼓舞，3亿多欧洲公民从没有像今天这样走近欧盟，因为共同的货币意味着共同的利益，这种特有的凝聚力和认同感才是未来"欧洲统一神殿"的永久基石，它将大大降低欧洲内部的交易成本，并增强抵抗国际浮动汇率和金融动荡的能力，令那些嗜血的热钱投机者无法在欧洲内部进行货币离间投机，欧洲内部各币种间的汇率危机被一劳永逸地根除了。

然而，在大西洋的彼岸，美元却不能不感到惊恐。当时的欧元区已经是世界上最大的区域性经济和贸易集团，面积为319.1万平方公里，人口逾3亿人，超过美国；2000年，其国内生产总值达8.8万亿美元，占世界总产值的32%，高于美国的27%；在贸易方面，据欧洲统计局提供的数据，2000年世界总出口额5.4万亿欧元，其中欧盟名列前茅，为9379亿欧元，占18%，高于美国的16%（8374亿欧元）、日本的10%（5183亿欧元）和加拿大的6%（2985亿欧元）。欧盟的进口比重仅次于美国（1.34万亿欧元），为1.03万亿欧元，占世界贸易总进口的18%，遥遥领先于日本、加拿大等国家和地区。而从欧元背后的抵押物——黄金来看，欧洲各国央行的黄金储备总量接近1.2万吨，也超过了美联储的8130吨。

·中国守住最后的金融防线

在20世纪90年代中后期，世界经济的最重大博弈是中国加入WTO，中国希望在能够掌控自身命运的前提下主动融入世界经济，谋取支持中华民族伟大复兴的更大空间；西方国家则图谋遏制中国发展，为此提出了对发展中国家而言最苛刻的条件。

在这场较量中，客观而言，中国一直处于被动的状态，因为欧美高度一致，紧密联手逼迫中国。尤其它们拥有两大撒手锏，一是经济封冻，二是激化台海局势。在这种大战略背景下，1999年，美国导弹袭击中国驻南斯拉夫大使馆绝非偶然事件。这构成了中国当时面对的主要国际环境。

在WTO谈判中，中国尽最大努力据理力争，在付出了相当大的代价后，守住了金融开放最核心的阵地，没有承诺自由浮动汇率和人民币自由兑换的时间表。在那个欧美得偿所愿的时刻，它们或许认为，攻克这个最后的堡垒只是个时间问题。此后，对人民币自由兑换和浮动汇率制的攻势一浪高过一浪。

西方某种势力迫使中国按它们的节奏彻底开放金融的计划是相当完美而有序的：上策为先引导国际舆论铺天盖地吹捧中国，冲昏国人头脑，然后利用诸多"国际金融权威"对中国循循善诱，通过热钱冲击中国，不战而屈人之兵；中策是针对中国对外贸易顺差，通过对中国商品反倾销和特保，逼迫中国用汇率自由化进行交换；最下策仍是台海暗流。

但完美方案因为三重不可预期的因素而破碎。一是中国执政当局理性而冷静的头脑并不太领受"捧杀"的蛊惑；二是2001年9月11日，美国遭遇有史以来最大的恐怖袭击，美国的国家政治战略中心发生根本位移，打击恐怖主义威胁取代遏制中国崛起成为美国第一任务。

·中美欧："三国鼎立"

9·11事件之后，为打击全球恐怖主义和保卫国土，美国的国家财政开支大大增加，国际贸易成本大幅上升；2003年3月，美国发动第二次伊拉克战争，并陷入了游击战的泥沼，军费开支进一步扩大。随着美国石油军火集团利用伊拉克战争掌控国际油价，国际原油价格大起大落，美国投资者获得了最多的原油期货的利润，并刺激了美国消费和进口，因此，美国的财政和贸易双赤字迅猛膨胀。

早已对美国屡屡借用美元贬值向全球转嫁赤字不满的欧洲，借机采取强势欧元政策，直接挑战美元霸主地位，2004年，美元兑欧元迅速贬值。

随着美元的持续贬值，美元需要稳住阵脚，被迫升息增加美元的吸引力，但不断攀升的利率使贷款买房者还不起利息，又戳破了美国房地产泡沫。同时，在中国加入WTO后，随着西方国家将制造能力不断转移中国，中国的"世界工厂"地位已经确立，中美经济已经形成高度互补性，美国人对中国物美价廉的商品依赖性很高，美国买中国的物质商品，中国买美国的金融产品，中美双方在经济上实际已经形成"G2"的关系。

这种"G2"的关系对于美元抵抗欧元的竞争尤为重要。美元与欧元竞争主要体现在四点：

（1）综合经济实力，现在欧元区的GDP已经超过美国，美国落在下风。

（2）纸币的泛滥程度，毫无疑问，美元发行的远远比欧元泛滥得多，换言之，美国金融衍生品的泡沫远比欧洲大得多。

（3）纸币的战略抵押物的支撑只能是两种，A是黄金，现在欧洲官方黄金储备的总量大约比美国多50%，而民间数量更是远远超过美国，美国已经丧失了反超的可能；B是石油，现在美国仍不能控制全球的石油来支撑美元。

（4）纸币的实际购买力。在欧元对美元不断升值的情况下，美元的实际购买力暂时没有雪崩，很重要的是依靠中国"世界工厂"提供了物美价廉的产品，如果美国的老百姓没了"中国制造"，物价必定飞涨，通货膨胀更加失控。换言之，美元崩溃得会更快。

这就是中国与美国的共同经济利益第一次超过美国与欧洲的共同利益的源头。也是为什么中美之间能够建立战略对话机制的根本原因。

然而，从西方式的"文明的冲突"的角度而言，中华文明又是西方文明的主要挑战者之一。这使得中、美、欧的关系更加复杂，形成了类似"魏、蜀、吴"的"三国鼎立"的世界格局。

·文明冲突＝利益冲突

以美元和欧元冲突为代表的金融寡头资本主义内部争夺领导权的斗争是最主要矛盾；西方文明对中华文明和伊斯兰文明的矛盾是第二位的；虽然美元与欧元金融寡头利益集团间的矛盾是首要矛盾，但在文明的冲突中，中国却是西方政治经济金融势力最主要的对手。

由此，世界主要构成了以欧元利益集团、美元利益集团、大中华利益集团的世界新"三极演义"的大棋局。俄罗斯、伊朗、沙特、印度、日本等国则身列第二阵营，成为第一阵营合纵的对象。

由于中国是欧、美共同的文明竞争的主要对手，更何况，作为发展极为迅猛的新兴经济大国，中国已经成为世界经济领袖的有力挑战者，2006年~2007年度排列世界首位的IPO融资大国更引起了国际金融寡头势力的高度重视。因此，在这种新"三极演义"中，任何两方均有可能乘第三方不注意，联手侵吞并瓜分其"财富疆土"，包括欧美联手对付中国。

因此，从战略动机上，美元利益集团会首先想办法将危机转嫁给欧洲，如果不行，也不排除欧美的西方金融寡头势力联手，对中国发动一场金融打击，摧毁中国这个主要潜在对手，在控制中国的金融系统、瓜分其丰厚的物质财富后，再相互间一决雌雄。

2. 西方强加给人民币的"莫须有"罪名

2008年中国举办奥运会以来，来自欧美国家的声音越来越强硬，这种声音并没有直接要求中国立刻实行汇率自由化和资本项目可自由兑换，而是说，中国必须加快人民币升值的步伐，因为贸易顺差太多。

这种舆论的真实意图是什么呢？鼓吹和推动人民币升值，其目的是为了刺激中国的资产泡沫，推得越高就会摔得越狠，这就是一种典型的"捧杀"策略，捧得越高是为了有朝一日摔得再也爬不起来。然而如此先扬后抑需要一个前提：扩大人民币汇率浮动空间，大幅推动人民币升值。要达成这一目标，则先要给现行的人民币固定汇率政策定罪。

如今这种舆论已经铺天盖地——世界经济已失衡，中国贸易顺差是罪魁，人民币低估导致贸易顺差，为赎罪，中国必须将人民币升值，而且是大幅升值。

现代西方金融投机者真是"欲加之罪何患无辞"。在WTO框架中，各成员国完全有权利选择各种汇率制度，包括固定汇率。况且各种汇率政策的选择，并不存在谁更好、更先进的问题，只有更合适的差别；其次，所谓的世界经济已经失衡的判断是单向的，现在中美间的贸易不平衡确实存在，但中国的外汇储备购买了大量的美元金融资产，中美间双向是动态均衡的。

如果从中美经贸关系的现实收益来看，美国受益远超中国。简单举个例子，假定原来美国生产一双耐克鞋要支付成本20美元，从中国进口只要4美元，这样美国就获得16美元的净收益（减亏也是收益），而中国每双鞋获得的净利润可能只有20美分。如此，美方就获得了16.2美元新增收益蛋糕的98%，中方仅获得不足2%。

"中国制造"不仅这样巨大地补贴了美国消费者的福利，中国的外汇储备也购买了大量美国国债，给了美国人丰厚的利率补贴——实际上，格林斯潘掌管美联储的18年，美国之所以出现了高增长、低通胀、低失业率的奇迹，经济繁荣与衰退交替循环的周期理论几乎"失效"，究其根本，除了新经济因素外，最重要的原因是"中国制造"给美国带来的巨大实惠。

为什么某些美国人士不仅不感恩，反而一再逼迫人民币大幅升值呢？原因不外有三：

第一，这给了贸易保护以口实，以逼迫中国企业支付更多的反倾销税（注：反倾销是指对在进口产品以低于其正常价值的方式进入一国市场，并对该国已经建立的国内产业造成实质损害或者产生实质损害威胁，或者对该国建立国内产业造成实质阻碍的情况下，该国采取的应对措施，包括临时措施、价格承诺和征收反倾销税。它常常会成为贸易保护者的工具）诉讼费，进一步侵蚀中国企业微薄的利润。

第二，逼迫中国购买更多贬值中的美元，为美联储增发货币埋单。

第三，以此威胁利诱中国进一步扩大汇率浮动空间，扩大资本项目开放，为热钱大进大出创造条件，以诱发中国金融系统，特别是国有银行尚待解决的隐患，制造一场新亚洲金融危机，以摧毁中国的金融系统，进而遏制中国的战略崛起。

在2006年10月工行上市之前，相信前两个是主要原因，而此后，第三个正在上升为核心动机。原因在于，2006年，中国证券市场的IPO募资额第一次超过了美国，令华尔街为之震惊。与"世界工厂"和美国金融虚拟经济高度互补不同，中国金融市场的发展将与美国金融市场产生竞争，换言之，某些美国人乐见一个中国"世界工厂"，但未必希望看到一个亚洲"华尔街"。所以从那时起，将中国的亚洲华尔街扼杀在摇篮中，就像当年匈奴想把大汉朝卫青、霍去病的中华铁骑扼杀在摇篮中一样，对于某些西方金融大国来说，它已经是志在必得的战略目标。

从这个根本上讲，只要某些西方大国不愿意看到中国作为金融大国崛起，中国与西方的一场金融博弈乃至对决就在所难免，无非来得早晚而已。换言之，一场以最终摧毁中国独立自强的金融系统的新亚洲金融危机必然来临。而这个生死玄机就是人民币汇率，人民币升值越多，汇率震荡幅度越大，中国战斗力就越弱，越容易被对方牵着鼻子走。

3. 美国佬为什么逼人民币升值

对于美国佬为什么逼人民币升值的原因，我们先来看几个案例：

一个美国人到中国旅游，用10万美元兑换到68万人民币。在中国吃喝玩乐了一年，花了18万人民币。他要回去了，到银行去，因为人民币兑美元升值到1∶5，这位美国人用剩下的50万人民币换到了10万美元。

来时10万美元，回去还是10万，他高高兴兴地回家了。

另一美国人效仿，也拿10万美元换了68万人民币，在中国花50万买了套房子，吃喝玩乐花了18万，想回去了，房子增值了，卖后净得100万，以汇率1：5，刚好能换20万美元，美国人说他在玩，也是在挣钱。

一中国人到美国打工，用68万人民币兑换到10万美元。在美国辛辛苦苦了一年，赚了3.6万美元。他要回去了，到银行去，因为人民币兑美元升值到1：5，这位中国人用13.6万美元换到了68万人民币。来时68万人民币，回去还是68万人民币，他悲伤地回家了。

看到这里，读者大概能明白一些原因，但是需要指出的是，美国佬逼人民币升值不仅仅在于想在中国"吃喝玩乐"，而有更深层次的原因和目的。

· **"经济买办"眼中的美国佬逼人民币升值的原因**

我们来看一下中国的某些经济学家对于美国佬逼人民币升值的原因解读。

第一，可以压低中国的通货膨胀。其理由是人民币一升值，则相当于进口货便宜了，因此物价就下降了等等。

第二，可以平衡贸易，人民币一升值，美国货就相对便宜了，所以可以多出口，这样中美贸易逆差问题就迎刃而解了。

第三，中国要当负责任的大国，就得说人民币升值。

第四，人民币按购买力平价的标准来看，属于低估了，应当升值。

我们来一一进行反驳。

第一个理由乍一看，似乎有理，道理上说得通。如果人民币以前没升过值，大家没见过，说不定就被忽悠了。可人民币前两年恰恰升值了约20%，问问中国的老百姓，物价感觉到下跌了吗？答案是物价及房价越涨越高，通货膨胀得一塌糊涂。通货膨胀的原因何在呢？一言以蔽之，投机人民币升值的热钱大肆拥入，抬高物价。所以，买办说人民币升值可以压低通货膨胀的理由纯属无稽之谈。

第二个理由不值得一驳，我们都知道，美国佬的基础制造业基本都外移了，高科技又限制出口，就算美国货便宜了，美国佬拿什么来出口？美国佬自己造不出来便宜货，自然只好进口，就算中国货贵了美国佬用不起，那也只能从其他便宜的国家进口，跟贸易平衡没有任何关系。

第三个理由有些无赖，美国佬经济有困难，自己贬值贬得一塌糊涂，难道不是以邻为壑？中国自己保护一下自己，让人民币保持稳定，就犯了弥天大罪？1997年亚洲金融风暴时，中国那么困难，不是也没有让人民币贬值吗？

第四个理由所谓的低估，这个低估完全是从生活体验上得来的感觉，没有任何理性的分析。况且要说中国人民币币值低估，也不是一天两天的事情，干吗现在这么着急呢？

·美国佬逼人民币升值的深层原因

我认为，美国佬逼人民币升值的原因有两个。

第一个原因是为了缓解国内压力和摆脱巨额赤字。

美国为了防止经济下滑，转嫁国内矛盾，于是对中国使用了20多年前对待日本人的损招：逼迫人民币升值。

这是一个巨大的阴谋，美国要对中国打一场金融战争。美国的算盘打得很精：中国不是购买了美国1万亿的国债吗？如果原来1美元兑8.23元人民币，那么要买1亿美元国债，就需要8.23万亿元人民币。而人民币升值以后呢，如果升到1美元兑6.00元人民币，1亿美元的国债就一下子变成了6万亿元人民币，美国的借款一下子就减少了1/3。

同时，人民币升值，我国的出口创汇产业自然会受到巨大打击，美国的产品就会借机出口。

1997年亚洲金融危机时，美国就是通过逼迫日元升值，来遏制日本的出口，到现在日本的经济还是一蹶不振。多年以后，这一幕重演，于是美国对中国又展开行动了，连西方国家也跟着美国的屁股上鼓噪。而人民币升值，会造成我们国内物价飞涨、通货膨胀，其实老百姓手里并没有钱，美国佬这样做，都是为了减少美国的债务和转嫁经济危机。

第二个原因是为了用金融手段抢劫中国的巨额财富。

事实上，只要明确人民币的长期升值预期，热钱进中国可以肯定是有赚无赔。美国的强项是金融，这方面的名堂多，只要中国明确人民币的升值预期，美国佬就可以忽悠全世界的投机者投机人民币升值，进入中国的热钱必然四处流窜，寻找投资机会，美国佬就可以帮助中国制造资产泡沫，等泡沫破灭时，美国佬赚得盆溢钵满，安全撤退了，留个烂摊子给中国人民，就如同日本的情况。

在这个游戏里，人民币的升值预期十分关键，是游戏能否成功的前提，因为没有这个前提，美国佬是忽悠不起来全世界的投机资金的；而且没有升值预期，投机就不是一个稳赚不赔的游戏，以美国佬的智慧，当然不会看不清。

当然，从长期来说，人民币要成为国际货币，保持稳定或稳中有升是有帮助的，但这不是关键因素，日元一直在升值，它并没有成为国际货币，而美元一直在贬值，不照样当国际货币？国际货币的核心，还是经济和政治影响力。

综上两个原因所述，美国佬的目的其实就是想制造一个可以安全剪中国人民"羊毛"的机会，人民币最好是非常缓慢的升值，让投机者的升值收益不超过他们的融资成本，让他们无利可图。只有这样，中国人民才能避免被美国佬"剪羊毛"的命运。

4. 赌人民币升值是热钱流入中国的重要原因

2010年11月，中国国家主席胡锦涛表示，中国推进人民币汇率形成机制改革的决心是坚定不移的，但只能是渐进式推进，此表态表明人民币升值进程将不可逆转，而这无疑将成为未来一大中长期投资主线。

无论从长期均衡汇率角度，还是从中国经济结构转型的角度来看，人民币都将维持中期升值态势。

当然，热钱对于人民币升值这一信号是欣喜若狂的。

当热钱听到人民币将会升值时，它们可以提前将外币兑换成人民币，在人民币升值之后可以用较少的人民币换取更多的美元，赚取人民币升值的好处——汇差。

另外，目前中国通胀压力很大，存在加息的预期，同时美国利率较低，它们可以将由外币兑换的人民币存入银行，赚取利差。

汇差和利差所带来的收益，在全球市场动荡的背景下，是风险很低的收益，所以国外资本通过各种途径进入中国内地。

打个比方吧：现在外国人有100美元，就算现在的汇率是1∶7，他现在进入中国能换成700元人民币。假设的时间以后，汇率升至1∶5，他出去时就能变成140美元。这还不算在这若干时间内他以这700元人民币获得的利息或投资收益。相比美国现在2%的利率，热钱能不想方设法进来吗？

热钱来中国赌人民币升值，进入股市、房地产领域进行投机，最终目标是获取超额利润的，而不是来学雷锋的。一旦达到了他们的暴利目标，就会毫不留情、毫不手软地了结离场。这就给中国资本市场、房地产市场以及人民币汇率带来巨大风险，特别是给中国的中小投资者以及社保基金等机构投资者带来风险。

5. 人民币是否会成为美元的牺牲品

美国不会轻易放弃对新兴市场国家，特别是对中国进行"剪羊毛"的机会。

"剪羊毛"的最佳对象无疑是以中国为首，日本和南美因为过去剪得太过分了，至今经济元气大伤。而中国经改革开放三十年的持续发展，已是羽翼渐满，正是羊毛丰厚。而若在中国得手，则印度、巴西、俄罗斯、东南亚等国和地区必望风披靡。

实现这一目标要有几个条件：一、目标国实施浮动汇率制度，资本项目兑换基本自由；二、主导国货币非常强势，足以控制全球热钱大进大出节奏；三、主导国经济无后顾之忧；四、目标国危机对主导国有好处或害处不大。如当年美元对日元"剪羊毛"时，这四个条件完全具备。

如今，美元试图剪人民币的"羊毛"，这四个条件均残缺不全：一、当今人民币仍属有管理的小区间浮动汇率制度，资本项目仍大部分不可兑换；二、美元一统天下的时代已经结束，美元政策已无法独力操控世界资金流；三、美国次贷危机正日见蔓延，正处于金融大动荡的前奏期；四、中美经济高度互补，血肉相连，其紧密程度在大国中前所未有，已成一荣俱荣、一损俱损格局。

更为奇特的是，在现实条件下，倘若美国国内某种势力一意孤行，其将未受其利，先受其害。其机制是，在美国次贷危机严重紧缩美国国内流动性的情况下，通过美元贬值并逼迫人民币大幅升值，尽管可以变相减免一部分中国持有的美元债务，但必然导致更多的流动性流出美元金融系统，会令已非常脆弱的美国金融资金链雪上加霜，甚至提前崩断。同时，由于"中国制造"的利润已经被逼到极限，人民币的大幅升值，劳动力、土地、原材料等价格上涨，必导致中国出口美国商品价格上涨，加速美国国内的通货膨胀。简言之，它将变成一场生死时速的"豪赌"，看谁的危机爆发在前，即使撑到后面，也必将因对方的金融危机和经济衰退深受其害，损人不利己，并将演绎中美"鹬蚌相争"，欧元"渔翁得利"的结局。

美元以牺牲自身流动性而向人民币转嫁危机已经来不及了。美元全面危机爆发的信号弹是，美元基准利率不断向下降，而美国通胀率节节上升，两者迎头相撞的时候，即美元成为"负利率"货币的时候，世人就会对其失去作为国际储备货币的保值信心，也就是美元"泰坦尼克号"撞上冰山的时候了。最近一次美元降息后，美元基准利率已经下降到2%，而2008年5月，美国通货膨胀率同比已经上升到4.3%。这一全面危机触发的导火索实际已经点燃。

对中国来说目前总体战略形势相当有利的是，2005年7月21日人民币汇改以来，尽管人民币在内外部压力和舆论诱导下加速升值，其迄今升值为20%，然而这离能够引发一场资产泡沫破灭的危机仍至少有10%的升值区间。更有利的是，中国善借国内外热钱投机人民币升值和资产泡沫，通过大批金融机构IPO，已在很大程度上缓解和改善了金融系统状况，这使得中国金融系统在未来可能遭遇的金融大动荡中有着较强的抗打压能力。

与此同时，如果要对中国发动热钱战争，必须推动人民币大幅升值，中国出口美国的商品价格必定不断上涨，推高了美国进口商品价格，进而增加了美国通货膨胀上涨的压力，会使美元的"负利率"情况更为严重，更不利于它与欧元的竞争。

其实，即使美国逼迫人民币升值，而向中国转嫁了一部分债务，对美国而言也是得不偿失的。因为这笔钱对拯救一场美元纸币的大火灾来说只是杯水车薪。因为美元债务危机的严峻性要远远超过世人的想象，所谓次贷危机损失8000亿～1.2万亿的估算最多只是美元债务危机的冰山一角。

即使美国把中国成功地拖进了金融危机，美国也不会有好结果。某种程度上，这相当于一个人为了暂时多喝几杯奶解渴，而把奶牛给杀了；或者为了多贪自己雇工的几个小钱而把劳工给轰走了，那么今后还有谁给他打工，给他赚钱，以后哪里还有奶喝，如果连中国这么价廉物美的"世界工厂"都给摧毁了，那么美国的物价将更加飞涨，通货膨胀将更加厉害，美元贬值得也会更厉害。

更何况人民币并不缺乏绝地反击的办法，如大规模抛出美国国债，与美元玉石俱焚；大规模增加黄金储备，反击在美元的命门上；在美元大幅贬值之际，人民币也同步贬值，让美元无法转嫁危机等等。

无论怎样试图向中国转嫁危机，美元都将是损人不利己，最后还是搬起石头砸了自己的脚。

6. 人民币汇率焦点：热钱重返，与美国捉迷藏只可短玩不能常用

由于中国经济向好的内生性动力强劲，对国际资本的引力不断增加，大量的热钱将不断进入中国，以期获得2011年二季度开始的各类投资机会。自中国外贸数据出现连续回升以后，国际社会对人民币升值的压力再度加大。特别是进入2010年9月份以来，来自美国的要求人民币升值的声音变得越发强硬。

·奥巴马政府的强硬立场

2010年9月20日，美国总统奥巴马表示，中国未尽全力解决人民币问题。在美国国会考虑新的立法以报复中国的同时，奥巴马政府也继续对中国政策使用强硬措辞。

但是，由前任各届政府内阁官员组成的跨党派团体警告称，因中国

未加快人民币升值速度而采取报复行动，可能让美国适得其反。

美国贸易代表柯克表示，美国国会因汇率问题而向中国施压的各类法案是否符合世界贸易组织(WTO)的规定，这点尚不清楚。

奥巴马表示，人民币"汇率低于其应该所在的市场水准"，这让中国获得了贸易优势。

"我们所说的是，贵国需让人民币升直，以符合贵国的实际情况，而实际情况就是，贵国的经济正在上升，富裕程度提高，出口也在增多，贵国应该根据市场的情况进行调整。"奥巴马在CNBC电视举行的一次会议上表示。

"他们理论上同意，但事实上还没有做到所有需要做的事情。"奥巴马称。

奥巴马在呼吁与中国建立更公平的贸易关系时表示，华盛顿将在WTO针对中国采取更多行动。"我们将比过去更有效地执行我们的贸易法律。"他称。

美国财长盖特纳也表示，将联合其他大国施压中国改革贸易和汇率政策。

美国国务卿希拉里·克林顿和中国外长杨洁篪在纽约联合国大会的间歇会面时，也详细讨论了汇率问题。

美国参议院金融委员会主席多德表示，2010年国会将无法通过议案。但他说在奥巴马11月前往首尔参加20国集团(G20)峰会之前，白宫和国会有可能先行就基本的方案达成共识。

但支持就汇率议题立法的人仍抱持希望，认为在2010年11月2日国会选举之前，众议院将会采取行动，并让参议院备感压力而在短期内通过一项议案。

中国人民银行6月表示，将让人民币汇率更自由地浮动。自此之后人民币兑美元已经升值1. 53%，但美国许多分析师表示，其币值低估程度多达40%，使之成为选举年中政客表现其有意解决美国高失业问题的攻击目标。

许多国会议员已对外交手段感到不耐烦，正推动迫使中国采取行动的议案。与中国竞争的钢铁等产业，均认同有立法的必要性。

但就更大范围来看，许多美国商界人士担心若国会通过法案，对部分中国出口至美国的商品实施惩罚性关税，则将引来中国的报复。

"的确，中国汇率必须反映市场影响力，且必须尽快这么做。"8名克林顿及布什前政府时代官员在一封送交国会领袖的信函中指出。

"但国会在汇率上的要求并非解答，事实上还有可能加剧我们与中国贸易以及我们本身经济成长及就业方面的挑战。"该团体表示。

这8名前官员包括布什时代的美国贸易代表施瓦布及商务部长古铁雷斯，以及克林顿主政时代的贸易代表沙琳·巴尔舍夫斯基及商务部长肯特。

这些前政府官员在信函中指出，中国无疑会在WTO对这些法案发起挑战。若美国败诉，则有可能导致美国出口品遭到报复。

奥巴马政府小心翼翼地拿捏分寸，一方面认同人民币汇率遭到低估，但称仅会支持符合WTO规定的议案。

·中国老玩捉迷藏是不行的

中国此次对美国施压人民币升值的反应相当积极，代表官方意图的中间价已连续七日创新高。目前最为流行的解读是说中国在与美国打游击战：你压得凶我就涨涨，一旦你放松我就跌回来。但是这种捉迷藏的游戏只可短玩不能常用。

从长远来说，只有尽快找到一个适合中国的汇率形成机制，让市场在汇率定价中发挥更大作用，才是中国应努力达到的目标。

我认为，选择一次性重估人民币兑美元汇率，再引入双边的波动模式，将会是中国付出代价最小的汇率改革方案。

而2010年公布的央行数据已显示，此前连续数月出现的资本外流现象已在8月转向，重新回归热钱流入。业内人士称主要原因就是中国外贸形势持续向好，宏观经济增长的内生性动力强劲，吸引热钱再度回归。

在此情况下，若中国仍满足于捉迷藏式的自娱自乐式汇率形成机制，那么在美国失去耐心后，恐将引发针对中国的贸易战，反而不利于中国正在实施的经济结构调整及实现可持续的长期发展。

捉迷藏的策略将导致财政恶化、贸易战或资产价格泡沫和通胀的恶化。最终，人民币还是难逃升值。

7. 不一竿子打翻一船人：热钱引人民币升值又存在着怎样的利弊

进入2010年以来，国际外汇市场针对人民币升值与否的问题做了无数次的讨论和争辩，最终还是回到人民币升值的几大关注问题上来：人民币为什么会升值，人民币升值后的影响是什么，人民币升值的利与弊在哪里，如何找寻人民币升值的原因，人民币汇率升值后会产生哪些人民币升值受益股，同时有伴随哪些人民币升值的危害。

全球经济低迷、萧条，许多西方国家面临着通货紧缩的巨大压力。与一些发达国家情况正好相反的是，中国经济持续高速增长。国际收支的双顺差和不断增加的巨额外汇储备成为推动人民币升值的直接原因。以美国和日本为首的东西方国家认为中国的出口商以"不公平的低价"抢夺世界市场，因此要逼迫人民币升值，并进而将这一经济问题转变为政治责难，向中国施加压力。

面对人民币的升值要一分为二地看待，不要一竿子打翻一船人，因为人民币升值对我们是利弊并存的。

·人民币升值的"利"

人民币升值的好处有：

第一，有利于稳定国内物价、提高收入及提供更多的就业机会。汇率作为本国货币对外价格，其变动也会对货币对内价格物价产生影响。从进口消费品和原材料来看，汇率上升要引起进口商品在国内的价格下降，从而可以起到抑制物价总水平的作用，至于它对物价总指数影响的程度则取决于进口商品和原材料在国民生产总值中所占的比重。

第二，有利于旅游和留学。无论是出国旅游还是购买外国商品，老百姓可以付同样的钱享受更多外国的产品与服务。人民币升值，美元贬值，那些供养孩子留学的家庭也因此减少了留学的费用，成为此次人民币升值直接的受益方，同时使境内居民出境旅游变得更加便宜。

第三，有利于减轻原材料和能源进口的负担。我国是一个资源匮乏的国家，在国际能源和原料价格不断上涨的情况下，国内企业势必承受越来越重的成本负担。如果人民币升值到合理的程度，便可大大减轻我国进口能源和原料的负担，从而使国内企业降低成本，增强竞争力。

第四，有利于国内企业产业结构调整。长期以来，我国依靠廉价劳动密集型产品的数量扩张实行出口导向战略，使出口结构长期得不到优化，使我国在国际分工中一直扮演"世界打工仔"的角色。人民币适当升值，有利于推动出口企业提高技术水平，改进产品档次，从而促进我国的产业结构调整，改善我国在国际分工中的地位。

第五，有利于我国和贸易伙伴的关系。鉴于我国出口贸易发展的迅猛势头和日益增多的贸易顺差，我国的主要贸易伙伴一再要求人民币升值。人民币不升值会使得我国和它们的关系不断恶化，给我国对外经贸发展设置障碍。

·人民币升值的"弊"

人民币升值的害处有：

第一，不利于我国出口企业特别是劳动密集型企业。

人民币一旦升值，用外币表示的我国出口产品价格将有所提高，这会削弱其价格竞争力；而要使出口产品的外币价格不变，则势必挤压出口企业的利润空间，这不能不对出口企业特别是劳动密集型企业造成冲击。

第二，人民币升值会使中国巨额外汇储备面临缩水的威胁。

中国的外汇储备高达24543亿美元，居世界第一位。充足的外汇储备是我国经济实力不断增强、对外开放水平日益提高的重要标志，也是我们促进国内经济发展、参与对外经济活动的有力保证。然而，一旦人民币升值，巨额外汇储备便面临缩水的威胁。假如人民币兑美元等主要可兑换货币升值10%，则我国的外汇储备便缩水10%。这是我们不得不面对的严峻问题。

第三，人民币汇率升值将导致对外资吸引力的下降，减少外商对中国的直接投资。

　　人民币升值后，虽然对已在中国投资的外商不会产生实质性影响，但是对即将前来中国投资的外商会产生不利影响，因为这会使他们的投资成本上升。在这种情况下，他们可能会将投资转向其他发展中国家。

　　第四，人民币汇率升值会降低中国企业的利润率，增大就业压力。

　　人民币升值对出口企业和境外直接投资的影响，最终将体现在就业上。因为我国出口产品的大部分是劳动密集型产品，出口受阻必然会加大就业压力；外资企业则是提供新增就业岗位最多的地方之一，外资增长放缓，会使国内就业形势更为严峻。

　　第五，财政赤字将由于人民币汇率的升值而增加，同时影响货币政策的稳定。

　　人民币如果升值，大量境外短期投机资金就会乘机而入，大肆炒作人民币汇率。在中国金融市场发育还很不健全的情况下，这很容易引发金融货币危机。另外，人民币升值会使以美元衡量的银行现有不良资产的实际金额进一步上升，不利于整个银行业的改革和负债结构调整。

第八章

热钱狂涌中国：中国人如何应对

　　热钱是中国人财富保卫战的主要对手，是国际金融寡头遏制中国战略崛起的"轻骑兵"，也可以说是潜伏中国的"特种部队"。要想打赢这场热钱反击战，必须知己知彼，方可百战不殆，否则，在一场艰巨而复杂的攻防战中，如果连谁是我们的敌人，谁是我们的战友都分不清楚，那么结果只能是一个：稀里糊涂地败下阵来，连为什么输都不知道。

1. 师夷长技：国外是如何应对热钱的

　　热钱是诱发市场动荡乃至金融危机的重要因素之一。热钱产生的原因不一，长期资本在一定情况下可以转化为短期资本，甚至成为热钱，其关键在于经济和金融环境是否会导致资金从投资走向投机。

　　消除套利预期是减少热钱流入的最有效方式。各种因素导致的套利机会是吸引热钱流入的基本因素。一国货币面临升值或与国外存在正的利率差时，通常会出现热钱流入。因此，完善汇率机制及制定合理的利率政策能有效减少热钱流入。

　　在套利预期无法完全消除的情况下，对跨境资本流动征税及实行无息存款准备金制度都能增加热钱套利成本，从而有效抑制国际热钱大量涌入。

　　对跨境资本流动直接征税是美国经济学家托宾于1972年首次提出的，因此该税种被称为托宾税。

无息存款准备金制度则相当于对资本流入间接征税，实行该制度的典型国家是智利。智利政府1991年7月开始对除贸易信贷以外的所有国外借款征收20%的1年期无息准备金，此后无息准备金比率被提高到30%，覆盖范围逐渐扩展到外商直接投资以外的多数外国资金，这在一定程度上促使流入智利的资本期限延长，提高了国内金融体系的稳定性。

此外，采取直接的金融管制措施（如限制外资进入某些领域、规定最短停留期限）、建立跨境资本流动监测体系以及加大反洗钱力度等都有助于应对热钱冲击。

反洗钱不仅涉及反恐和防止犯罪活动，各种危害国家安全和经济稳定的投机资本也是反洗钱的重点打击对象，因此发达国家历来重视反洗钱。

除加强对热钱进入本国资本市场的监管外，经受过1997年金融风暴沉重打击的亚洲国家正联手修筑一道防波堤，以遏制热钱兴风作浪。

2008年5月，东南亚国家联盟10国以及中国、日本和韩国3国财政部长宣布，将出资至少800亿美元建立共同外汇储备基金，以帮助参与国抵御可能发生的金融危机，维护地区金融稳定。

·对付热钱，各国政府大显神通

韩国：开放的同时加强监管

2010年，韩国经济正面临股市低迷、韩元汇率下跌、通胀压力加大等考验。韩国金融机构认为更值得警惕的是，韩国已经出现了海外热钱大规模加速撤离的现象。面对这种形势，很多韩国学者意识到或许可以从1997年亚洲金融危机给韩国带来的经验教训中寻求应对之策。

1997年亚洲金融危机爆发前，韩国经历了30多年经济的持续高速增长。1993年开始，韩国政府大力推动经济全球化，实现了资本自由化和外汇兑换自由化。然而，由于缺乏对海外资本市场，特别是短期流动资本的清醒认识，韩国金融机构向海外金融市场大量借入1年期甚至更短期限的外债，然后在韩国国内以4年至5年的期限贷给企业，以这种"短借长贷"的方式套取利差。韩国国内银行的高利率以及迅速膨胀的房地产市场和股市也吸引了大量热钱进入韩国市场。1997年底，韩国韩宝等大型财团因盲目扩张濒临破产，从而引发了信心危机，包括热钱在内的外国资本突然大举抽离韩国资本市场。韩国金融机构"短借长贷"的冒险政策在突然出现的短期外债兑现要求面前暴露出了致命的缺陷。

韩国在这次金融危机后，总结了3条教训：第一是金融开放不等于放松监管；第二是政府在制定经济政策和企业在经营过程中应实现透明化，引导资本实现最佳配置；第三是改革低效率的财阀经济模式和转换政府职能。

法国：大力吸引直接投资。

法国近年来一直鼓励外资进入法国市场，仅有一些具有战略意义的行业和龙头性质的企业在吸引外资时受到限制。但是，由于外资主要是直接投资，法国也没有期货交易市场，因此资本的投机机会不多，热钱在法国似乎难以立足。

有关数据显示，进入法国的外国资本绝大部分为直接投资，且多数为产业资本。目前外资控制的企业或外国企业分公司的营业收入占法国工业企业总收入的40%左右。这从侧面证明了外国资本进入法国的主要目的是为了进行长期产业投资，而不是为了短期投机获利。

法国是资本市场相当开放的市场，法国巴黎股市ＣＡＣ40股指的成分股中，有超过一半的股权控制在外国资本手中，主要为欧美国家的产业资本。这些外国资本进入巴黎股市通常也具有产业目的，而非靠股市差价或欧元升值来获利。例如，美国私募基金柯罗尼资本2010年初联手法国阿尔诺集团，以收购股票的方式成为家乐福集团第一大股东，其主要目的就是获得控股权，从而实现资本的产业化布局并谋取长期收益。

外资进入法国市场基本不需要行政审批，但当外资投资于军工等敏感部门或具有龙头性质的企业时，则须先获得财政部的审批。而为保护国民经济，确保本国利益，法国对一些具有全球领先地位的企业还实行政府控股策略，外国资本很难对这些企业实施并购。例如，法国政府是法国电力公司和核能巨头阿海珐集团的绝对控股股东，同时也是空客母公司——欧洲航空防务和航天集团的最大股东。

法国的金融衍生产品市场不太发达，甚至没有期货市场，即便是法国本土的金融资本通常也要到欧美或亚洲的海外金融市场去"淘金"。因此，在法国很少有遭受热钱侵袭的说法。

泰国：采取宽进严出措施。

在泰国，谈起短期投机性资本，至今常令不少金融人士色变。这是1997年金融风暴给泰国金融界带来的后遗症，同时也体现了泰国金融界的危机防范意识大为增强。

在过去13年间，泰国政府一直在探索如何完善其金融制度。危机发生当年，政府就调整了汇率政策。同时，将原先受控于财政部的中央银行辟为独立机构。此外从长远出发，泰国有多套班子在对金融体制进行规划和不断整改。如今，泰国外汇储备达到700多亿美元，使投机者利用撤资手法恶性制造泰铢贬值的可能性降低。同时，政府加强对经济过热的关注，特别重视央行通过利率政策调控物价的能力，使货币政策与汇率政策这两种调节金融市场的手段都能够有效运作。

2006年泰国发生军事政变后，泰国临时政府经济班子一时人选不定，金融市场出现混乱，热钱流入现象一度严重。对此，泰国央行随即出台一揽子应急措施，其中包括外国短期资本准备金政策，即外国投资者投资金额中的30%必须在一定年限后才可以撤出泰国市场。此举虽招致不少微词，却使非正常繁荣的泰国金融市场得以迅速恢复稳定。2007年初，泰国还修订了《外国人经商法》，对短期投资泰国的外国人设定了更加严格的限制措施。

在对金融政策进行13年的调整和摸索后，经历过严重金融危机的泰国经济正逐步走向健康发展的道路。泰国依旧鼓励外国投资，并为此制定了大批优惠政策。批准外资宽进后，再通过严格的审批和监控手续，筛选出不良目的资本，一方面可以充分发挥外资刺激泰国经济增长的积极作用，另一方面也能够减少投机者轻易撤资带来的不利影响。

墨西哥：用制度约束各类资金。

墨西哥从1994年比索危机的爆发中吸取了深刻的教训：过快的金融开放进程、过于宽松的引资政策和较弱的金融监管能力都会给热钱提供可乘之机。墨西哥防范热钱的重要办法，就是通过制度化的手段对资金进行约束，引导它为优化经济结构服务。

2. 热钱压境，中国如何"筑池"

美联储新一轮量化宽松政策迫使新兴市场国家面临"热钱压境"的风险。中国央行行长周小川用"池子"来吸纳短期投机资金的表述，引发市场热议。这个吸纳热钱的"池子"，是股市、债市还是其他？

·应对热钱"筑池"之辩

美联储二次量化宽松政策公布后，包括中国在内的新兴市场国家对于流动性泛滥的担忧进一步加剧。央行行长周小川强调，我国采取"总量对冲"的措施应对热钱。"短期投机资金进来了，我希望把它放在一个'池子'里，而不会任其泛滥到整个中国实体经济中去。等它需要撤退时，将其从'池子'里放出，这样可以在很大程度上减少资本异常流动对我国经济的冲击。"

"池子"的表述一经提出即刻引来关注。由于官方对"池子"的运作原理及其对市场的影响尚无确切说明，由此引发业内人士的热烈讨论。

"尽管监管机构可以通过严格追踪审核，以及限制外汇借款等途径来加强对热钱的管制，但这样一方面成本高且效果未必理想，另一方面，热钱如洪水宜疏不宜堵。"香港时富金融集团高级研究经理徐元元表示，"从降低操作成本的角度出发，可以建立一个特定市场，利用热钱逐利的本性，吸引资金的流入。在这个市场中交易的标的物可能是外汇、商品或者利率的期权、期货及其他结构化的金融衍生品，并给予最大限度的市场自由度，让热钱在短时间内看到升值的可能，并且可以在不进入中国实体经济的前提下，快速进出这个市场。"

安邦咨询董事长陈功表示，首先，进入这个"池子"的必须是国际投机资金；其次根据热钱的偏好，股票、债券类金融资产最适合构成这一资产池；最后，这个"池子"的市场自由度也较大，使得我国可以有效疏导、管理和监督国际热钱的数量和流向。

"在资本大规模流入的背景下，监管层可在这一时期让企业进行股权融资和债权融资，通过资本市场的扩容将资金池容量做大。"陈功说，"如此不但吸纳了热钱、减缓了资产价格上涨，也推动了债券市场的发展和多层次资本市场的建立。对于企业而言，将迎来一个低成本融资时代，至于溢出资本市场的'漏网之鱼'，央行则要监控好货币市场的流动性状况，必要时利用公开市场操作进行调控。"

值得一提的是，香港市场作为国际游资炒作中国经济的桥头堡，也积极解读"池子"说。"吸纳热钱的'池子'一旦建立，可极大分流在香港市场或借道香港的国际游资，缓解当地的资产泡沫，也有利于中国金融市场的长期稳定。"徐元元说。

·"池子"如何隔绝风险

尽管目前有不少评论认为"池子"很可能是股市，但在招商银行金融分析师刘东亮看来，"因为热钱每月进出可能高达数百亿美元，折合数千亿元人民币，如此巨额的资金在股市中流动，必然带来股市的大涨大跌，不利于金融市场及国民经济稳定运行。"

他认为，债市做"池子"的可能性更大，债市不仅市场容量大、流动性好，而且债市的交易主体是银行，资金实力雄厚，能够应对市场波动的冲击。从国际上来看，一国债市的规模通常都远大于股市，更易吸收巨额资金的冲击。

受访专家普遍认为，"池子"不仅要有"甄选性"和"可蓄性"，更须具备"隔绝性"。如果让企业和居民的资金进入这个"池子"，一旦泡沫破裂，热钱获利扬长而去，而留下中小散户以及企事业单位为巨额热钱留下的烂摊子埋单，这将重创国家投资和消费能力，不利于经济转型。

·新兴市场须联合"筑堤防洪"

如果用河流作比，欧美等发达国家处在上游，中国等新兴市场国家位于下游。目前上游大肆发行货币势必造成流动性泛滥，下游新兴市场经济体不得不加入"防洪"行列。

受本币大幅升值和热钱涌入的困扰，巴西已调高海外资金金融投资增值税率至6%；印尼已规定资本流入要遵守一个月的持有期，印尼央行还表示计划推出更长期的定期存款；韩国也审核了国外和本土银行以及非银行金融机构在衍生品头寸新规定方面是否合规；马来西亚则选择进一步开放资本流出，并很可能引起别国效仿。

对于部分国家采取的资本控制行动，野村证券亚洲首席经济学家苏博文指出，"一些国家所采取的实质性控制措施可能会对该地区的其他经济体造成压力。由此，各新兴市场国家应该考虑采取联合行动。"

同这一观点不谋而合，泰国财政部长日前公开表示，针对美国的第二轮量化宽松政策，泰国央行正与亚洲其他央行密切会谈。各央行可以根据形势，采取联合措施，防止针对本国货币和资本市场的过度投机。

3. 中国如何应对国际热钱对经济安全的影响

热钱的一个突出特点是具有高流动性。如果热钱规模较国内投资大，其高流动性很有可能对发展中国家的经济运行形成明显冲击，甚至造成发展中国家经济发展的不稳定。

一个突出的例子就是13年前的亚洲金融危机，巨额游资在亚洲各国金融市场的炒作和快速撤离，最终导致了东南亚许多国家经济的崩溃。

亚洲金融危机的教训明确昭示了关注国际短期资本动向的重要性。就中国而言，随着人民币升值预期的升温，热钱在中国境内的规模逐渐增大。2002年中国国际收支平衡表中的"净误差与遗漏"项目由负转为正，首次为中国境内热钱的存在提供了一个证据。

近几年来，人民币升值的压力有增无减，涌入中国的热钱规模也在扩大。虽然中国政府多次表示近期不会对人民币进行重新估值，但由于中国人民币升值压力依然存在，这些热钱有可能以各种形式仍然留在国内进行短期投机活动，从而对国民经济形成不良冲击。

资本流入是一把"双刃剑"，需要辩证分析其积极意义和不良影响。应当看到，国际资本只有投放到生产性投资上，才有可能跨越国内资本规模的制约，实现经济的长期成长。

仅仅以热钱形式存在的话，对经济的影响只能是负面的。亚洲经济危机的深刻教训提醒我们，在国家的监管条件和与热钱规模相比发展程度尚未具备的情况下，既不能过分强调吸引外资，更不能简单地打开国门，放任自流，完全开放，不采取任何限制措施保护本国的市场、企业和居民的合法利益。否则，金融危机将难以回避，中国经济也将会面临着不可估量的倒退和波动。

·中国如何应对热钱的影响

第一，继续坚持现有汇率制度，确保人民币币值稳定。

目前，强调人民币升值甚至变有管理的浮动汇率制为完全浮动的汇率制的观点甚为流行，这种观点并没有从中国的具体国情出发，而是片面地强调提高开放度，过分夸大外资和国外势力的影响。

事实上，人民币升值时机尚不成熟，人民币汇率制度改革也不具备条件，不能以市场化改革为口号，一味强调人民币汇率的完全自由浮动。目前，人民币升值不仅影响中国整个制造业的发展，更会吸引更多的热钱涌入，进一步形成人民币升值压力和预期，如此恶性循环，受到损害的必将是中国经济主体。人民币汇率变为自由浮动汇率制度更不可行，不仅容易推动人民币的进一步升值，更给予国外资本炒作人民币汇率乃至操纵中国对外贸易和经济走向之机，以汇率变动和热钱流向为手段，干涉中国经济发展，这将不利于维护中国经济发展的独立性，最终影响经济安全。

因此，在国内外汇市场交易尚未完全形成之前，人民币汇率不具备改革的现实基础。即使在条件成熟后，人民币汇率变为浮动汇率制，国家也不能放松对人民币汇率的干预。20世纪90年代，一些东南亚国家由于外汇储备不够以及国家干预程度不够，无法抵御巨额的短期游资的冲击。中国应当以此为戒，在当前和未来热钱涌入的时候，顶住压力，不能任由人民币汇率自由波动，必须通过外汇储备等手段参与国际外汇市场交易，影响人民币汇率走向，从而为本国的经济发展创造有利的国际国内环境，避免重蹈东南亚各国的覆辙。

第二，进一步完善金融体系的监管，防范热钱炒作市场的行为。

由于热钱的规模较大，而且人民币升值压力依然存在，境外热钱依然还有继续涌入的可能性。为了套利，热钱今后仍然有可能通过一些国内制度的漏洞以及违规操作影响中国资本市场，造成价格波动。因此，相关监管部门应该紧密合作，对进入中国的热钱进行有效监管，以防范金融系统风险的发生。

第三，防止房地产泡沫，打击过度投机行为。

事实上，中国目前热钱流入对房地产市场的影响更大，与房地产泡沫的形成关系密切，因而对房地产的危害也更明显。国家已经高度关注房地产市场过热的问题，频频出台措施，例如国务院颁布的最新八条和建设部等七部委联合出台的《关于做好稳定住房价格工作的意见》，加大了打击房地产过度投机的力度，同时也将对遏制热钱的流入具有积极的意义。

4. 策略反热钱：攻其必救，锁其要道

尽管中国金融体系已经开始市场化的进程，但是一些经济活动还是由政府来控制的，比如说资源配置扭曲的问题。此外，中国目前实际利率为负值，这对房地产市场、其他的市场都会有负面影响。

在应对热钱方面，中国可以采取一些措施，去释放这些多余的流动性，比如开放资本市场。中国市场需要对货币、资本项目等进行市场化改革。否则，这种不稳定还会持续下去，而且变得更加严重。

对于中国而言，这是一件两难的事情。目前，一方面要防范热钱大量流入以及加速流入的问题，另一方面，中国要做好准备，防止某个时刻资金突然大量流出。否则，中国经济将面临巨大的风险。

那么，单从策略上中国应该如何抵制热钱呢？

·管好用好国家外汇储备

与其探讨如何用好热钱，还不如集中精力下工夫管好、用好当前庞大的国家外汇储备。中投公司作为我国的主权财富基金应为实现我国国际收支平衡、促进外汇储备保值增值、促进我国资本市场健康稳定发展发挥积极作用。在当今股市低迷的情况下，中投公司应在H股、A股市场选择优质、具有发展前景的公司，以战略投资者的身份进行投资，持股3年。这对于抵制热钱抄底、阻止热钱迅速撤离都大有裨益，对于支持我国资本市场的发展也具有战略意义。

·控制外汇买卖

中国的资本账户现在基本还是控制的。一旦发生热钱撤离，政府可以通过控制外汇的买卖把钱留在中国，这样做可能会影响中国的国际形

象，但如果局势失控，这一举措也是不得已而为之。

至于升值策略，必须要考虑时间上的一致性。现在有建议让人民币一次性贬值，短期来看似乎可取，但长期来看，市场一定认为你不可能总是这么做，未来价值压力会更高；而人民币加速升值或一次性升值，经济能不能承受又是一个问题。所以中国可能仍要实行当前的升值方式，并忍受由此带来的热钱流入。

为防止中国未来出现货币乃至金融危机，中国确需在宏观经济政策实行和经济结构转型方面，保证不能有大的疏漏；同时要实施金融市场动态开放策略，以动态开放的可控性降低风险冲击的可能性，还要建立预警机制（资金流出监控体系、货币危机预警模型等）。

·加息或许有助于抑制热钱的流入

摆在汇率政策面前的抉择已经从战略层面变成了策略层面：既然生产效率提升带来的本币升值无法避免，那么问题的核心就变成如何才能让升值的影响更加符合中国自身的利益。只有彻底改变热钱的赢利预期，才能真正令其止步于国门之外，而其中最有效的措施就是采取一次性的大幅升值。这或许暂时会给部分产业造成一定的负面影响，但是与保证整体国民经济运行免受热钱侵扰相比，这样的付出是值得的。

为了避免目前流动性管理陷入恶性循环，需要重新搭配货币政策工具组合，其中包括充分发挥利率政策工具的作用。加息或许有助于抑制热钱的流入。种种迹象表明，上半年境外热钱流入剧增很大的原因是国内企业和机构到国外去找钱，利用各种渠道从海外融资来缓解资金压力。充分发挥利率政策工具的作用，让实际利率恢复到正的水平，同时适度放松行政性的信贷限制，使更多的资金需求从正规的金融体系得到满足、非正规市场上的借贷利率下降。

如果热钱瞄定的是非正规市场上的高利率这一判断成立，那么加息会使热钱套利的空间和机会减少。这样，加息不仅不会刺激热钱进一步流入，反而会抑制热钱的流入。

·多做一些中长期的金融产品

只要市场预期人民币升值不结束，中国会持续地面临热钱问题，短期之内不会消失。我们可以考虑多做一些中长期的金融产品,大力发展公司债、私募基金,甚至银行存款可以把长期的利率规定得高一点,短期下降一些,从而为投资者提供长期稳定的回报,这样进来的外部资金可能就会比较长期地放在中国。

再有,我们可以制定一些有区别的政策,鼓励资金长期留在中国,例如实行税收优惠、资金进出中国的阳光通道等等。当然,反过来,对于那些不负责任的资金,我们可以实行比较严格的管束,可以考虑实行定期的随机抽查,对于违法的资金流出入要严格控制,增加这类资金进出的成本。

·融资融券和股指期货

各类公司接踵摩肩地在境内外上市融资,尽可能地圈上这些来自海外的钱。在主板扩容后,相继推出的中小板、创业板,以及未来的国际板,都是吸纳这些资金"活水"的好去处。股指期货和融资融券等业务推出后,中国的监管层拥有了与海外投资者斗法的工具。

股指期货和融资融券对于中国股市自身机制建设有好处,但是,我们也要防止这些工具被用作搞金融战争的工具。现在大量的热钱也是从这里进来的,一个过山车,就把失业经济和储蓄消灭得差不多了。我们希望这种事情不要发生,同时,我们希望切断国企上市圈钱的游戏,这些圈钱者和以虚拟的股份换取真金白银的伎俩,是掠夺中国储蓄和破坏经济发展的的工具。大量的信贷资金转化为热钱,大量的储蓄跟进从而被套牢,这样的金融分配行为,在某种意义上来说,是一种畸形的放纵。监管层应当立即清醒起来,要知道这是破坏我们金融系统的损招,是打垮我们好不容易建立起来的制造业体系的核弹头。

·设两道防护网

第一道防护网是加强对短期资本流动的管理,首先把热钱挡在国门外,热钱将无法获得投机收益。2010年11月9日国家外汇管理局发布了《关于加强外汇业务管理有关问题的通知》,主要是防范热钱违规流入,其中包括严查内地在境外上市的公司IPO资金回流;将来料加工收汇比例统一由30%调整为20%;严查H股IPO资金回流;来料加工收汇比例降至

20%；严格结售汇综合头寸管理等措施。尽管我国对外资的流入有严格的限制，但是热钱无孔不入，完全防范几乎是不可能的，这些外资往往还通过独特的灰色途径进入，混在贸易、直接投资渠道中，我们几乎不能对其进行阻止，因为要堵塞这些渠道，成本可能极其高昂，甚至会对经济产生负面影响。

第二道防护网是用"池子圈钱"。央行行长周小川就监管入境热钱所作的"池子"比喻引发了市场热议，央行副行长马德伦对此解释，指出"池子是一个政策的组合"，包括存款准备金率调整等调控工具。在国内，热钱流入，外汇占款会增加，同时为了控制货币供应量的上升，央行须发行央票、正回购或提高法定准备金率进行冲销干预，把资金冻结在中央银行的池子中。中国人民银行2010年11月10日宣布上调存款类金融机构人民币存款准备金率0.5个百分点，2010年10月央行已对6家银行进行实行差别化上调存款准备金率，冻结的资金约6000亿元。央行通过公开市场业务和提高法定准备金率冻结流动性主要是从总量上来管理流动性，也就是周小川行长所说的总量对冲措施。

·打破目前对外依存的经济增长模式

要根本摆脱结构型"流动性过剩"问题的纠缠，走出"负利率"怪圈，稳定亢奋的市场，治本之策在于打破目前对外依存的经济增长模式(生产投资—大量出口—拼命储蓄—外储膨胀—流动性过剩)。

其中，企业自主创新能力的提高、消费者社会福利体系的完善将起到至关重要的作用。而目前加息等宏观调控政策只是为结构调整争取时间，虽然它们的成本已变得越来越大。

5. 国民反热钱：买黄金制热钱

作为中国的国民，防御热钱最好的办法就是主动去买黄金。因为热钱之所以泛滥，它的根本原因在于美元的滥发。美元滥发，通过美元的货币霸权，能把其他国家的财富变成自己的。因为美元通货膨胀和美元贬值，实际是把别人的钱装到自己的口袋了，所以如果想做到真正意义上的反击热钱，我们必须要有办法去遏制、制衡美元的滥发，而遏制美元滥发最好的方法就是买黄金，而且一定要买实物黄金。

实物黄金是最诚实的，它不会骗人。我这里面提出一个测算，如果每个中国人平均花500块钱买2.5克黄金，就相当于我们一年买2000吨黄金并且沉淀下来，变成中国的，这样就会对美元的滥发形成一个非常有利的制衡，就会使热钱的野狼军团分崩离析。

如果我们买2000吨黄金，黄金价格就会大涨，黄金价格一涨，一旦进入上升通道，全球的钱都会去追捧黄金，大家都追捧黄金时，美元那些金融衍生品就没有办法再维系、再去掠夺别人的钱了，这样美元就会收缩，进一步贬值，美国会承受外部压力，不得不面对它经济的根本问题——真正的问题。它真正的问题就是它的金融衍生品太多、太滥，而它物质的生产是很有限的，这两者对立得越来越厉害，你要想办法让它转变观点，不要总去搞投机，搞金融衍生品，而要真正多创造真正的物质财富。

在人民币升值的情况下，国民更应该买黄金，因为这时候用升值了的人民币买黄金，最便宜。而一旦人民币升值到位，开始贬值，购买黄金就会有双重收益，即黄金对美元升值，美元对人民币升值，黄金的收益率会更加丰厚。

可能有人会担心，未来黄金的价格会不会下跌，买黄金会不会套进去？这个不用担心，特别是当源源不断的人民币购买实物黄金的时候，国际黄金供不应求的局面会加剧，国际每年新增的黄金产量不过2500吨，基本供求平衡，而且很难继续增产。

当然，购买黄金也需要遵循价值规律和市场规律，即当在中国投资者中乃至全世界都出现了购买黄金的群众性疯狂的时候，就像类似2007年4月～5月份A股的情况时，应该见好就收，避免成为最后的接盘者。

另外，随着金价快速上涨，它的调整幅度也会变得更大，因此，黄金期货和黄金现货保证金交易的爆仓风险会变得更大。对大众投资者而言，购买实物黄金，即标准金块是最安全的投资方式。此外，如果黄金价格涨到每盎司3000美元以上，就需要很小心了。

当然，对于国民购买黄金，政府的态度也是很重要的。

即使政府增持黄金会受到国际上的压力，也应当为民间百姓购买黄金创造条件。

建议政府采取以下措施：

第一，继续取消黄金行业的增值税，鼓励民间消费首饰和工艺品黄金；

第二，允许居民到商业银行抵押黄金，并以抵押黄金进行贷款融资；

第三，实行国内金矿国有化战略，非中国公民今后不得持有国内金矿股权，像国际上一些国家回收油田一样回收被外资控股的金矿，确保国家资本控制这些回收金矿的控股权；

第四，取消央行对黄金进口的垄断，放开黄金的进口资格，鼓励民间八仙过海从世界各地购买黄金销售国内；

第五，大力发展上海黄金交易所和上海期货交易所，给予必要的政策支持，使之在短期内成为世界上最重要的黄金现货和期货交易所之一；

第六，鼓励出口企业换得外汇后，以外汇购买黄金存储在央行，并可获得人民币作为国内运营交易之用；

第七，鼓励民间成立私营黄金银行；

第八，取消国内保险公司等金融机构购买黄金的禁令，在国际美元大崩溃的趋势难以改变的情况下，鼓励其配置一定比例的黄金为其资产保值增值；

政府压制中国百姓购买实物黄金，打压中国外汇储备"藏金于民"，等于自毁我们反热钱的"终极武器"，自断财富保卫战的"生命线"。如此一来，我们只有把自己的财富命运彻底绑架到美元的战车上。最后难免出现两种悲剧结果：一是我们的外汇储备的美元资产真实购买力不断缩水；二是倘若美元与欧元单独或联手宣布与黄金重新挂钩，原来100美元纸钞只能兑换新黄金美元10美元甚至1美元，中国人拼命打工积累的财富可能在一夜间蒸发。除此之外，我们只能乞求美元良心大发，不要贬得太快。

国民在通过买实物黄金把金融命运自主权牢牢掌握在自己手里，与靠乞求别人不要把我的财富贬得太快之间，如何选择，应该不会太难吧。

6. 企业反热钱：不吃热钱"嗟来之食"

这一节我们需要和读者一起来互动。

我们先看一个中国古代故事：

周朝时，齐国遭受饥荒。有个叫黔敖的财主在路旁摆下食物，等着饥民过来吃。不久，便有个饿汉用袖子蒙着面孔，跌跌撞撞地走了过来。黔敖左手拿着吃的，右手拿着喝的，对他说："嗟（不礼貌的招呼声）！来吃吧！"那饿汉睁大眼睛看了看黔敖和食物，说："我正是因为不吃这种'嗟来之食'（吆喝着施舍给我的东西）才饿成这副样子的！"

如果你作为一家连续多年赢利、资质相当不错的中型企业的老板，面对这样一个问题，你怎么回答？

由于人民币升值、原材料大幅涨价、劳动力和土地成本上升，你的企业利润已经非常微薄，甚至已经亏损，生产得越多亏损得越多。更麻烦的是，你的资金流已经枯竭，你从国家的银行里已经借不到钱，下游的美国销售商还要占用你的货款，原来货物发出一个月付款，现在要拖半年，为维持企业正常开工，你已经将以前节余的流动资金全部拿了出来，但还是很快被消耗光了。

你的面前有两个选择：一、让企业停产，或者让企业保持最低程度的员工，维持最低程度的保养机器的工作量，让大多数工人放假或者辞退他们。二、有一伙人打着民间借贷的旗号，他们可能自称自己是私人股权投资（PE），他们愿意借给你2、3、4分钱的月利（1元钱每个月的利息2、3、4分钱，折合年利息分别为26.8%、42.6%、60.1%），而且只借给你三个月，或六个月，但有附加条件，如果三个月还不上，你要允许他以你的企业的净资产的价格来"债转股"，即以它的债权转为你的股权，当然他的利息也要折进股权，这样如果他借你半年的钱，那相当于在你净资产的基础上又打了八六折到六折。

如果你还犹豫不决，他们还会诱惑你说，我们最多只对你的工厂参股，又不想经营你的工厂，那可是又脏又累的活，我们想到时候帮助你上市，你还是大股东，我们是参股股东，大家上市后一块儿发财。

你会怎么想呢？你会觉得这是一件好事吗？借了钱尽管利息高一点，但是可以不用还，将来还可以有机会上市，将来我还是大股东，何乐而不为呢？

天下没有这么便宜的事情，因为这很可能是一个让你越钻越深的圈套，最后变成你脖子上越勒越紧的绞索。

原因很简单，你的牛本来是一头成熟的肥牛，你是它的主人，一旦上市你会获得丰厚的投资回报。但是，你现在去借高利贷，每月2～4分的利息，你明明知道那是饮鸩止渴，在各种不利因素影响下，你的企业的纯利已经非常微薄，已经降到3%以下了，甚至亏损，你如何能还得上高达一年26.8%～60%的利息。借高利贷必然使你借来严重的亏损。如果你已经借了一笔三个月的高利贷，到期后，你更还不起，对方说可以再借给你新的高利贷，但条件是，必须提高1分钱的月利，而且如果借款本金和利息超出了你的股权的一半，他们提出，你必须让出你的控股权，你怎么办？

这时候，你可能已经没有了选择，如果终止这个"魔鬼"般的协定，你只能破产。如果你继续签署这个协议，那么你已经丧失了你几年，甚至十几年来辛辛苦苦打拼出来的企业控股权。你也是哑巴吃黄连。

这还不是游戏的结局，若干个月后，当你已经沦为一个只有10%～20%股份的小股东后，在你还能自我安慰，我毕竟是这个企业的老总（你已经不好意思说自己是老板了），殊不知，让你真正吐血的事情才开始发生，你的工厂的老板——现在已经是PE的老板了，他通知你，由于你所在的行业不景气，他已经把你的工厂和同城的主要竞争性企业（同样使用了对付你的办法）都收购了，现在要进行整合，因为几家老公司整合后，新公司的价值会大大提高，你的股权只能以更低的价格折成新公司的股权，而且他会告诉你，在新公司里已经没有你的办公桌了，你已经不是老总了。这时候你才恍然大悟，明白了这是一个多么可怕的圈套，但你的股权价值已经一再缩水，不及最初的1/10，甚至1/50。甚至最后即使上了市，获得的市值还不到你最初企业的净资产的数额。一个现代产业版的"鸠占鹊巢"就这样在对手的"循循善诱"中成真了。

如果你是类似的企业主，而且你已经开始借了这样的高利贷，看到这里，我估计你手心里已经开始冒冷汗，你知道我说的逻辑是讲得通，也是可能实现的。但你可能仍然存在这样的侥幸心理：一、现在的出口困难和市场不景气是短期的，银行里贷款紧缩也是短期的，很快就可以过去，你可以很快赚到钱还掉这笔债，重新做回你的主人；二、他们不会想到的。你错了，你这是以食草动物的心来揣摩食肉动物的心思，他们是处心积虑猎食你们的最聪明的狼，他们是最聪明和最专业的，他们不仅想得到，而且一定做得到。三、世上没有这么坏的人吧，他们怎么能忍心呢！他们的良知和美德被狼吃了？

你想到要害上了，他们虽然是人，但是他们的心已经被训练得像狼一样冷酷无情。这些热钱精英的祖师——美国立国之父之一本杰明·富兰克林这样教导他们：第一，切记，时间就是金钱；第二，切记，信用就是金钱；第三，切记，金钱具有孳生繁衍性（金钱要变出更多的金钱）；第四，切记，善付钱者是别人钱袋的主人。这些资本精英的"精神教父"——马克思·韦伯教导他们"从牛身上刮油，从人身上刮钱"被认为是具有公认信誉的诚实人的理想；对于真正拥有资本主义精神的人，"钱对他来说，只要能赚，他就想赚"；他们漠视伦理，在内心嘲笑一切伦理的限制；他们都是从冷酷无情的生活环境中成长起来的。

7. 法律反热钱：尽快制定《反热钱法》

事实上，热钱已开始影响我国中短期的金融形势。前两年房地产火爆，价格上扬，股市牛气冲天，泡沫频现，与大量热钱的兴风作浪不无关系，而且热钱还会加剧国内的通货膨胀，弱化政府宏观经济调控的力度和效果，削弱我国资本管制的有效性，扰乱了外汇市场秩序。

毫无疑问，热钱进入时并不可怕，如果突然集中撤出则会非常可怕，会造成资产价格大幅下跌、投资者财富损失。另外，资产价格下跌会通过财富效应等影响消费和投资，对经济造成冲击。美国次贷危机发生后，不少外国资本抽逃，导致东南沿海不少企业破产倒闭，政府不得不动用大量的人力、财力、物力来解决由于抽逃资本带来的恶果。

问题在于，无论是境外投资者美元存入外资银行的离岸账户，还是外资银行中国内地分行为境外投资者在中国的关联机构提供相应金额的人民币贷款，都很难被甄别出来。因为热钱都隐藏在外资银行庞大的存贷款业务中，即便监管层要出台具体的整治政策，也还需要经历较长时间的"观察期"。尽管有关部门采取了多种措施，但仍有一些流入的途径得以避过剑锋。

现在针对国际热钱，已经不能只是被动地防御，而是需要犀利地反击了，而反击要从非法热钱的最大弱点着手。

热钱的最大软肋在于——在中国赚钱赚到的是利润，而如果我们能够科学厘定某些热钱的非法定义，不仅罚没其利润，更要罚没其本金，并得到有力执行的话，则热钱亏蚀的风险将大大高于其收益，非法热钱将会知难而退。因此，酝酿出台《反热钱法》这个重型武器，很可能成为新一轮宏观调控的胜负手。

尽快酝酿出台《反热钱法》，明确热钱的定义，借鉴美国证券监管的经验，动员全社会的力量参与到反热钱的行动中来，要求有关部门将每月所有超过一定数量(比如100万美元)的单笔资本流入全部向社会公布，鼓励媒体、律师等社会公众力量从中发现线索。热钱一经查实，罚没其全部本息，将罚没款的相当比例奖励举报人。

出台《反热钱法》将使中国获得调控内外部平衡的关键工具，对中国有利无害。而假如未来一段时间国内股市仍然强劲，而CPI、外汇储备继续走高的话，则它的必要性和迫切性将确认无疑。

我国的金融体系是一个逐步开放但又还不十分成熟的市场，如何把这部分投机资本的危害降到最低，为中国经济吸引更多的资金，无疑对金融监管层提出了很高的要求。

因此，正视热钱问题，各部门要各司其职，合力监控。同时，我们还需完善有关法律、法规，加强打击热钱的执法力度，提高热钱运作成本，从而增加热钱的流入风险，严格外汇资金收结汇管理，加强货物贸易和服务贸易外汇收支的动态监管和事后核查。我们还需进一步加强银行短期外债指标管理，调整、改进外商投资企业外债管理方式，加大跨境资金流动的外汇检查力度，以外汇资金流入和结汇后人民币资金流向为重点，组织一系列专项检查，严厉打击地下钱庄、非法买卖外汇等行为，从根本上遏制热钱的流入规模，确保中国的金融安全和经济发展。

8. 国家反热钱：对外堵截，对内疏导

财富地不断积累必然导致闲置资金的增加，尤其是发达国家和次发达国家更是如此。2007年以来，全球的房地产价格暴涨，更加看出世界热钱的威力。如何遏制这些在全球"惹是生非"的热钱，是目前世界经济人士极为关注的问题。

2010年11月5日中午，国贸大饭店会场大厅座无虚席，中国人民银行行长周小川走上"财新峰会：中国与世界"的演讲台。他保持着一贯的沉静、从容，娓娓道来中不时面露笑容。

此前两天，被视为可能引发滔天洪水的美联储第二轮量化宽松政策(QEⅡ)正式出笼，推动全球资本潮水进一步汹涌上涨。以中国为首的主要新兴市场经济体成为最直接、最猛烈的冲击对象。

亚洲金融危机并未远去，当时资本过度涌入、事后快速逃离致使东亚诸多国家金融瘫痪、经济委靡的情景是否会重演？全球都在关注，中国是否充分意识到这种冲击的破坏力，对此又采取何种应对措施。

周小川没有让上千名与会者失望，他不但直接切入人们最为关心的两大主题：美国量化宽松和人民币汇率问题，更为重要的是，他借此传达了一个清晰的信号：对外堵截，对内疏导——中国应对不可遏制的投机资本热钱的冲击，已经做好充分的应对准备。

加固防洪堤。如何面对短期投机性资本(热钱)流入？周小川回应：中国目前的外汇体制还是对资本项目有管理的体制，不正常的资本项目的流入，要么进不来，要么必须绕道而行。在其绕道时，终究会有一些管理的措施，可以尽可能地来防止这种行为。

筑好蓄水池。对于已经进入国内的资本，要在总量上实行对冲。他解释："短期的投机性资金要进来的话，希望把它放在一个池子里，而不让它泛滥到整个中国的实体经济中去。那么，等到它需要撤退的时候，把它从池子里放出去，让它走。这样的话，在很大程度上，在宏观上能够减少资本异常流动对中国经济的冲击。"

"池子"一说刚落，人们即通过微博、坊议及各类媒体报道广为传播、猜测、评论。

　　事实上，中国的热钱之忧虽以今日为甚，却远非始于今日。在2010年6月央行重启人民币汇率形成机制改革之后，这种担忧就日甚一日，此后的10月加息以及美联储的QEII，使得这种担忧到达顶峰。

　　热钱流入，不仅在于短期内吹大房地产、股市等资产价格甚至商品价格泡沫，更在于一旦短期资本对中国经济以及利率、汇率预期产生变化，又可能迅速撤离，泡沫破灭必引发市场动荡。

　　一位国家外汇管理局官员直言："目前主要担心的是，如果下一步美元加息，造成反向流出的问题。"

　　那么，中国设置的内外防线能够防住热钱的冲击吗？最令人感兴趣的是，周小川的"池子"到底是什么？容量有多大？其总量对冲管理的有效性如何？

·何为"池子"

　　央行不会突然创造出一个此前理论上和市场上完全没有想到过的"池子"。

　　外管局副局长邓先宏此前曾公开表示，热钱的重要目标就是进入股市、楼市，获取资产价格上涨收益。

　　对于周小川所说的"池子"，有人马上联想到虚拟经济领域，甚至有人想到香港市场的作用。

　　参加财新峰会的中国农业银行战略管理部高级研究员付兵涛对记者分析，所谓"池子"，就是要将热钱引导到对实体经济的影响不会太大的领域去投资。考虑到房价太高，老百姓承受不了，且一旦泡沫破裂对实体经济影响非常大，而股市同样的泡沫破裂影响要小得多。

　　这一看法符合许多投资者的直觉。

　　不过，这样的"投资池子"真的存在吗？

　　一位央行研究部门人士称，就算真的有这种"池子"，水是不是真的往那里流，也不是央行或政府能够决定的，因为资金逐利。他认为，周小川所述更多的是一种理念，"有一点哲学层面的味道"，就是要用多种方式合理引导热钱，而不是任由其泛滥，冲击实体经济。他还提出，热钱流入问题一直存在，中国和世界各国都有应对办法，央行不太可能突然创造出一个此前理论上和市场上完全没有想到过的、全新的"池子"。

一位接近周小川的人士称，"池子"不是一个新的政策或工具，它是一种综合性对冲措施，包括以前在用的准备金率、利率、汇率等等。

央行现有的"池子"又是如何运用的？一位接近央行的监管部门权威人士称，如果真的判定热钱流入导致短时间内外汇储备异常增加，中央银行最可能做的是通过发行短期票据进行对冲，以减少货币投放，减缓对经济过热和通货膨胀的压力，俗称"央票"。

另一位有外汇交易工作经历的央行研究部门人士对此补充说，央行过去的惯例是，通过在中国外汇交易中心和公开市场的两次对冲，达到汇率和物价水平不受到太大冲击的目的。

细而言之，美元进入中国后在商业银行结汇，银行拿这笔美元在外汇交易中心交易，央行可通过这个平台对冲多余的美元。迄今为止进入中国的绝大多数外汇都由央行购得，转为国家外汇储备。央行用人民币购买美元，可能造成国内人民币过剩，就需要央行通过公开市场发行央票，对冲多余的人民币，以保持人民币国内币值稳定。

央行在公开市场操作中的央票吞吐量，与同期反映资本流入状况的新增外汇占款明显正相关。以2010年为例，一季度外汇占款走高，央行公开市场操作净回笼。二季度，外汇占款下降，资金净投放。

2010年9月，新增外汇占款扣除当月贸易顺差及FDI后的残差部分已较上月大幅增加。2010年10月以来，央行公开市场操作日渐趋紧，除了国庆假期后第一周净投放，此后两周连续净回笼，平均资金净回笼量在600亿元以上。11月前两周累计净回笼资金305亿元。

目前，10月新增外汇占款数据尚未公布，兴业银行资深经济学家鲁政委预测将达约3000亿元。

央票利率全线上行。11月9日发行的一年期央票利率提高5个基点，达到2.3437%。11月11日发行的3个月期央票利率走高4个基点，达到1.8131%；三年期央票利率上涨15个基点，达到3%。

央票利率上行，某种程度上是为进一步加大公开市场操作力度做准备。美银美林证券中国经济学家陆挺认为，如果央票利率不上升，通过央票吸收资金的能力就会受限。

前述央行研究部门人士也承认，两次对冲有一定效果，但同时也带来一些问题，例如央票的成本上升，而且CPI还是有可能高于目标值。

陆挺认为，央行对冲国际资本流入导致的新增人民币流动性有两种工具：公开市场操作发央票对冲和提高法定准备金率。两者的区别在于利率不同，央票利率是随行就市的，法定准备金率的利率目前还是1.62%。

"发行央票对冲会抬升市场利率，所以会受到限制，这样，第二种工具的责任就更大了。"陆挺说。

要在总量上对冲不断进入的流动性，预计央行票据发行与存款准备金率调整将成为常态化手段。

2010年11月10日晚，央行2010年第四次上调存款类金融机构人民币存款准备金率0.5个百分点。

宏观经济学博士鲁政委说，央行也面临创新其他数量型调控工具的压力，"可能的创新有很多，如特殊存款账户、对于特定账户的更高准备金率要求等"。

花旗集团中国研究主管、大中华区首席经济学家沈明高认为，存放热钱的"池子"也可以是一组措施，包括让它进入A股市场、央行用数量型货币政策工具吸收对冲，或加强资本管制。

而QFII(合格境外机构投资者)、QFLP(合格境外有限合伙人)等也正在管理当局的议程之内，此举将引导境外人民币或外汇投资于A股市场，中国的PE和VC之中。

沈明高甚至建议，"私有化服务业，吸纳资金，作为'池子'的一部分"。

11月12日，央行副行长马德伦在上海解读了"池子"概念，他称，"池子"指系列政策组合措施，既包括对流入资本的外汇管理(前不久外汇局刚发布对流入资本的管制政策)，也包括存款准备金等一系列政策措施。

·资本管制收紧入口

"在市场存在利差的情况下，套利行为本身是符合逻辑的，不能做太多指责，也管不住。"周小川坦承，"我们不可能说完全杜绝套利的机会。"

"池子"蓄洪容量有限，筑好堤坝，御潮于门外的行动就显得非常必要。对于资本项目尚未开放的中国来说，进一步严格资本管制即为第一道防线。

随着美国量化宽松政策的推进，巴西、韩国、泰国等新兴经济体已相继出台资本管制措施。

邓先宏在《中国外汇》杂志曾撰文指出，外汇管理作为后危机时期风险管理一道重要金融防线，其主要功能已由过去弥补外汇短缺，转向防范资金违规流动风险。外汇管理部门将重塑适应市场运行要求的外汇管理体制，不断健全跨境资金流动监测预警体系，坚持均衡管理，把防止跨境资金违规流动作为一项经常性、日常性的工作来抓。

从2010年2月开始，外管局开展专项检查，加强对无真实贸易或投资背景违规跨境流动资金的打击，截至2010年10月底，共查实各类外汇违规案件197起，累计涉案金额73.4亿美元。2010年10月28日至11月5日，外管局先后通报了对银行、个人和企业、地下钱庄和网络炒汇等违规外汇业务的处罚通报，以儆效尤。

"就是震慑一下。"外管局西部某省分局一位官员认为，惩罚通报可能有一定效果，但由于热钱进入方法和渠道很多，"这边堵住了，从其他渠道还可以进来"。

上述外管局官员说，查处违规措施已经降为次要，更主要是在热钱过度涌入的渠道"收紧口子"。

2010年11月9日，为打击热钱违规流入，国家外管局发布《关于加强外汇业务管理有关问题的通知》(下称《通知》)，进一步规范来料加工贸易、外商直接投资、返程投资、境外上市等渠道的资金跨境流动，特别加强对银行结售汇综合头寸和短期外债的管理。

"此举意在减轻结汇压力，加大对违规行为的惩罚威慑力，表明中国也加入了加强管制的阵营。"鲁政委说。

上述接近央行的监管部门权威人士说，外管局在结汇这一关，通过审查国际资金进入的目的、方式和走向，能够对热钱进行有效控制。

《通知》出台后，外管局对银行结售汇按照收付实现制原则计算的头寸余额实行下限管理，下限为各行2010年11月8日《结售汇综合头寸日报表》中的"当日收付实现制头寸"。一位外资银行人士说，这对出口商提前结汇的影响很大，在岸远期汇率交割这类业务马上就被停掉了。

不过，套利行为仍然防不胜防。

比如上市企业在境外筹集的资金避开外管局流回国内，已经有一套非常成熟的合作体系。例如，上市企业在香港的分公司可以与一家香港的贸易公司签订贸易合同，然后将外币资金打入这家香港贸易公司的账户，香港贸易公司在内地的分公司再跟内地的那家上市公司签订贸易合同，将人民币打回给上市企业。这样，外币热钱就在香港贸易公司截流，同时以人民币的形式流回内地。

·政策密集期

"中美超过2%的利差，再加上一年3%～5%的人民币升值预期，热钱来中国即使只是存在银行，已经有很大吸引力了。"专注于新兴市场投资的基金经理吴伟说。

当然，热钱来到中国后几乎没有仅仅存在银行的，更具吸引力的还是股市和房地产市场的上涨预期。如果不能有效抑制资产价格泡沫，中国有可能面临跨境资金大规模流动的风险。

对于中国政府来说，这就需要优化组合利率、汇率、准备金率、信贷调控等多种政策工具，甚至于中长期的人民币国际化和放宽对外投资相结合，以应对热钱流入和国内信贷投放形成合力对资产价格和通货膨胀的冲击。

在鲁政委看来，未来将经历一段所有宏观政策工具齐上阵的时期。

"再次加息是肯定的，只是什么时候加的问题。"陆挺认为，上周央票利率上升，就是央行在引导市场预期。

市场上一种看法认为，利差扩大带来更多热钱流入的担忧，将阻止央行加息的步伐。但渣打银行中国研究主管王志浩认为，货币决策部门已将利率政策与房地产问题战略性地挂钩，为了提醒市场房地产价格的波动并非单向，央行还有75个基点的加息空间。

2010年10月以来央行连续释放货币政策趋紧的信号后，观察人士基本达成共识，认为未来一段时间将多次加息。

鲁政委认为，从2010年到2011年末，很可能会加息五六次。2010年10月的准备金率上调，从控制流动性的角度具有防通胀的功能，但并不构成对加息的替代，年内仍有可能再加息一次。

若2010年最后两个月外汇占款继续处于3000亿元左右的高位，加之2010年末财政存款的集中流出压力，继续上调准备金率亦有可能。鲁政委认为，经历一段密集上调期后，预计法定准备金率将在2011年抵达23%的经验高位，并且很可能突破这一水平。

2010年10月末，广义货币供应量(M2)同比增长19.3%，增幅比上月高0.3个百分点，明显高于17%的全年增长目标。M2增速已经连续三个月在19%以上高水平运行。历史数据显示，2001年~2005年，中国M2增速为16.6%。由此看来，M2增速回归到历史正常区间，仍有下行空间。若考虑最近两年国内国际因素导致的货币超发，货币供应需要进一步收紧以应对日渐攀升的通胀压力，则M2增速有更大下行空间。

为了降低M2增速，发行央票和提高准备金率对冲之余，银行信贷收紧也是可能的选择。目前，2011年信贷增幅目标尚在厘定之中。不过，北京一家国有商业银行贷后管理部门负责人接受记者采访时曾说，"2011年应该会比2010年要少"，2010年是过渡期，2011年之后将逐步回归正常水平。

瑞穗证券大中华区首席经济学家沈建光预计，12月的中央经济工作会议有望改变货币政策基调，将2011年的货币政策由"适度宽松"转为"稳健"或"中性"，M2增速目标有望由2010年的17%下降到15%~16%之间，新增贷款则降至7万亿元左右。

还有一种办法是降低商业银行的存贷比监管指标，"让商业银行钱多也贷不出去"。陆挺说，但这会影响银行赢利，所以政策也不得不求得平衡。

人民币汇率温和升值同样不可避免，而更重要的是应该转向较多参考"一篮子货币"，对美元走出双向波动的态势。"当汇率波动，国外资本无利可图或者风险很大时，就不会轻易流入。"前述有外汇交易工作经历的央行研究部门人士说。

沈建光认为，在美国定量宽松的局面下，中国应该以加息为主要应对办法，同时减缓人民币升值步伐。

2010年11月9日至12日，20国集团(G20)领导人首尔峰会前夕，人民币兑美元汇率连续四天升值，达1美元兑6.6239元人民币的新高。

"单向升值趋势无法持续。"鲁政委认为，对人民币升值节奏的调节，也是调节国际资本流动的有效手段，当人民币汇率回调时，国际资本流入的速度将放缓。预计人民币兑美元汇率可能再度迎来波段回调期，以便央行在对冲流动性上能够有喘息时机。

从长远看，应对热钱流入堵不如疏。加快人民币国际化步伐、扩大居民和企业对外投资，是解决同一问题的另一方向选择。

附 录

1997年亚洲金融风暴"灾难时间表"

危机首先从泰国爆发。1997年3月至6月期间，泰国66家财务公司秘密从泰国银行获得大量流动性支持。此外，还出现了大量资本逃离泰国。泰国中央银行将所有的外汇储备用于维护钉住汇率制度，但仍然以失败告终。

7月2日，泰国财政部和中央银行宣布，泰币实行浮动汇率制，泰铢价值由市场来决定，放弃了自1984年以来实行了14年的泰币与美元挂钩的一揽子汇率制。这标志着亚洲金融危机正式爆发。很快，危机开始从泰国向其他东南亚国家蔓延，从外汇市场向股票市场蔓延。

7月9日，马来西亚股市指数下跌至18个月来最低点。菲律宾、马来西亚等国中央银行直接干预外汇市场，支持本国货币。

7月11日，印度尼西亚、菲律宾扩大本国货币的浮动范围。

8月4日，泰国央行行长被迫辞职，新的央行行长猜瓦特上任。

8月13日，印尼财政部和印尼银行联合宣布，放弃钉住美元的汇率政策，实行自由浮动汇率制度，印尼盾大幅下跌55%。

随着危机的发展，以国际货币基金组织为首的国际社会开始向危机国家提供大量援助。但这些国家的金融市场仍在恶化，并波及香港和美国市场。危机国家在采取措施稳定金融市场和金融体系时，也开始进行经济和金融改革。

8月11日，由国际货币基金组织主持的援助泰国国际会议在东京举行。经过协商，确定对泰国提供约为160亿美元的资金援助，以稳定泰国的经济和金融市场秩序。香港特区政府首次动用外汇基金，提供10亿美元，参与泰国的贷款计划。

9月1日，菲律宾股票市场继续下跌，菲股综合指数击穿2000点防线，最后以1975.20点收盘，是4年来最低纪录。

9月4日，韩元对美元汇率跌到了韩国至1990年3月实行市场平均汇率以来的最低点，收盘价是906韩元兑换1美元。

10月7日，菲律宾比索跌至历史新低点，全天平均交易价首次跌破1美元兑换35比索大关，达到1美元兑换35.573比索。

10月24日，泰国颁布支持金融部门重组的紧急法令。

10月28日，这是当年世界股市最黑暗的一天，美国、香港股市均跌破历史纪录。香港恒生指数下跌1438点，以9059点收市，这是自1996年以来恒生指数首次跌破10000点。

10月31日，印度尼西亚宣布银行处置一揽子计划；关闭16家商业银行，对其他银行的存款实行有限担保。

11月1日，国际货币基金组织总裁康德苏宣布，国际社会将向印尼提供280亿美元的紧急援助贷款，以帮助其稳定国内金融市场。

11月中旬，泰国政府更迭。

11月18日，韩国中央银行宣布，央行通过回购协议向商业银行和证券公司提供2万亿韩元，以缓和资金短缺情况。

12月23日，世界银行批准向韩国提供30亿美元的贷款，作为IMF财政援助的一部分，帮助韩国摆脱危机。

1998年，在经过最初的动荡后，一些国家的金融市场开始趋于稳定。多数危机国家的政府加大了改革经济和金融系统的努力。但在印尼，经济危机已经演化为社会和政治危机，最终导致苏哈托的下台和政府更迭。马来西亚实行了外汇管制，受到西方国家的批评和指责。

1月，韩国政府与国外债权人达成重新调整短期债务的协议。

1月26日，印度尼西亚银行重组机构成立并宣布实行全面的担保。

2月，印尼总统苏哈托解除了印尼中央银行行长吉万多诺的职务，任命中央银行董事萨比林为新行长。

3月31日，韩国政府决定向外资全面开放金融业。

5月4日，泰国中央银行行长猜瓦特宣布辞职。

5月17日，印尼雅加达14日发生暴动后，所有银行都停止营业。

5月21日，苏哈托总统下台。

6月5日，国际贷款人和印度尼西亚公司就债务重组达成协议。

6月29日，韩国金融监督委员会宣布，关闭五家经营不善的银行。

8月14日，泰国宣布全面的金融部门重组计划，包括公共部门对银行资本充足率的干预。

9月，马来西亚开始实行外汇管制。

12月31日，由新桥资本公司牵头的国际财团购买了韩一银行51%的股权，成为韩国首家由外资控股的商业银行。

1999年，伴随着外部环境的改善，多数国家的经济开始出现增长，但是经济结构的调整和金融体系的改革仍然滞后。

2月9日，韩国银行业1998年因金融危机而遭受的损失达到创纪录的14.48万亿韩元。

3月13日，印尼政府宣布，关闭38家经营不善的私营银行，并对另外七家银行实行接管。

3月23日，韩国1998年经济增长率为-5.8%，为近45年来最大幅度经济衰退。

7月，东南亚开始摆脱金融危机的阴影。上半年各国国内生产总值增速为：新加坡1.2%、菲律宾1.2%、马来西亚1.6%、泰国-3.5%、印尼-10.3%。

2000年~2002年，危机国家在经济稳定的背景下继续推进经济结构调整。但是除韩国和马来西亚，其他国家结构调整进展缓慢。银行系统的不良资产率出现不同程度的下降，但是这不包括已经剥离出去的不良资产。印尼不良资产处置缓慢，而泰国在2001年才开始从商业银行中剥离不良资产。

2001年6月，泰国成立国有资产管理公司(TMAC)。

2002年3月，印尼将全国最大的零售银行中亚银行出售给美国一家投资公司。

2002年4月，韩国银行业告别连续4年的亏损，实现净利润39.9亿美元。

2002年5月，韩国宣布将提前向亚洲开发银行和世界银行等机构归还

38亿美元贷款。

索罗斯：热钱魔鬼的秘诀

索罗斯是金融界的怪才、鬼才、奇才，他在国际金融界掀起的索罗斯旋风几乎席卷世界各地，所引起的金融危机令各国金融界闻之色变。从古老的英格兰银行、南美洲的墨西哥，到东南亚新兴的工业国，甚至连经济巨兽日本，都未能幸免在索罗斯旋风中败北。

他说："我是一个复杂的人，在世界一些地区，我以迫使英格兰银行屈服和使马来西亚人破产而出名，即作为投机者和魔鬼而出名。但在世界其他地区，我被视作'开放社会'的捍卫者。"索罗斯管理的对冲基金、投资使用的金融工具，以及使用的资金数量是一般投资者难以望其项背的，但他的投资秘诀对一般投资者还是有借鉴启迪作用的。

1. 突破扭曲的观念

索罗斯早年一心想当一名哲学家，他的哲学观对他的投资起着举足轻重的作用。索罗斯认为，人们对于考虑的对象，总是无法摆脱自己观点的羁绊，顺理成章，人们的思维过程也就不能获得独立的观点，其结果是人们无法透过事物的现象，毫无偏颇地洞察其本质。他由此得出结论，人类的认识存在缺陷，金融投资的核心就是要围绕那些存在的缺陷和扭曲的认识做文章。

2. 市场预期

索罗斯不相信传统经济学理论建立的完全自由竞争模式，他认为市场的走势操纵着需求和供给关系的发展，并由此导致价格波动。当投资者观察金融市场时，预期的作用举足轻重。做出买入或卖出决定的出发点，正是基于对未来价格走势的预期，而未来价格的走势却又是由当前的买入或卖出行为决定的。

3. 无效市场

索罗斯认为所有人的认识都是有缺陷的或是被歪曲的，是通过一系列扭曲的镜片来观察金融市场的，市场是无理性的，根据有效市场理论预测市场的走势，判断股价的涨跌靠不住的。

4. 寻找差距

市场的动作毫无理性和逻辑，金融市场也是在不平衡的状态中运转，市场参与者的看法与实际情况存在差距。当这种差距可以忽略不计时，则无须考虑，当差距变大，即须成为考虑因素，因为市场参与者的看法将受到影响。

5. 发现联系

任何预测未来的想法归根结底都是有偏见的和不全面的，市场价格总是呈现为"错误"的走向。事实上，预期反映的并不是纯粹的未来事态，而是已受到目前预期影响的未来事态。索罗斯认为，市场参与者存在偏见和现实事态的进程存在反作用联系，从而导致二者之间必然缺乏一致性。

6. 揭示偏见

投资者付出价格不仅仅是股票价值的被动反映，而且更是创造股票价值的积极因素。但误解或偏差永远存在于参与者的想法和实际情况之间，偏差极大，想法和现实便各居一端，任何机制都无法协调二者的关系。而促使其愈远的势力大占上风，使局面极不稳定，事态发展迅猛，以至于参与者无暇应对。这种不稳定态对索罗斯极为有利。

7. 投资于不稳定态

当感觉与现实差距太大，事态就会出现控制，出现金融市场比较典型的"盛衰"现象。索罗斯认为，"盛衰"给市场的发展提供了机遇，因为它使市场总是处于流动和不定的状态。投资之道其实就是在不稳定态上下注，搜寻超出预期的发展趋势，在超越预期的事态上下注，在"盛衰"是否已经开始上下注。

8. 确认混乱

金融市场动荡不定，混乱无序，游戏的关键是把握这种无序，这才是生财之道。股票市场的运作基础是基于群体本能的，关键是能在群体本能生效的一刻作出迅速的反应。

9. 发掘过度反应的市场

观念有缺陷的个体投资者使市场对他们的情绪起到推波助澜的作用，使自己陷入某种盲目狂躁的情绪之中，纵容狂躁情绪的市场往往充斥了过度行为，并容易走向极端。投资成功的关键就是，认清市场开始对自身的发展势头产生了推动力的一刻。索罗斯的最大利润来源于准确地判断出股票或股票板块的自我推进运动，所谓"自我推进"是指投资者大量购买某类股票，上市公司通过增加借款，卖出股票和市场并购行为刺激利润增长。当市场达到饱和，并且愈演愈烈的竞争挫伤了整个行业的繁荣时，股票的价值被高估，好戏就要收场了。

10. 不要心存偏见

索罗斯认为市场价格全盘由市场参与者的偏见决定，而且，偏见不仅作用于市场价格，还影响到所谓的基本面，进而又影响到价格的波动。索罗斯认为，只有在市场价格找到了影响到经济基本面的途径时，盛衰现象才会发生。索罗斯认为，现行股票定价存在缺陷，股票的价值并没有纯粹地由基本面决定，而是互相影响的，这种存在于基本面和基本面的价值之间的联系，创造了这样一个过程，以自我推进的鼎盛开始，继而恶化为被自我击败的崩溃。索罗斯在股市操作中，就是运用这点，使他总是能赚大钱。

11. 投资在先，调查在后

索罗斯的投资风格独树一帜，他爱说的一句话是"先投资，后考察"。他在投资实践中，总是根据研究和发现先假设一种发展趋势，然后先行投入一点资金小试牛刀，等待市场来证实假设是否正确。如果假设是正确、有效的，他会继续投入巨资，如果假设是错误的，他就毫不犹豫地撤消投资，尽量减少损失。索罗斯的一贯努力都是在寻找可以发展成假设，并追加为投资的机会，当然，要想确认一个趋势的成立需要时间，而且要恰如其分在这一趋势发展态势中把握趋势的临界点，只有在此时投资，才是逆势而为的安全时刻，否则就会在逆转的市场走势中失去机会。

12. 预测趋势

索罗斯总是在寻找市场里的行情突变，寻找可能出现的自我推进的效应，一旦自我推进的机制开始生效，市场价格就会出现戏剧性的上扬。索罗斯的技巧在于先于其他人确认这种突变行情。索罗斯善于从宏观上的社会、经济和政治因素，分析在未来决定某行业或股票板块最终命运的因素，如果他发现的观点和实际股票价格之间存在着巨大的差距，那么获利的机会也就来临了。索罗斯往往独具慧眼，先知先觉，往往比其他投资者提早半年以上开始行动。

13. 走出瓶颈

一个投资者最容易犯的错误并不是过于大胆鲁莽，而是过于小心翼翼。正由于缺乏自信，很多投资者虽然可以准确地把握市场趋势，却不能最大限度地加以利用。索罗斯与其他投资者的不同之处就在于对交易充满信心时，就敢于突破瓶颈，投入大量的资金。这需要勇气在一个巨大的利润杠杆上保持平衡。对索罗斯来说，如在某件事上决策正确，所获的好处就没有上限。索罗斯曾说："对和错并不重要，最重要的是你在正确时收获了多少和你在错误时损失了多少。"

14. 耳听八方

索罗斯承认，凭借知识进行分析并不是全部，直觉的作用很重要。但这种直觉并不是赌徒的直觉，而是综合经济现象作出经济决策。索罗斯思维超群，当其他投资者关注某一行业的股票时，他总是结合涉及整个国际贸易状况的宏观经济主题进行通盘考虑。他与众不同之处在于，他在全世界交际广泛，广交身居要职的朋友，他能在灿若繁星的众多朋友中找到合适的人，向他们了解世界各地的宏观经济发展趋势，同时他也很重视其他国际金融权威人士公开发表的看法和他们的决策。

15. 预测失败

作为一个投资者，自保能力在投资战略中都是举足轻重的，使用投资杠杆可以在运用方向正确时产生极佳的效果，但当事与愿违、预测失败时，它会将你淘汰出局。最难判断的事情之一是到底应冒多大的风险同时还能保证自身的安全，不仅对每一种状态都要有分别的判断，而且还要依靠求生的直觉本能。索罗斯的自我保护艺术不仅在于知道什么时候是正确的，更在于他在犯错误的时候能够承认错误，及时撤退可以减少更大的损失，保存实力以图东山再起。

16. 接受错误

有人觉得在金融世界中办错了事令人羞耻，但索罗斯不这么认为，犯错误当然不应该引以为荣，但既然这也是游戏的组成部分，那就不必引以为耻。错误并不可耻，可耻的是错误已经显而易见了却还不去修正。

索罗斯喜欢标榜自己相比其他投资者的过人之处，不是在于他能许多次地判断准确，而别人却做不到，而在于他能比大多数人更为及时地发现自己的错误，并及时加以修正或干脆放弃。

17. 不孤注一掷

承担风险无可指责，但永远不能做孤注一掷的冒险。好的投资者从不在投资实务中玩走钢丝的游戏，任何一个索罗斯的雇员如果进行高风险的赌博都将被及时制止。索罗斯说："我决不会冒险，冒那种能把我自我毁掉的风险，但也永远不会在有利可图时游手好闲地站在一旁。"

18. 学习、暂停、反省

索罗斯对待金融市场有一种超然物外的态度。索罗斯参与的游戏总是历时漫长，因为利率或货币变动产生后果需要较长的时间，索罗斯拥有许多投资者缺乏的耐心。他说："要想成功，你需要从容不迫，你需要承受沉闷。"在等待的过程中，他把时间花在思考、阅读和反省上，而不必天天到办公室上班，他只在觉得上班有意义时才去办公室。

19. 忍受痛苦

投资者每天都面对风险，说不定有朝一日就会遭受巨额亏损。赔钱是一个令人痛心的事，因此，投资者必须懂得如何承受亏损、如何忍受痛苦，做到面对亏损时冷若冰霜、荣辱不惊，与别人谈论亏损时面不改色。能让别人吸取你的教训，同样也是一件令人愉快的事。索罗斯在淡泊方面堪称楷模，值得一学。一些人在作涉及亿万资金的投资决策时会战战兢兢、寝食难安，但索罗斯在进行高风险决策时，凭借他钢铁般的意志却能做到心平气和。

20. 心理素质

索罗斯赖以成功的最大秘诀就是他的心理素质。他能掌握牧羊人的本领。当许多人追随某一潮流时，他能敏锐地觉察到。他能够理解影响股票价格的力量，他理解市场有理智的一面也有非理智的一面，而且他明白自己不是永远正确。当确定决策正确时，他愿意大胆行事，充分利用机会的赐予；当意识到决策失误时，他能及时止损。

21. 两面下注

索罗斯的成功之道是他选择了正确的场合，这个场合就是对冲基金，其赢利是众多投资工具中最高的。索罗斯是对冲基金领域里的一流专家，也是使用当今流行的被称作金融衍生产品的对冲基金投资工具的一流专家，这些衍生产品包括期权、期货和掉期。所谓对冲基金就是在多头和空头两面下注，在投资组合中把风险资产的组成多样化。对冲基金巨头们通过操纵全球日益下降的利率走势获取巨大利润。他们购买外国债券，通常还是在期货市场上购买。他们准确地在面对下跌的利率时各国货币将如何反应上下注，并在市场出现盛势时大捞一把。

22. 保持低姿态

对冲基金在金融风波中常遭到非议。索罗斯总是努力使金融界相信他只不过是一个普通的投资者，不会对投资领域造成任何危害。索罗斯是对冲基金的代言人，对自己的投资策略总是讳莫如深，很少将自己的秘密公之于众。有人曾问索罗斯，像他这样一个个体投资者是否有可能聚集起足够的资本，操纵某一种货币的价值。索罗斯回答："不可能，我不相信任何市场参与者能做到这一点。"

23. 杠杆作用

对冲基金采用各种各样的技巧，其中最使人晕眩的是使用借款进行投资，这种做法叫杠杆法。对冲基金惯使的另一种技巧是做空头，卖出自己不曾有的证券，希望在以后向买方交割时，其价格将下跌。索罗斯同样使用杠杆法透支买入股票。量子基金的独特之处还在于没有碍手碍脚的官僚体系，能够迅速在股票市场中进出。普通投资者与对冲基金的不同之处在于，前者用现金买入股票，后者用杠杆法买入，其投资力度超过了自有资金的100%。利用杠杆法投资不仅需要胆量和坚韧，而且还要有保证自己在杠杆上保持平衡的技巧和信心。

24. 选取最佳与最差

索罗斯从事宏观分析，研究国际政治、全球各国货币政策和通货膨胀、货币以及利率的变化等重大因素，他的助手则研究受金融新形势影响的行业，并找出其中最优秀的一家和最差的一家进行投资，根本不考虑在该行业中进行其他投资。从表面上看，索罗斯选择同一行业中最佳和最劣股票的策略可算是一种套头行为的典型例子。但索罗斯干的其实并不是真正的套头，他相信最佳股票和最劣股票都会有上好的表现。这就是他重视这两种股票而忽略其他股票的原因。

国际金融知识小档案

1. 金融

金融是货币流通和信用活动以及与之相联系的经济活动的总称，广义的金融泛指一切与信用货币的发行、保管、兑换、结算、融通有关的经济活动，甚至包括金银的买卖；狭义的金融专指信用货币的融通。

金融的内容可概括为货币的发行与回笼，存款的吸收与付出，贷款的发放与回收，金银、外汇的买卖，有价证券的发行与转让，保险、信托、国内、国际的货币结算等。从事金融活动的机构主要有银行、信托投资公司、保险公司、证券公司，还有信用合作社、财务公司、投资信托公司、金融租赁公司以及证券、金银、外汇交易所等。

金融是信用货币出现以后形成的一个经济范畴，它和信用是两个不同的概念：（1）金融不包括实物借贷而专指货币资金的融通（狭义金融），人们除了通过借贷货币融通资金之外，还以发行股票的方式来融通资金。（2）信用指一切货币的借贷，金融（狭义）专指信用货币的融通。人们之所以要在"信用"之外创造一个新的概念来专指信用货币的融通，是为了概括一种新的经济现象；信用与货币流通这两个经济过程已紧密地结合在一起。最能表明金融特征的是可以创造和消减货币的银行信用，银行信用被认为是金融的核心。

2. 金融学

金融学是从经济学分化出来的、研究资金融通的学科。传统的金融学研究领域大致有两个方向：宏观层面的金融市场运行理论和微观层面的公司投资理论。

3. 金融产品

金融产品指的是各种经济价值的载体，如现金、股票、期货等。比如我们说张三很有钱，不过他的300万元钱都买了股票，现在这些股票的市场价值还不到100万。从这个例子中，我们看到价值在不同的载体中转换并存在。除极少数情况下，如金条、金砖等，这种载体往往是以非实物的有价证券形式存在，因此也称为金融资产。此外，由于金融产品又能用来赢利，所以又称为金融工具。上述张三用钱买股票就是想用股票这个金融工具去赚钱。

4. 金融市场

金融市场是指融通资金、买卖有价证券的场所，可分为货币市场和资本市场。货币市场是短期资金市场，包括同业拆借市场、票据贴现市场、回购市场、短期外汇市场等。资本市场是长期资金市场，包括股票市场、债券市场、基金市场、期货市场和长期外汇市场等。

5. 金融机构

金融机构是指从事金融服务业有关的金融中介机构，为金融体系的一部分，金融服务业包括银行、证券、保险、信托、基金等行业，与此相应，金融中介机构也包括银行、证券公司、保险公司、信托投资公司和基金管理公司等。

6. 金融危机

金融危机指的是与金融相关的危机，也就是金融资产、金融市场或金融机构的危机，如股灾、金融机构倒闭等。上述的个案金融危机国内外时有发生。但根据不同的市场和国家，如果个案危机处理不及时，很容易演变为系统性金融危机。美国次贷危机引发的全球性金融危机就是一个再好不过的列子。次贷只是美国这棵金融大树上的一个分枝，它的断裂没有得到及时处理，导致整棵大树几乎全面倒塌，整棵大树的倒塌又导致全球性的金融灾难。

7. 货币政策

货币政策是中央银行采用各种工具调节货币供求以实现宏观经济调控目标的方针和策略的总称，是国家宏观经济政策的重要组成部分。货币政策调节的对象是货币供应量，即全社会总的购买力，具体表现形式为：流通中的现金和个人、企事业单位在银行的存款。流通中的现金与消费物价水平变动密切相关，是最活跃的货币，一直是中央银行关注和调节的重要目标。

8. 股价指数

股价指数是运用统计学中的指数方法编制而成的，反映股市总体价格或某类股价变动和走势的指标。

股价指数的计算方法，有算术平均法和加权平均法两种。算术平均法，是将组成指数的每只股票价格进行简单平均，计算得出一个平均值。例如：如果所计算的股票指数包括3只股票，其价格分别为15元、20元、30元，则其股价算术平均值为（15+20+30）/3=21.66元。加权平均法，就是在计算股价平均值时，不仅考虑到每只股票的价格，还要根据每只股票对市场影响的大小，对平均值进行调整。实践中，一般是以股票的发行数量或成交量作为市场影响参考因素，纳入指数计算，称为权数。例如，上例中3只股票的发行数量分别为1亿股、2亿股、3亿股，以此为权数进行加权计算，则价格加权平均值为（15×1+20×2+30×3）/（1+2+3）=24.16元。

9. 股指期货

股指期货是一种以股票价格指数作为标的物的金融期货合约。20世纪70年代以后，西方国家股票市场波动日益加剧，投资者规避股市系统风险的要求也越来越迫切。由于股票指数基本上能代表整个中场的股票价格变动的趋势和幅度。人们开始尝试着将股票指数改造成一种可交易的期货合约并利用它对所有股票进行套期保值，规避系统风险，于是股指期货应运而生。

股指期货与股票相比，有几个非常鲜明的特点，这对股票投资者来说尤为重要：

（1）期货合约有到期日，不能无限期持有

股票买入后可以一直持有，正常情况下股票数量不会减少。但股指期货都有固定的到期日，到期就要摘牌。因此交易股指期货不能像买卖股票一样，交易后就不管了，必须注意合约到期日，以决定是提前了结头寸，还是等待合约到期（好在股指期货是现金结算交割，不需要实际交割股票），或者将头寸转到下一个月。

（2）期货合约是保证金交易，必须每天结算

股指期货合约采用保证金交易，一般只要付出合约面值约10%~15%的资金就可以买卖一张合约，这一方面提高了赢利的空间，但另一方面也带来了风险，因此必须每日结算盈亏。股票买入后在卖出以前，账面

盈亏都是不结算的。但股指期货不同，交易后每天要按照结算价对持有在手的合约进行结算，账面赢利可以提走，但账面亏损第二天开盘前必须补足（即追加保证金）。而且由于是保证金交易，亏损额甚至可能超过你的投资本金，这一点和股票交易不同。

（3）期货合约可以卖空

股指期货合约可以十分方便地卖空，等价格回落后再买回。股票融券交易也可以卖空，但难度相对较大。当然一旦卖空后价格不跌反涨，投资者会面临损失。

（4）市场的流动性较高

有研究表明，股指期货市场的流动性明显高于股票现货市场。如在1991年，FTSE-100股指期货交易量就已达850亿英镑。

（5）股指期货实行现金交割方式

市场虽然是建立在股票市场基础之上的衍生市场，但股指期货交割以现金形式进行，即在交割时只计算盈亏而不转移实物，在股指期货合约的交割期投资者完全不必购买或者抛出相应的股票来履行合约义务，这就避免了在交割股指期货市场出现"挤市"的现象。

（6）一般说来，股指期货市场是专注于根据宏观经济资料进行的买卖，而现货市场则专注于根据个别公司状况进行的买卖。

（7）股指期货实行T+0交易，而股票实行T+1交易

10.　市盈率

市盈率又称股份收益比率或本益比，是股票市价与其每股收益的比值。

计算公式是：市盈率=（当前每股市场价格）/（每股税后利润）

市盈率是衡量股价高低和企业赢利能力的一个重要指标。由于市盈率把股价和企业赢利能力结合起来，其水平高低更真实地反映了股票价格的高低。例如，股价同为50元的两只股票，其每股收益分别为5元和1元，则其市盈率分别是10倍和50倍，也就是说其与当前的实际价格水平相差5倍。

11.　通货膨胀

通货膨胀是指一般价格水平的持续和显著的上涨。通货膨胀的程度通常用通货膨胀率来衡量，通货膨胀率被定义为从一个时期到另一个时

期一般价格水平变动的百分比。这里的价格不是单一的某个商品或某种服务的价格，而是一组能够反映社会商品和服务的总体价格水平变动的商品和服务的价格。通货膨胀的原因被概括为以下三种情况：需求拉动、成本推动以及结构性因素。

12. 通货紧缩

当市场上流通货币减少，人民的货币所得减少，购买力下降，影响物价致下跌，便造成通货紧缩。长期的货币紧缩会抑制投资与生产，导致失业率升高及经济衰退。对于其概念的理解，仍然存在争议。但经济学者普遍认为，当消费者价格指数(CPI)连跌三个月，即表示已出现通货紧缩。通货紧缩就是产能过剩或需求不足导致物价、工资、利率、粮食、能源等各类价格持续下跌。

13. 对赌

对赌是指交易商将客户的指令全部都不实际执行，客户赚多少公司就亏多少，客户亏多少公司就赚多少。公司和客户是一种利益完全对立的关系。说白了就是客户和公司在作对。

在实际操作中，对赌公司把交易条件（费用、价格、隔夜利息等）设定得对客户不利，这样绝大部分客户最后都会赔个精光。赔的钱就全归了经纪公司了。如果真是有客户大赚了，公司采取种种方法要你赔回去，实在不行公司便死不认账，甚至卷钱跑路。

对赌一词听来刺激，其实和赌博没什么关系。对赌协议是投资方与融资方在达成协议时，双方对于未来不确定情况的一种约定。如果约定的条件出现，投资方可以行使一种权利；如果约定的条件不出现，融资方则行使一种权利。所以，对赌协议实际上就是期权的一种形式。

14. 对冲

对冲指特意减低另一项投资的风险的投资。它是一种在减低商业风险的同时仍然能在投资中获利的手法。一般对冲是同时进行两笔行情相关、方向相反、数量相当、盈亏相抵的交易。行情相关是指影响两种商品价格行情的市场供求关系存在同一性，供求关系若发生变化，同时会影响两种商品的价格，且价格变化的方向大体一致。方向相反指两笔交易的买卖方向相反，这样无论价格向什么方向变化，总是一盈一亏。当然要做到盈亏相抵，两笔交易的数量大小须根据各自价格变动的幅度来确定，大体做到数量相当。

15. 对冲基金

私有投资基金，管理资本数额巨大，不受监管，投资者经验丰富。对冲基金利用一系列复杂的投资策略来取得最大回报，其中包括对冲、金融杠杆，以及衍生品交易。

对冲基金采用各种交易手段(如卖空、杠杆操作、程序交易、互换交易、套利交易、衍生品种等)进行对冲、换位、套头、套期来赚取巨额利润。这些概念已经超出了传统的防止风险、保障收益操作范畴。加之发起和设立对冲基金的法律门槛远低于互惠基金，使之风险进一步加大。为了保护投资者，北美的证券管理机构将其列入高风险投资品种行列，严格限制普通投资者介入，如规定每个对冲基金的投资者应少于100人，最低投资额为100万美元等。

举个例子，在一个最基本的对冲操作中。基金管理人在购入一种股票后，同时购入这种股票的一定价位和时效的看跌期权。看跌期权的效用在于当股票价位跌破期权限定的价格时，卖方期权的持有者可将手中持有的股票以期权限定的价格卖出，从而使股票跌价的风险得到对冲。

又譬如，在另一类对冲操作中，基金管理人首先选定某类行情看涨的行业，买进该行业中看好的几只优质股，同时以一定比率卖出该行业中较差的几只劣质股。如此组合的结果是，如该行业预期表现良好，优质股涨幅必超过其他同行业的劣质股，买入优质股的收益将大于卖空劣质股而产生的损失；如果预期错误，此行业股票不涨反跌，那么劣质股跌幅必大于优质股，则卖空盘口所获利润必高于买入优质股下跌造成的损失。正因为如此的操作手段，早期的对冲基金可以说是一种基于避险保值的保守投资策略的基金管理形式。

经过几十年的演变，对冲基金已失去其初始的风险对冲的内涵，对冲基金的称谓亦徒有虚名。对冲基金已成为一种新的投资模式的代名词，即基于最新的投资理论和极其复杂的金融市场操作技巧，充分利用各种金融衍生产品的杠杆效用，承担高风险，追求高收益的投资模式。

16. 杠杆

利用金融杠杆是指用债务作为投资的补充，目的在于赢利最大化。当然，损失也相应最大化。你在已有资金（或资产）的基础上举债越多，杠杆效应就越大。

17. 做多

做多是股票、期货等市场的一种操作模式。做多就是做多头，多头对市场判断是上涨，就会立即进行股票买入，所以做多就是买入股票。一般的市场只能做多，就是说先买进，有货才能卖出。这种模式只有在价格上涨的波段中才能赢利。即先低位买进再高位卖出。例如今天的大豆价格是2500元/吨，某人认为明天大豆价格会上涨，那好，今天某人就买入1手大豆合约(即10吨)，等到了明天，果真大豆价格上涨到了2550元/吨，他把这1手大豆以2550元/吨的价格卖掉，那么每吨就能赚50元，1手就能赚500元。

18. 做空

做空也是股票、期货等市场的一种操作模式。比如说当你预计某一股票未来会跌，就在当期价位高时卖出你拥有的股票(实际交易是买入看跌的合约)，再到股价跌到一定程度时买进，以现价还给卖方，这样差价就是你的利润。做空的优点就是为暴跌做个保底。

举例说明：看到10元的A股票，分析其后市在一定时间里会跌至8元，而你手中又没有持有A股票，这时你可以从持有A股票人的手中借来一定的A股票，并签好约定，在一定的时间里要把这些借来的股票还给原持有人，假设现在你借来100股A股票，以10元的价位卖出，得现金1000元，如在规定时间内，该股果真跌到8元，你以8元买进A股票100股，花费资金800元，并将这100股还给原持有人，原持有人股数未变，而你则赚到了200元现金。但是，如果该股涨到12元，你就要以每股12元的价格买入A股票100股，花费资金1200元，并将这100股还给原持有人，原持有人股数未变，而你则赔了200元现金。

19. 物价指数

物价指数亦称商品价格指数，是反映各个时期商品价格水准变动情况的指数。物价指数是一个与某一特定日期一定组合的商品或劳务有关的价格计量。当该商品或劳务的价格发生了变化，其价格指数也随之变化。我国物价指数由国家统计局统计公布。

20．评级

从投资者角度出发，根据证券的投资风险程度给予相应的级别。债券的级别体现了发行这种债券的政府或企业的偿债能力。最安全的评级是AAA，依次递减到最差级别D，即发债人资无力偿债。

21．证券

证券本质上来说是一种合约，可以赋予它价值并进行交易。证券种类繁多，最常见的包括股票、债券、按揭债券等。

22．证券化

证券化就是把某种东西变成证券。比如，把不同的按揭债汇集起来，把它们转换成金融证券，然后到市场上交易。如果最初作按揭买房的人按时偿贷，那么这种基于按揭的证券的买家就有收入。反之就是亏损。

23．减计

降低资产账面价值，使它符合下跌后的市场价。比如一个公司的股票价格大跌后，公司的账面资产价值就要减计。

24．流动性

是某种资产的流动性指它转变成现金的难易程度。比如你的银行活期帐户存款的流动性就比你拥有的房产的流动性大。

25．衍生产品

衍生产品是英文的中文意译。其原意是派生物、衍生物的意思。金融衍生产品通常是指从原生资产派生出来的金融工具。由于许多金融衍生产品交易在资产负债表上没有相应科目，因而也被称为"资产负债表外交易（简称表外交易）"。

金融衍生产品的共同特征是保证金交易，即只要支付一定比例的保证金就可进行全额交易，不需实际上的本金转移，合约的了结一般也采用现金差价结算的方式进行，只有在满期日以实物交割方式履约的合约才需要买方交足贷款。

因此，金融衍生产品交易具有杠杆效应。保证金越低，杠杆效应越大，风险也就越大。国际上金融衍生产品种类繁多。活跃的金融创新活动接连不断地推出新的衍生产品。

金融衍生产品主要有以下几种分类方法：

（1）根据产品形态。可以分为远期、期货、期权和掉期四大类。

远期合约和期货合约都是交易双方约定在未来某一特定时间，以某一特定价格买卖某一特定数量和质量资产的交易形式。期货合约是期货交易所制定的标准化合约，对合约到期日及其买卖的资产的种类、数量、质量作出了统一规定。远期合约是根据买卖双方的特殊需求由买卖双方自行签订的合约。因此，期货交易流动性较高，远期交易流动性较低。

掉期合约是一种内交易双方签订的在未来某一时期相互交换某种资产的合约。更为准确地说，掉期合约是当事人之间签订的在未来某一期间内相互交换他们认为具有相等经济价值的现金流的合约。较为常见的是利率掉期合约和货币掉期合约。掉期合约中规定的交换货币是同种货币，则为利率掉期；是异种货币，则为货币掉期。

期权交易是买卖权利的交易。期权合约规定了在某一特定时间，以某一特定价格买卖某一特定种类、数量、质量原生资产的权利。期权合同有在交易所上市的标准化合同，也有在柜台交易的非标准化合同。

（2）根据原生资产大致可以分为四类，即股票、利率、汇率和商品。如果再加以细分，股票类中又包括具体的股票和由股票组合形成的股票指数；利率类中又可分为以短期存款利率为代表的短期利率和以长期债券利率为代表的长期利率；货币类中包括各种不同币种之间的比值；商品类中包括各类大宗实物商品。

（3）根据交易方法，可分为场内交易和场外文易。

场内交易，又称交易所交易，指所有的供求方集中在交易所进行竞价交易的交易方式。这种交易方式具有交易所向交易参与者收取保证金，同时负责进行清算和承担履约担保责任的特点。此外，由于每个投资者都有不同的需求，交易所事先设计出标准化的金融合同，由投资者选择与自身需求最接近的合同和数量进行交易。所有的交易者集中在一个场所进行交易，这就增加了交易的密度，一般可以形成流动性较高的市场。

期货交易和部分标准化期权合同交易都属于这种交易方式。

场外交易，又称柜台交易，指交易双方直接成为交易对手的交易方式。这种交易方式有许多形态，可以根据每个使用者的不同需求设计出不同内容的产品。同时，为了满足客户的具体要求，出售衍生产品的金融机构需要有高超的金融技术和风险管理能力。场外交易不断产生金融创新。但是，由于每个交易的清算是由交易双方相互负责进行的，交易参与者仅限于信用程度高的客户。掉期交易和远期交易是具有代表性的柜台交易的衍生产品。

据统计，在金融衍生产品的持仓量中，按交易形态分类，远期交易的持仓量最大，占整体持仓量的42%，以下依次是掉期（27%）、期货（18%）和期权（13%）。按交易对象分类，以利率掉期、利率远期交易等为代表的有关利率的金融衍生产品交易占市场份额最大，为62%，以下依次是货币衍生产品(37%) 和股票、商品衍生产品（1%）。1989年~1995年的6年间，金融衍生产品市场规模扩大了5.7倍。各种交易形态和各种交易对象之间的差距并不大，整体上呈高速扩大的趋势。

26. 信贷衍生产品

信贷衍生产品是以借贷方无力还贷或赖账的风险为基础设计的衍生产品，比如以按揭贷款为基础设计的按揭衍生品，可以在证券市场作为金融产品交易。

27. 信贷紧缩

大银行因为不确定自己有多少资金或者为了自我保护而大幅度减少甚至停止相互贷款，造成可供借贷的资金急剧减少，利率大幅度提高。消费者的按揭贷款和个人贷款因此更加昂贵。

28. 原生金融工具

原生金融工具也叫基础金融工具，它们的主要职能是媒介储蓄向投资转化或者用于债权债务清偿的凭证。如股票和债券。

29. 衍生金融工具

衍生金融工具是在原生金融工具基础上派生出来的金融产品，包括远期合约、期货、期权互换合约等，它们的价值取决于相关原生产品的价格，主要功能是管理与原生金融工具相关的风险。

30. 期权

期权是指在未来一定时期可以买卖的权利，是买方向卖方支付一定数量的金额（指权利金）后拥有的在未来一段时间内（指美式期权）或未来某一特定日期（指欧式期权）以事先规定好的价格（指履约价格）向卖方购买或出售一定数量的特定标的物的权利，但不负有必须买进或卖出的义务。期权交易事实上是这种权利的交易。买方有执行的权利也有不执行的权利，完全可以灵活选择。期权分场外期权和场内期权。场外期权交易一般由交易双方共同达成。

31. 权证

权证是指标的证券发行人或其以外的第三人发行的、约定持有人在规定期间内或特定到期日，有权按约定价格向发行人购买或出售标的证券，或以现金结算方式收取结算差价的有价证券。

权证实质反映的是发行人与持有人之间的一种契约关系，持有人向权证发行人支付一定数量的价金之后，就从发行人那获取了一个权利。这种权利使得持有人可以在未来某一特定日期或特定期间内，以约定的价格向权证发行人购买或出售一定数量的资产。购买股票的权证称为认购权证，出售股票的权证叫做认售权证（或认沽权证）。权证分为欧式权证、美式权证和百慕大式权证三种。所谓欧式权证，就是只有到了到期日才能行权的权证。所谓美式权证，就是在到期日之前随时都可以行权的权证。所谓百慕大式权证，就是持有人可在设定的几个日子或约定的到期日有权买卖标的证券。持有人获取的是一个权利而不是责任，其有权决定是否履行契约，而发行者仅有被执行的义务，因此为获得这项权利，投资者需付出一定的代价(权利金)。权证(实际上所有期权)与远期或期货的区别在于前者持有人所获得的不是一种责任，而是一种权利，后者持有人需有责任执行双方签订的买卖合约，即必须以一个指定的价格，在指定的未来时间交易指定的相关资产。

32. 洗钱

洗钱是指犯罪分子通过一系列金融账户转移非法资金，以便掩盖资金的来源、拥有者的身份或使用资金的最终目的。需要"清洗"的非法钱财一般都可能与恐怖主义、毒品交易或是集团犯罪有关。

33. 投资银行

投资银行不是一般理解中的存钱贷款的地方，主要是在资本市场运作资本的金融机构。比较好的一个定义是：投资银行是主要从事证券发行、承销、交易、企业重组、兼并与收购、投资分析、风险投资、项目融资等业务的非银行金融机构，是资本市场上的主要金融中介。

华尔街四大投资银行：高盛、摩根士丹利、雷曼兄弟、贝尔斯登。

34. 券商

有人喜欢把券商说成是投资银行，其实不太准。券商会有证券经纪业务，譬如很多人跑去国泰君安开户炒股，所以大量针对自然人（包括中小投资者）进行证券经纪业务的叫做券商。当然券商也可以做比较高端的投资银行业务，也承销发行证券、投资咨询等等。

35. 普通银行

普通银行办理个人、企业存贷款业务。中国的银行可以开设投资银行业务，美国的银行曾经禁止同时经营普通银行业务和投资银行业务（譬如摩根银行被强拆为摩根与摩根士丹利，摩根又与大通银行组成现在的摩根大通银行），不过近些年对这方面的管制放松了。欧洲的银行，譬如德意志银行是同时开展普通银行业务与投资银行业务的。

36. 购买力平价

在短期中，市场汇率会对货币政策、政治事件和预期变化作出反应，表现得很不稳定。但长期中，汇率基本上还是由各国商品的相对价格来决定的，其中一个重要的理论就是汇率的购买力平价理论。该理论认为，一国的汇率将倾向于使在国内购买贸易品的成本等于在国外购买这些商品的成本。所得数值单位不再是美元，而是虚拟的"国际元"。

37. 投机交易

投机交易是指以对价格变化的合理预期为前提，通过主动承担巨大的市场风险来谋取巨大的市场利益的交易行为，或者说，是在对市场预期的基础上，通过频繁地低买高卖或高卖低买而赚取交易差价的行为。即预期价格上涨时，买进金融工具以求将来以更高的价格卖出；预期价格下跌时，卖出金融工具以求将来以更低的价格买入的行为。

投机的目的是赚取巨大的差价利润，投机的基础是对市场价格的合理预期与准确预测。如果持有多头时价格上涨或持有空头时价格下跌，则投机者便能从正确的价格预测中获利；但是，预测一旦失误，如持多时价格下跌而持空时价格上涨，则投机者便要蒙受巨大的损失。为此，投机者必须承受市场风险。投机的利润，既是对成功预测的回报，也是对承担风险的回报。

投机者是价格的预测者而非价格的操纵者，投机并不意味着市场操纵，真正的投机者往往并没有意识到对价格的控制。投机交易是金融市场上常有的现象，尽管过度的投机，有可能引发市场的混乱与动荡，但在严格的市场管理下，投机活动有着一系列的积极作用，如活跃交易、价格发现、资源配置和风险承受等。

38. 货币层次

货币层次就是货币的范围。货币的范围很广，例如现钞、活期存款、定期存款和短期国库券等都属于货币或准货币的范畴，但显然，它们的购买力不同，现钞和活期存款是现实购买力，而定期存款和短期国库券除非特殊，在正常情况下都需要经过一定的手续才能转变为现实购买力。根据货币的流动性不同，从20世纪60年代起以弗里德曼为代表的现代货币主义开始对货币划分层次，以便更深入地研究和管理货币供给。这一理论已被其他国家广泛采用。

划分货币层次的基本标准是货币的流动性，同时还要考虑货币当局在统计上的可能性，因为货币层次尽可以划分得很细，但是否能得到相应数据，还取决于这个国家的统计水平和实际需要。各国的货币银行制度不同，在划分货币层次上也不尽相同。但一般的规律是，货币的第一个层次M0即流通中现钞，叫准备货币，需要说明的是西方国家的M0指的是流通于银行体系之外现钞货币，而在我国，银行体系（不包括中央银行）的库存现钞也属于流通中的现钞货币；M1等于M0加上活期存款，这就是狭义货币或狭义货币供应量，M1对货币流通影响最大，在很多国家M1是中央银行进行宏观调控的重要变量，是货币政策的中介目标；M2等于M1加储蓄存款和定期存款；有的国家将短期国库券等信用工具也加入

M2或用M3来表示，这些短期信用工具被称为准货币，它们与M2共同构成广义货币或广义货币供应量。

39. 硬通货、软通货

硬通货是指国际信用较好、币值稳定、汇价呈坚挺状态的货币。由于各国通货膨胀的程度不同，国际收支状况以及外汇管制宽严程度不同，当一国通货膨胀较低、国际收支顺差时，该国货币币值相对稳定，汇价呈坚挺状态。在国际金融市场上，习惯称其为硬通货。

与硬通货相对的是软通货。它是指币值不稳、汇价呈疲软状态的货币。由于货币发行过度，纸币含金量或购买力不断下降，与其他国家货币的比价也会不断下降。此外国际收支出现大量逆差，也会使一国货币与其他国家货币的比价不断下降。在国际金融市场上，通常把这种币值不断下降、汇价呈疲软状态的货币称为软通货。

硬通货与软通货只是相对而言，它会随着该国经济状况和金融状况的变化而变化。例如美元，在20世纪50年代是硬通货，而在60年代后期和70年代，由于美国的高速通货膨胀率，以及大量的国际收支逆差，使得美元汇价呈下降趋势，美元由硬通货变为软通货。80年代初期以来，美国实施高利率政策和紧缩银根政策，美元汇率不断上浮，又成为国际金融市场上的硬通货。

此外，硬通货和软通货还有另外一层含义。第二次世界大战后，国际金融市场上某些不实施外汇管制，可以自由和无限地兑换黄金和其他国家货币的货币，被称做硬通货，软通货则是指实施外汇管制，不能自由兑换黄金和其他国家货币的货币。

40. 伦敦银行同业拆放利率

伦敦银行同业拆放利率是伦敦金融市场上银行之间相互拆放英镑、欧洲美元及其他欧洲货币资金时计息用的一种利率。伦敦银行同业拆放利率是由伦敦金融市场上一些报价银行在每个工作日11时向外报出的。该利率一般分为两个利率，即贷款利率和存款利率，两者之间的差额为银行利润。通常，报出的利率为隔夜（两个工作日）、7天、1个月、3个月、6个月和1年期的，超过一年以上的长期利率，则视对方的资信、信贷的金额和期限等情况另定。

目前，在伦敦金融市场上，有资力对外报价的银行仅限于那些本身具有一定的资金吞吐能力，又能代客户吸存及贷放资金的英国大清算银行、大商业银行、海外银行及一些外国银行。这些银行被称作参考银行。由于竞争比较充分，各银行报出的价格基本没有什么差异。

参与伦敦金融市场借贷活动的其他银行和金融机构，均以这些报价银行的利率为基础确定自己的利率。伦敦银行同业拆放利率作为伦敦金融市场上借贷活动的基础利率，初始于20世纪60年代初，随着伦敦金融领域里银行同业之间的相互拆放短期资金活动增多，伦敦同业英镑拆放市场开始取代贴现市场，成为伦敦银行界融资的主要场所，伦敦银行同业拆放利率成为伦敦金融市场借贷活动中计算利息的主要依据。以后，随着欧洲美元市场和其他欧洲货币市场的建立、国际银团辛迪加贷款及各种票据市场的发展，伦敦银行同业拆放利率在国际信贷业务中广泛使用，成为国际金融市场上的关键利率。目前，许多国家和地区的金融市场及海外金融中心均以此利率为基础确定自己的利率。

例如，一笔辛迪加贷款利率确定为伦敦银行同业拆放利率加上0.75%，如果当时伦敦银行同业拆放利率为10%，那么这笔银行辛迪加贷款的利率便为10.75%。

41. 利率

利率是"利息率"的简称，是一定时期内利息额对借贷本金之比。所谓利息，是让渡货币资金的报酬或使用货币资金的代价。利息的存在，使利润分为利息和企业主收入。

决定和影响利率水平的因素有：

（1）平均利润率。利息是利润的一部分，因此，平均利润率是决定利率水平的基本因素，并且是利率的最高限，零则为利率的最低限。

（2）货币资金供求关系。货币资金供过于求，利率下降；反之，则利率上升。

（3）物价上涨率。当名义利率低于同期物价上涨率时，实际利率为负。而负利率不能为资金供给方所接受。因此，在市场利率条件下，利率水平要受物价上涨率影响。

（4）历史的沿革。假定在货币供求均衡的情况下，利率只能按习惯做法、历史的沿革来确定。

(5) 中央银行货币政策。中央银行利用手中掌握的货币政策工具，通过变动再贴现率调节信用规模和货币供给或直接干预各种存贷利率，都会对利率水平产生影响。

(6) 国际金融市场利率。国际利率水平对本国利率的影响，是通过货币资金在国际间的移动而实现的。

利率的表达方式分为：年利率、月利率和日利率。其计算方式分为单利和复利。其种类主要有：市场利率、公定利率、官方利率、固定率、浮动利率、短期利率、长期利率、名义利率、实际利率等。

42. 外汇管制

外汇管制是指一国政府为了达到维持本国货币汇价和平衡国际收支的目的，以法令形式对国际结算和外汇交易实行限制的一种制度。实施外汇管制的国家直接控制外汇兑换的数量和价格。例如，在中国，外汇不能自由兑换，当进口和其他外汇需求数量较大时，就必须向当局申请，得到批准后才能按照当局制定的外汇牌价汇率购买外汇。

由于许多国家或地区存在着外汇管制，就衍生出了货币能否自由兑换的关系。按照货币可兑换的程度，可以分为：

(1)完全自由兑换货币：指在国际结算、信贷、储备三方面都能为国际社会所普遍接受和承认的货币，例如美元、英镑、日元等。

(2)不完全自由兑换货币：指只能是国内厂商及公众才能不受限制地用本国货币从金融机构购买外汇。

(3)有限度可兑换货币：介于完全和不完全自由兑换之间的体制，在交易方式、资金用途、支付方式等方面采取一定限制。人民币就属于此范畴。

(4)完全不可兑换货币。

43. 外汇储备

外汇储备是指由各国官方持有的，可以自由支配和自由兑换的储备货币，是一国国际储备的主要组成部分和国家宏观调控实力的重要标志。在我国，中国人民银行履行持有、管理和经营我国外汇储备的职责。

外汇储备的主要功能：

(1) 调节国际收支，保证对外支付；

(2) 干预外汇市场，稳定本币汇率；

(3) 维护国际信誉，提高对外融资能力；

(4) 增强综合国力和抵抗风险的能力。

一国的货币稳定与否，在很大程度上取决于特定市场条件下其外汇储备所能保证的外汇流动性。从国际经验看，即使一国的货币符合所有理论所设定的汇率稳定条件，但是，如果这一货币遭受到投机力量的冲击，且在短期内不能满足外汇市场上突然扩大的外汇流动，这一货币也只好贬值。1998年亚洲金融危机时，在浓厚的投机氛围下，缺乏耐心的国民和谨慎的外国投资者丧失了对泰国货币的信心，而在一边倒的力量的推动下，泰国政府维护汇率的努力，实际上远在外汇储备降为零之前就已经被迫放弃。

44. 人民币基准汇率

各国在制定本国汇率时，由于外币种类很多，通常选择某种货币作为关键货币，首先制定本币对此种货币的汇率，叫做基准汇率；然后根据基准汇率套算出本币对其他货币的汇率。目前作为关键货币的通常是美元，很多国家都把本国货币对美元的汇率作为基准汇率。

人民币基准汇率是由中国人民银行根据前一日银行间外汇市场上形成的美元对人民币的加权平均价，公布当日主要交易货币(如美元、日元和港币等)对人民币交易的基准汇率，即市场交易中间价。

中国人民银行公布的人民币基准汇率是各外汇指定银行之间以及外汇指定银行与客户(包括企业和个人)之间进行外汇与人民币买卖的交易基准汇价。各外汇指定银行以美元交易基准汇价为依据，根据国际外汇市场行情自行套算出人民币对美元、港币、日元以及各种可自由兑换货币的中间价，在中国人民银行规定的汇价浮动幅度内自行制定外汇买入价、外汇卖出价以及现钞买入价和现钞卖出价，并对外挂牌。

45. 存款准备金率

存款准备金是指金融机构为保证客户提取存款和资金清算需要而准备的在中央银行的存款。中央银行要求的存款准备金占其存款总额的比例就是存款准备金率。中央银行通过调整存款准备金率来影响金融机构的信贷扩张能力，从而间接调控货币供应量。

超额存款准备金率是指商业银行超过法定存款准备金而保留的准备金占全部活期存款的比率。从形态上看，超额准备金可以是现金，也可以是具有高流动性的金融资产，如在中央银行账户上的准备存款等。

46. 再贴现率

再贴现率是商业银行将其贴现的未到期票据向中央银行申请再贴现时的预扣利率。再贴现意味着中央银行向商业银行贷款，从而增加了货币投放，直接增加货币供应量。再贴现率的高低不仅直接决定再贴现额的高低，而且会间接影响商业银行的再贴现需求，从而整体影响再贴现规模。

这是因为，一方面，再贴现率的高低直接决定再贴现成本，再贴现率提高，再贴现成本增加，自然影响再贴现需求，反之亦然；另一方面，再贴现率变动，在一定程度上反映了中央银行的政策意向，因而具有一种告示作用：提高再贴现率，呈现紧缩意向，反之，呈现扩张意向，这对短期市场利率具有较强的导向作用。

再贴现率具有调节灵活的优点，但也不宜频繁变动，否则给人以政策意向不明确的印象，使商业银行无所适从。此外，再贴现率的调节空间有限，且贴现行为的主动权掌握在商业银行手中，如果商业银行出于其他原因对再贴现率缺乏敏感性，则再贴现率的调节作用将大打折扣，甚至失效。

47. 外汇交易的方式

外汇是伴随着国际贸易而产生的，外汇交易是国际间结算债权、债务关系的工具。但是近十几年，外汇交易不仅在数量上成倍增长，而且在实质上也发生了重大的变化。外汇交易不仅是国际贸易的一种工具，而且已经成为国际上最重要的金融商品。外汇交易的种类也随着外汇交易的性质变化而日趋多样化。

外汇交易主要可分为现钞、现货、合约现货、期货、期权、远期交易等。具体来说，现钞交易是旅游者以及其他需要外汇现钞者之间进行的买卖，包括现金、外汇旅行支票等；现货交易是大银行之间以及大银行代理大投资者的交易，其买卖约定成交后，最迟在两个营业日之内完成资金的收付交割；合约现货交易是投资人与金融公司签订合同来买卖外汇的方式，适合于大众投资；期货交易是按约定的时间，并按已确定的汇率进行交易，每个合同的金额是固定的；期权交易是为将来是否购买或者出售某种货币的选择权而预先进行的交易；远期交易是根据合同规定在约定日期办理交割，合同可大可小，交割期也较灵活。

从外汇交易的数量来看，由国际贸易而产生的外汇交易占整个外汇交易的比重不断减少，据统计，目前这一比重只有1%左右。而现货、合约现货以及期货交易在外汇交易中所占的比重较大。

48. 资产市场理论

资产市场理论是20世纪70年代中期以后发展起来的一种重要的外汇决定理论。该理论是在国际资本流动不断增加的背景下产生的，因此特别重视金融资产市场均衡对汇率变动的影响。资产市场说的一个重要分析方法是一般均衡分析，它较之传统理论的最大突破在于它将商品市场、货币市场和证券市场结合起来进行汇率决定的分析。在这些市场中，国内外市场有一个替代程度的问题。而在一国的三种市场之间，则有一个受到冲击后均衡调整的速度问题，由此引出了各种资产市场说的模型。资产市场说包括货币论和资产组合平衡论。

资产市场理论有助于补充利率平价理论和购买力平价理论的缺陷。此理论的基本假定是：资本流入一个国家的金融市场(即购买该国金融资产，如股票、债券等)，将会增加该国货币的需求量。此理论的支持者们指出，投放于投资产品(如股票、债券)的资金已经远远超过进出口商品和服务所需的货币兑换量。这有助于解释20世纪90年代的货币现象，即日本股市和日元同时下跌，而美元和美国股市同时获利，与根据利率平价理论预测的结论恰恰相反。在该理论中，利率并非最关键的因素，商品间的相对价格也不是最关键的，最关键的是流入投资产品市场的净资金量，它直接影响货币需求，带动货币的买卖。

金融资产(股票、债券等)贸易的迅速膨胀使分析家和经纪商以新的视角来审视货币。诸如增长率、通货膨胀率和生产率等经济变量已不再是货币变动仅有的驱动因素。源于跨国金融资产交易的外汇交易份额，已使由商品和服务贸易产生的货币交易相形见绌。资产市场方法将货币视为在高效金融市场中交易的资产价格，因此，货币越来越显示出其与资产市场，特别是股票间的密切关联。

20世纪70年代以后，资产市场说取代了汇率的国际收支流量分析，成为汇率理论的主流。

49. 财政预算赤字

财政预算赤字主要描述政府预算的执行情况，说明政府的总收入与总支出状况。若入不敷出即为预算赤字；若收大于支即为预算盈余；收支相等即为预算平衡。外汇交易员可以通过这一数据了解政府的实际预算执行状况，同时可据此预测短期内财政部是否需要发行债券或国库券以弥补赤字，因为短期利率会受到债券发行与否的影响。

一国之所以会出现财政赤字，有许多原因。有的是为了刺激经济发展而降低税率或增加政府支出，有的则是因为政府管理不当，引起大量的逃税或过分浪费。当一个国家财政赤字累积过高时，就好像一家公司背负的债务过多一样，不利于国家的长期经济发展，对于该国货币也属于长期的利空消息。且日后为了要解决财政赤字，就只有靠减少政府支出或增加税收这两项措施，这对于经济或社会的稳定都有不良的影响。因此，一国财政赤字若加大，该国货币就会下跌；反之，若财政赤字缩小，该国货币就会上扬。

50. 影响汇率变动的重要组织

（1）国际货币基金组织(IMF)

国际货币基金组织是政府间的国际金融组织。它是根据45个同盟国于1944年7月在美国新罕布什尔州布雷顿森林村通过的《国际货币基金协定》而建立起来的。该组织于1945年12月27日正式成立，1947年3月1日开始办理业务，同年11月15日成为联合国的一个专门机构，但在经营上有其独立性。

（2）八国集团(G8)

八国集团的全称是"八国首脑会议"。20世纪70年代初，西方国家经历了"二战"后最严重的全球性经济危机。为共同研究世界经济形势，协调各国政策，重振西方经济，在法国的倡议下，法、美、德、日、英、意六国领导人于1975年11月在法国举行了第一次首脑会议。1976年增加了加拿大，形成七国集团，也称为"西方七国首脑会议"。1994年第20次会议时，俄罗斯总统叶利钦正式参加政治问题讨论，形成了"7+1"机制。1997年，美国总统克林顿作为东道主邀请叶利钦以正式与会者的身份"自始至终"参加会议，并首次与七国集团首脑以"八国首脑会议"的名义共同发表"最后公报"。从此，延续了23年的"西方七国首脑会议"成为了"八国首脑会议"。

（3）欧佩克(OPEC)

欧佩克的全称为"石油输出国组织"，该组织成员国的石油蕴藏约占世界石油蕴藏总量的77%，其石油产量约占全球石油总产量的40%。石油输出国组织于1960年9月14日在伊拉克首都巴格达成立，其成立的宗旨是维护产油国利益，维持原油价格及产量水准。成立时，有沙特阿拉伯、委内瑞拉、科威特、伊拉克及伊朗五国加盟。其后，陆续加入的会员国包括：卡塔尔、利比亚、印尼、阿拉伯联合酋长国、阿尔及利亚、尼日利亚、厄瓜多尔及加蓬八国，其中厄瓜多尔及加蓬已退出。石油、黄金与美元，是全球重要的战略资源，因而石油输出国组织的石油政策与美元汇率的涨跌息息相关。

（4）欧洲央行(ECB)

欧洲央行的全称为"欧洲中央银行"，根据1992年《马斯特里赫特条约》的规定于1998年7月1日正式成立，其前身是设在法兰克福的欧洲货币局。欧洲央行的职能是维护货币的稳定，管理主导利率、货币的储备和发行以及制定欧洲货币政策；其职责和结构以德国联邦银行为模式，独立于欧盟机构和各国政府之外。欧洲中央银行是世界上第一个管理超国家货币的中央银行，它不接受欧盟领导机构的指令，不受各国政府的监督。它是唯一有资格允许在欧盟内部发行欧元的机构，欧元正式启动后，欧元国政府失去制定货币政策的权力，而必须实行欧洲中央银行制定的货币政策。但由于欧盟区每个国家的经济情况和问题都不同，而欧洲央行的政策只有一个，所以统一的政策在不同的欧盟区国家里被执行的难度很大。

（5）美联储(Fed)

美联储的全称是"美国联邦储备局"，类似于美国的中央银行，完全独立地制定货币政策，保证经济获得最大程度的非通货膨胀的增长。美联储是根据1913年美国国会的一项法案设立的，共由12家区域性的联邦储备银行构成，这12家银行各自推举一名代表出任美联储联邦顾问委员会成员。每月，美联储货币政策委员会都将召开货币政策会议，对各联储银行收集来的消息和其他相关经济信息进行分析，并对当前和未来的经济形势作出评估，随即决定采用什么方式来配合经济的增长或延缓经济的下滑，包括利率水平的决定。由于美国经济在世界上的主导地位，美联储对国内和国际经济的看法和政策都显得非常重要，对外汇市场常常有较大的影响。

(6) 美国财政部

美国财政部成立于1789年，其职责是处理美国联邦政府的财政事务、征税、发行债券、偿付债务、监督通货发行，制定和建议有关经济、财政、税务及国库收入的政策，进行国际财务交易。财政部长在总统内阁官员中居第二位，也是国际货币基金组织、国际复兴开发银行、美洲国家开发银行、亚洲国家开发银行的美方首脑。从2001年开始的美元弱势行情，跟美国财政部的大肆宣传很有关系。美财政部的一举一动是外汇市场非常关注的问题，其现行的政策是利用弱化美元来解决美国越来越严重的贸易赤字、财政赤字以及劳务市场等问题。

(7) 日本财政部

日本财政部是外汇市场里最活跃的成员，专门负责日元政策和外汇市场的干预工作，曾经为干预日元的波动而一日花掉150亿日元。日本央行原来是财政部下的一个机构，后来成为独立的央行，负责印刷钞票、制定利率政策和解决其他金融方面的问题。日本央行用10年时间的"零利率政策"应对1989年以来的日本经济衰退，取得了一定的效果。每次财政部决定干预汇市时，日本央行就会利用20多个被选银行部署汇市的干预行动。

世界主要外汇交易市场介绍

世界外汇市场由各国际金融中心的外汇市场构成。目前，世界上有30多个主要的外汇市场，它们遍布于世界各大洲的不同国家和地区。根据传统的地域划分，可分为亚洲、欧洲、北美洲三大部分。其中，最重要的有欧洲的伦敦、法兰克福、苏黎世和巴黎外汇市场，美洲的纽约和洛杉矶外汇市场，大洋洲的悉尼外汇市场，亚洲的东京、新加坡和中国香港外汇市场。

下面简单介绍一下各主要外汇交易市场。

一、伦敦外汇市场

伦敦外汇交易市场一直是世界最大的外汇交易中心，对世界外汇市场走势有着重要的影响。作为世界上最悠久的国际金融中心，伦敦外汇市场的形成和发展也是全世界最早的。早在"一战"之前，伦敦外汇市场就已初具规模。1979年10月，英国全面取消了外汇管制，于是伦敦外汇市场便迅速发展起来。在伦敦的金融区，几乎所有的国际性大银行都在此设有分支机构，大大活跃了伦敦市场的外汇交易。同时，由于伦敦地理位置独特，地处两大时区交汇处，连接着亚洲市场和北美市场，导致亚洲接近收市时伦敦正好开市，而伦敦收市时纽约正好开市，所以这段时间交易异常活跃。

伦敦外汇市场是一个典型的无形市场，没有固定交易场所，通过电话、电传、电报、电脑完成外汇交易。伦敦外汇市场上，参与外汇交易的外汇银行机构在2004年就有600多家，包括本国的清算银行、商人银行、其他商业银行和外国银行。这些外汇银行组成伦敦外汇银行公会，负责制定参加外汇市场交易的规则和收费标准。

伦敦外汇市场的交易货币种类众多，常见的就有30多种，其中交易规模最大的为英镑兑美元的交易，其次是英镑兑欧元、美元兑瑞郎、美元兑日元等交易。

二、纽约外汇市场

纽约外汇市场是北美洲最活跃的外汇市场，同时也是世界第二大外汇交易中心，对世界外汇走势有着重要影响。"二战"以后，随着美元成为世界性的储备和清算货币，纽约也成为全世界美元的清算中心。纽约外汇市场已迅速发展成为一个完全开放的市场，目前世界上90%以上的美元收付都是通过纽约"银行间清算系统"进行的，因此纽约外汇市场有着其他外汇市场无法取代的美元清算和划拨功能，地位日益巩固。

纽约市场上汇率变化的激烈程度比伦敦市场有过之而无不及，其原因主要有以下三个方面：一是美国的经济形势对全世界有着举足轻重的影响；二是美国各类金融市场发达，股市、债市、汇市相互作用、相互联系；三是以美国投资基金为主的投机力量非常活跃，对汇率波动推波助澜。因此，纽约市场的汇率变化受到全球外汇经纪商的格外关注。

纽约外汇市场的日交易量仅次于伦敦。除美元外，各主要货币的交易币种依次为欧元、英镑、瑞郎、加元和日元。

三、苏黎世外汇市场

瑞士苏黎世外汇市场是一个有着悠久历史传统的外汇市场，在国际外汇交易中处于重要的地位，其交易量在2007年位居世界第三位。"二战"期间，瑞士是中立国，外汇市场未受战争影响，同时该国一直坚持对外开放，国内政治局势和经济运行稳定，因此瑞士成为世界上少有的、重要的外币避祸国。当美国经济下滑或国内政局不稳定时，交易者往往就会抛弃美元而购买瑞士法郎。

苏黎世外汇市场的主要特点：第一，外汇交易由银行之间通过电话、电传、电脑进行，而不是通过外汇经纪人或外汇中间商间接进行；第二，美元在苏黎世市场上占据重要地位，外汇价格不是以瑞士法郎而是以美元来表示的，美元成为瑞士中央银行干预外汇市场的重要工具。苏黎世外汇市场具有良好的组织和效率，瑞士三大银行——瑞士银行、瑞士信贷银行和瑞士联合银行，是苏黎世外汇市场的中坚力量。

苏黎世外汇市场上，美元兑瑞士法郎的交易量占据了主导性的地位。

四、东京外汇市场

东京外汇市场是亚洲最大的外汇交易中心，目前也是世界第四大外汇交易中心。在20世纪60年代以前，日本实行严格的金融管制，1964年日本加入国际货币基金组织后，日元才被允许自由兑换，东京外汇市场才开始逐步形成。20世纪80年代以后，随着日本经济的迅猛发展和在国际贸易中地位的逐步上升，东京外汇市场也日渐壮大起来。20世纪90年代以后，受日本泡沫经济破灭的影响，东京外汇市场的交易一直处于低迷状态。日本是贸易大国，进出口商的贸易需求对东京外汇市场上的汇率波动影响较大。由于汇率的变化与日本贸易状况密切相关，日本中央银行对美元兑日元的汇率波动极为关注，同时频繁地干预外汇市场，这是该市场的一个重要特点。

东京外汇市场上，银行同业间的外汇交易可以通过外汇经纪人进行，也可以直接进行。日本国内的企业、个人进行外汇交易必须通过外汇指定银行进行。该市场的汇率有两种，一种是挂牌汇率，内含利率风险、手续费等，每个营业日上午10点左右，各家银行以银行间市场的实际汇率为基准各自挂牌进行交易；另一种是市场联动汇率，以银行间市场的实际汇率为基准标价。

东京外汇市场的交易品种比较单一，主要是美元兑日元、欧元兑日元的交易。

五、新加坡外汇市场

新加坡外汇市场是"亚洲美元"市场的交易中心，2007年跻身于全球外汇交易量的第五位。新加坡地处欧、亚、非三洲交通要道，时区优越，上午可与香港、东京、悉尼等亚洲市场进行交易，下午可与伦敦、苏黎世、法兰克福等欧洲市场进行交易，中午还可同中东的巴林市场进行交易，晚上则可同美国的纽约市场进行交易，一天24小时都可进行外汇买卖。新加坡外汇市场除了保持现代化的通信网络外，还直接同纽约的CHIPS系统和欧洲的SWIFT系统连接，货币结算十分方便。

新加坡外汇市场是一个无形市场，大部分交易由外汇经纪人办理，并通过他们把新加坡和世界各金融中心联系起来。新加坡外汇市场的主要参与者由经营外汇业务的本国银行、经批准可经营外汇业务的外国银行和外汇经纪商组成。其中，外资银行的资产、存放款业务和净收益都远远超过本国银行。

新加坡外汇市场的交易以美元兑新加坡元为主，约占交易总额的85%左右，大部分交易都是即期交易，掉期交易及远期交易合计占交易总额的1/3。

六、香港外汇市场

香港外汇市场在2007年的世界外汇交易排名中处于第六位，是亚洲第三大外汇交易中心。香港外汇市场是20世纪70年代以后发展起来的国际性外汇市场。自1973年香港取消外汇管制后，国际资本大量流入，经营外汇业务的金融机构不断增加，外汇市场越来越活跃，香港外汇市场由此发展成为国际性的外汇市场。

香港外汇市场是一个无形市场，没有固定的交易场所，交易者通过各种现代化的通信设施和电脑网络进行外汇交易。香港地理位置和时区条件与新加坡相似，可以十分方便地与其他国际外汇市场进行交易。香港外汇市场的参加者主要是商业银行和财务公司。该市场的外汇经纪人有三类：一类是当地经纪人，其业务仅限于香港本地；另一类是国际经纪人，是20世纪70年代后将其业务扩展到香港的其他外汇市场的经纪人；再一类是香港本地成长起来的国际经纪人，即业务已扩展到其他外汇市场的香港经纪人。

香港外汇市场上的交易可以划分为两大类：一类是港币和外币的兑换，其中以美元兑港元为主；另一类是美元兑换其他外币的交易。

七、法兰克福外汇市场

法兰克福外汇市场是欧洲重要的外汇交易中心，这跟德国在欧洲的经济地位紧密相关。法兰克福外汇市场分为定价市场和一般市场。定价市场由官方指定的外汇经纪人负责撮合交易，他们分属法兰克福、杜塞尔多夫、汉堡、慕尼黑和柏林五个交易所。他们接受各家银行外汇交易的委托，如果买卖不平衡汇率就继续变动，一直变动到买汇和卖汇相等或中央银行干预以达到平衡时，定价活动才结束。同时，德国联邦银行派有专人参加法兰克福外汇市场的交易活动，以确定马克的官方价格。中央银行干预外汇市场的主要品种是欧元兑美元的交易，有时也对外币和外币之间的汇率变动进行干预。

八、悉尼外汇市场

悉尼外汇市场是大洋洲最重要的外汇交易市场，这是由于悉尼不仅是澳大利亚重要的经济文化中心，同时也是整个大洋洲最重要的金融中心。悉尼的地理位置比较特殊，这使悉尼外汇市场成为全球主要外汇市场中最早开始交易的市场。悉尼外汇市场的地方性比较明显，反映出澳大利亚的经济同日本和美国比较密切。但由于经济规模较小，悉尼外汇市场难以与东京抗衡，同新加坡外汇市场和香港外汇市场相比，也无优势可言。悉尼外汇市场上的交易品种，以澳大利亚元兑美元、新西兰元兑美元以及澳大利亚元兑新西兰元为主。

需要注意的是，大洋洲还有一个著名的外汇交易中心：惠灵顿外汇市场，正是悉尼和惠灵顿两个市场才将大洋洲的外汇交易推向了世界外汇交易量的前八位。

汇率制度的那些事儿

汇率制度又称汇率安排，是指一国货币当局对本国汇率变动的基本方式所作的一系列安排或规定。汇率制度是货币制度的核心组成部分，并受到货币制度的影响和制约，有什么样的货币制度就要求有什么样的汇率制度。

世界货币体系可以用不同汇率体系作为标志划分为三大类：金本位制、固定汇率制和浮动汇率制，这些汇率体系基本上是按金融历史发展过来的。

一、古典的金本位制及其向纸币制的过渡

1880年~1913年间，金本位以其最纯粹的形式占据统治地位，大多数国家的货币都与黄金挂钩，从而建立了在金本位基础上的汇率体系。由于黄金具有其他货币所不具有的优良特性：质地均匀、不易磨损、数量少而价值高等，所以黄金就成了最理想的世界货币。在金本位制度下，各国自己铸造金币，人们在国外购买商品时，只用支付与该商品价值相等的黄金货币就可以了。这时，各国货币之间就存在一个固定汇率，汇率由各国货币中的含金量来决定。

随着经济的发展，人们发现用黄金作为支付手段携带不方便，于是各国政府开始逐渐过渡为使用信用货币，但仍以金币作为本位货币，结果造成了大多数国家的黄金储备减少。于是，金本位制进入了一个新的发展阶段，即金块本位制与金汇兑本位制。但是人们在使用中发现，这两种制度一样很不稳定。

1929年~1933年经济危机爆发后，金本位制与金汇兑本位制都无法维持下去了，于是便出现了不能兑换黄金的纸币本位制。在此基础上，主要发达国家又把一些在贸易、金融上有密切关系的国家及国外殖民地联在一起，组成货币集团，建立其内部的汇率体系。主要的货币集团有英

镑集团、美元集团和法郎集团，这使得世界外汇活动主要集中在英镑、法郎和美元之间，使外汇交易向有利于这些大国的方向发展。

但是这种制度也没持续多久，各货币集团之间的排他性以及贸易保护主义的盛行，造成了国际金融秩序的混乱，使得纸币本位制不久后也退出了国际舞台，布雷顿森林体系及固定汇率制便取而代之。

二、布雷顿森林体系及固定汇率制

第二次世界大战以后，由于美国远离战争区，大发战争财，其经济实力及黄金储备均为世界第一，于是美国便迫切想建立一个统一的货币汇率体系，以便于外汇的流通和结算。与此同时，20世纪30年代经济与社会的动荡，也给世界留下了深刻的印象，于是经济学家及政治学家也决心建立一个新的汇率体系，以避免经济的混乱，同时减少大萧条的影响。

在这种背景下，1944年7月，美、英、苏、法等45个国家的代表在美国新罕布什尔州的布雷顿森林村举行了"联合和联盟国家国际货币金融会议"，又称"布雷顿森林会议"。该会议最终决定：美元直接与黄金挂钩，其他货币与美元作出既定的比价。这种体系一方面促进了世界经济的发展，另一方面又导致了美国经济地位的相对下降，国际收支逆差不断增大。1971年8月，美国总统尼克松切断了美元与黄金的联系，布雷顿森林体系到此结束。从此，世界进入了浮动汇率的时代。

三、当代外汇市场及浮动汇率制

浮动汇率制的产生完全是自发形成的。浮动汇率体系是指一国的货币汇价不规定上下波动的幅度，外汇汇率主要由供给和需求的市场力量来决定。浮动汇率体系又可分为两类：自由浮动汇率和管理浮动汇率，其区别在于是否有政府干预其中。现在，大部分的国家都实行管理浮动体系。虽然浮动汇率体系下仍存在许多弊端，但不管怎样，外汇市场新的汇率体系已经建立起来，并且还在不断的完善之中。

根据被盯住的货币不同，浮动汇率制又可分为：

（一）盯住单一货币浮动

盯住单一货币浮动是指将本国货币与某一外国货币挂钩。采用这种汇率浮动方式的国家，由于经济、历史、地理等原因，与美国、法国等建立了密切的贸易和金融关系，为使这些关系持续稳定地发展下去，避免双边汇率频繁波动带来不利影响，这些国家将本币盯住美元或法国法郎等单一货币。

（二）盯住一篮子货币浮动

盯住一篮子货币浮动是指将本国货币与一篮子货币挂钩。这种盯住方式又分为两种情况：一是直接将本币盯住特别提款权，有利之处是简便易行，可保持汇率的相对稳定；不利之处是由于美元在特别提款权中占40%的比重，盯住特别提款权在很大程度上还是主要盯住美元。二是将本币盯住本国自行设计的一篮子货币，篮子中的货币由与本国经济联系最为密切的若干国家的货币组成，各种货币所占的权数，通常按本国对外贸易总额中各主要贸易伙伴国的份额，或按本国对外贸易的货币构成来确定。盯住一篮子货币比较稳定，汇率波动的幅度相对较小。

四、其他概念介绍

（一）特别提款权的含义

特别提款权是按照美元、德国马克、法国法郎、日元和英镑五种货币的价值和一定权数来定值的，实质似同一篮子货币。其币值较稳定，可用于政府间的结算或向其他成员国换取外汇，弥补国际收支逆差。欧洲货币单位是以欧洲经济共同体九国货币为定值基础，按比例混合组成的一种货币体系，作为共同体内部使用的记账单位；其成员国有义务干预外汇市场，维持相对的固定汇率制（每五年调整一次）。

（二）中国香港联系汇率制

中国香港于1983年成功实行联系汇率制度。从1983年10月17日起，中国香港发钞银行一律以1美元兑换78港元的比价，事先向外汇基金缴纳美元，换取等值的港元《负债证明书》后，才增发港元现钞。同时香港当局亦承诺港元现钞从流通中回流后，发钞银行同样可以用该比价兑回美元。实行联系汇率制度后，维护稳定的汇率成为香港货币政策的唯一目标。从诞生以来，联系汇率制良好运作了许多年，使香港避免了亚洲货币贬值危机，更为香港经济带来短期和中期的繁荣。

（三）中国汇率管理制度

自2005年7月21日起，我国开始实行以市场供求为基础、参考一篮子货币进行调节、有管理的浮动汇率制度，即：人民币汇率不再盯住单一美元，而是参照一篮子货币根据市场供求关系来进行浮动。这里的一篮子货币，是指按照我国对外经济发展的实际情况，选择若干种主要货币，赋予相应的权重，组成一个货币篮子。同时，根据国内外经济金融形势，以市场供求为基础，参考一篮子货币计算人民币多边汇率指数的变化，对人民币汇率进行管理和调节，维护人民币汇率在合理均衡水平上的基本稳定。

篮子内的货币构成，综合考虑了在我国对外贸易、外债、外商直接投资等外经贸活动占较大比重的主要国家、地区及其货币。参考一篮子货币表明外币之间的汇率变化会影响人民币汇率，但参考一篮子货币不等于盯住一篮子货币，它还需要将市场供求关系作为另一重要依据，据此形成有管理的浮动汇率。该制度将有利于增加汇率弹性，抑制单边投机，维护多边汇率。